Sergio Angelo Chiesa presenta:

Primavera 1

STAGIONE 2023/24

www.datasport.it

Editore Wise - Digital services

Calcio Year Book 2024
Primavera 1 2023/2024
ISBN: 979-12-985117-2-9

Autore
Sergio Angelo Chiesa Datasport® - sergio.chiesa@datasport.it

Consigli, segnalazioni o correzioni
Ogni contributo e consiglio di addetti ai lavori, lettori e appassionati
è ben accetto per il miglioramento immediato del prodotto, sia
digitale sia cartaceo segnalazioni@datasport.it - +39 345 484 3900

Contenuti
Alberto Rossi, Nicolò Maria Janiri e Giorgio Spadaro

Statistiche
Banca Dati Calcio Datasport®

Datasport©
redazione@datasport.it - www.datasport.it - +39 345 484 3900

Progetto e coordinamento
Sergio Angelo Chiesa

Sezione Commerciale e pubblicità
Wilma Gagliardi - wilma.gagliardi@wiseitalia.it

Progetto grafico
Antonella Colucci

Crediti immagini
Copertina e pagine 3-5-11-85-168:
elaborazione su immagini Freepik

Indice

Sergio Angelo Chiesa è
Direttore di Datasport
- Agenzia Giornalistica
Digitale Multimediale

redazione@datasport.it

Sergio Angelo Chiesa

Il futuro del Calcio fra intelligenza artificiale e Una persona in ogni stadio

La solita frase: "Non c'è Futuro senza conoscere il passato" è quanto mai di attualità. Chi pensa che i motori di ricerca risolvano la questione, vadano a cercare chi è stato il migliore tiratore della Roma per tre anni consecutivi o se Paolo Maldini è stato il più presente fra i capitani del Milan e se Maradona ha subìto in media più o meno falli di Immobile o se duravano di più le partite negli anni '80 o quelle di adesso. Tutte risposte che solo una banca dati organizzata e "dati elementari" registrati possono offrire. L'intelligenza artificiale può far tanto solo se: i dati esistono, sono completi e sono organizzati.

Proprio per queste ragioni quest'anno puntiamo in alto pensando al tempo effettivo ponderato delle partite e alla gestione più scientifica delle stesse con la discussione se il Var deve avere o meno più importanza.

Il contributo dell'Intelligenza Artificiale esalta la valorizzazione dei dati esclusivi che Datasport possiede. Un database che guiderà il racconto del calcio italiano nei prossimi anni, dai protagonisti più conosciuti a "mio nonno si ricorda che...".

Il futuro del Calcio, nostrano e non, si adagerà su tre linee di sviluppo: l'evoluzione del Var, moviola in campo; il tempo effettivo ponderato per non svilire il gioco, la valorizzazione di tutti i protagonisti moderni gladiatori.

Sono a disposizione per incontrare, confrontare, esaminare i dati del calcio italiano.

I tempi cambiano e stanno cambiando sotto i nostri occhi. Quando tutto cambia, cambia tutto! Nessuna delle generazioni attuali ha assistito ad un cambiamento così vasto e coinvolgente: costumi, economia nord-sud, est-ovest, tecnologia. Siamo immersi nostro malgrado in un frullatore che non sappiamo quando si spegnerà.

In tempi come questi di transizione, sembra che il passato non interessi nessuno, dato che tutti i mezzi di comunicazione sono concentrati sul presente e sull'immediato.

Avere coscienza di quello che si è fatto, contarlo per avere traccia della Storia, non sembra avere importanza.

Diamo molta importanza alle teorie della disciplina psicologica che insegnano che il ricordo del passato ci rende depressi e il futuro ci crea ansia. Perciò dobbiamo concentrare le attenzioni sul presente per dare il meglio delle nostre capacità e conoscenze.

Il tempo passa, ma il momento di bilanci seppur minimi, dove serve una certificazione di eventi, luoghi, persone arriva inesorabile. Datasport dal 1985 raccoglie dati sul Calcio e sullo Sport.

L'attenzione è rivolta a chi non ha la luce della ribalta, alla quale arriva un giovane ogni 5.000 che provano. Un totale di 400.000 atleti-calciatori che scende in campo ogni anno pensando e credendo di essere il migliore. Proprio a questi "migliori" ci rivolgiamo raccontando con numeri e statistiche il loro cammino.

La ponderosità del lavoro svolto dalle persone che hanno aderito al Progetto "Una Persona in ogni Stadio" (unapersonainognistadio@gmail.com) è stato quello di fotografare la partita: Prima, Durante e Dopo il suo svolgimento, pubblicando su diversi mezzi di comunicazione le informazioni, immagini, dati e notizie. Dalle "probabili formazioni" alle presenze totali di campionato, passando dal sito internet Datasport.it alla pubblicazione sul Mobile, dalla carta stampata quotidiana ai libri al contenuto digitale pubblicato su E-book, libro elettronico in digitale. Dati, immagini, informazioni, notizie che tutti possono acquistare collegandosi a www.datasport.it. Un lavoro utile ed indispensabile per gli appassionati di Fantacalcio o per i concentrati analisti del calcio scommesse.

Nel ringraziare individualmente, tutti quelli che hanno contribuito a rendere reale questa difficile impresa e confidando in un miglioramento delle relazioni con Istituzioni, Società, Giocatori, Arbitri, Dirigenti e Allenatori per sviluppare in futuro un prodotto sempre migliore e soddisfare tutte le esigenze di informazione del Calcio, confidiamo sulla possibilità di essere in grado di organizzare, potenziare e migliorare la struttura per la Stagione 2024/2025 per tutti i campionati nazionali trattati.

SERGIO ANGELO CHIESA
DIRETTORE DI DATASPORT

Filippo Grassia

Come il Var ha cambiato il Calcio e come può ancora migliorarlo

Il Var: un problema umano. Mi auguravo che l'avvento del Var riducesse a una minima percentuale gli errori e le sviste degli arbitri e dei loro collaboratori. La partenza è stata efficace, direi quasi esemplare nella prima stagione e la constatazione non è paradossale. Alla vigilia del Mondiale in Russia la situazione è cambiata in peggio perché l'organo tecnico della Fifa ha introdotto un concetto che ancora oggi rende vulnerabile l'intervento della tecnologia: ovvero che i cosiddetti varisti possano e debbano intervenire solo in presenza di un "chiaro ed evidente errore" dell'arbitro in campo, come si legge nel secondo punto del protocollo legato a questa storica innovazione. E così la moviola in campo, come si usa dire in misura popolare, ha perso non solo il suo valore intrinseco, ma ha creato forti malumori sia in seno ai club sia fra il pubblico.

Quel "chiaro ed evidente errore", associato alla "decisione di campo" rappresenta ancora oggi una follia. Il Var, amici miei, dovrebbe entrare in scena ogni qualvolta si trovi in presenza d'un errore. E un errore non ha bisogno che sia "chiaro ed evidente", è un errore e basta. E quindi dovrebbe sempre innescare l'intervento di chi sta ai monitor. Può accadere infatti che un arbitro non riesca a interpretare al meglio un'azione anche se a due passi dall'episodio incriminato.

Eccoci ora ad un altro punto debole del sistema. Davanti ai monitor ritroviamo non solo arbitri in attività ma anche ex arbitri in pensione, e fra questi coloro che venivano ritenuti così scarsi da aver diretto poche partite di Serie A, ma che all'improvviso si sono trasformati in decisori inappellabili, fra l'altro con buona retribuzione. Un miracolo della natura umana… Bisogna porre al Var, altro suggerimento, gente preparata e adeguatamente formata. Se è ammissibile che un arbitro in campo commetta qualche errore, non sono da considerarsi altrettanto ammissibili le sviste di chi può vedere e rivedere un'azione da 10-12-14, financo 18 telecamere. L'episodio più clamoroso s'è avuto in avvio di campionato quando arbitro e Var, lasciando correre un fallo da ultimo uomo di Iling su Ndoye nell'area della Juventus, hanno negato al Bologna il rigore del possibile raddoppio e non hanno sanzionato il giocatore bianconero. È vero che si tratta della svista più clamorosa, è altrettanto vero però che la cosiddetta "decisione di campo" limita spesso l'intervento dei varisti. Un'altra colossale sciocchezza di cui si hanno flebili tracce nel regolamento. Tutte le decisioni dell'arbitro sono di campo. E quelle fallaci vanno corrette dal Var. Punto e basta.

Già che ci siamo, vorrei conoscere lo scienziato che ha portato alla distinzione fra "falli alti" e "falli bassi", con la conseguenza che i primi non vengono più fischiati. Fra questi le spinte con le quali si impedisce ad un avversario di proseguire un'azione da gol. Un fallo è tale, che sia "alto" o "basso". Troppi distinguo, troppe raccomandazioni. Con il rischio, ormai acclarato, di confondere la testa di tutti gli arbitri, i pochi di prestigio come le migliaia di giovani fischietti inviati per un tozzo di pane a dirigere le gare dei campionati minori. Sarà bene, inoltre, migliorare la selezione, promuovendo le donne e gli uomini più capaci, dotati soprattutto di personalità, indipendentemente dalle sezioni di provenienza. Indispensabile infine un ricambio generazionale, basti pensare che c'è solo un arbitro sotto i 40 anni fra i 9 che hanno diretto più partite nell'ultimo campionato di Serie A: il bravissimo comasco Colombo. Quelli buoni, a mio parere, dovrebbero essere promossi in A già a 26-27 anni ed entrare a 30-32 fra gli internazionali. Quelli buoni non si bruciano.

a moviola alla radio, più di un ossimoro. La rubrica "La moviola, guardiamola alla radio" ha compiuto le nozze d'argento avendo avuto inizio nel lontano 1999. Da allora ha rappresentato l'unica grande novità di "Tutto il calcio minuto per minuto", la trasmissione cult di Rai Radio1. In questo lungo periodo la moviola alla radio, a pensarci bene un vero e proprio ossimoro, ha raccolto un'audience incredibile non solo fra il popolo del calcio, ma anche fra gli arbitri che si affrettavano e si affrettano tuttora a collegarsi con Radio Rai 1 per ascoltarla. Il giorno che proposi questa mia idea, si era alla vigilia del Mondiale 1998, sorpresi tutti ad eccezione del compianto Marco Martegani, allora responsabile della redazione sportiva di Radio Rai, anch'egli cultore delle cose arbitrali. Ci volle un anno prima di tradurla in pratica, di passare dalle parole ai fatti, con l'assenso dell'allora direttore del GR, Paolo Ruffini, il quale sposò questa mia innovazione per arricchire un format rimasto dal 1960 uguale a sé stesso. Gli inizi furono faticosi perché c'erano da controllare 7 partite in contemporanea ad eccezione dell'anticipo del sabato sera e del posticipo della domenica sera. Formidabili furono subito i risultati grazie al lavoro dei collaboratori che si sono alternati al mio fianco, capaci di distinguere un calciatore dal modo in cui si muoveva o da come portava i calzettoni o dalla postura al momento di un dribbling, di un tiro, di un tackle. Si andava in onda 45 minuti dopo la fine delle partite, in forte anticipo su tutte le tivù. L'accoglienza fu subito fantastica da parte del pubblico che voleva "vederci" chiaro. A occhio e croce credo aver esaminato in questi 25 anni oltre 13mila partite, mi auguro con la massima indipendenza di giudizio e la visione oggettiva degli episodi più discussi. Per certi versi la "moviola alla radio" ha anticipato d'un ventennio il Var. Con un pizzico di orgoglio penso che questa trasmissione abbia ridotto gli errori arbitrali e la sudditanza psicologica oltre che permesso ai radioascoltatori (e ai giocatori) di conoscere meglio le regole arbitrali.

Avanti con il Var, quindi, a patto che i suoi manovratori usino la tecnologia, di per sé inossidabile, con intelligenza ed equilibrio affinché i verdetti risultino in linea con quanto accaduto in campo.

Ufficio Studi Datasport

Perchè è il momento di introdurre il tempo effettivo nel Calcio

Il tempo effettivo nel calcio è un argomento che ha suscitato discussioni accese tra appassionati, giocatori e addetti ai lavori. Tradizionalmente, una partita di calcio dura 90 minuti, divisi in due tempi da 45 minuti ciascuno. Tuttavia, il tempo effettivo di gioco, ovvero il tempo in cui la palla è effettivamente in movimento, è spesso molto inferiore. Vari studi, fra cui quelli di Datasport datati 30 anni fa, hanno dimostrato che, in media, il tempo effettivo di gioco si aggira intorno ai 60 minuti, con significative variazioni tra diverse competizioni e stili di gioco.

Gli ultimi episodi di questa stagione di Serie A hanno coinvolto la responsabilità degli arbitri oltre misura e oltre ogni ragione di buon senso. Le cinque sostituzioni per parte, ammesso che richiedano 30 secondi l'una, comportano 5 minuti netti da recuperare! Il tempo non giocato si allunga è dovuto a vari fattori, tra cui le interruzioni di gioco per falli, punizioni, rimesse laterali, calci d'angolo e sostituzioni che nascondono tempi morti per l'organizzazione della ripresa del gioco. L'esultanza per un gol segnato riveste la sua importanza. Si cerca di far segnare più gol per coinvolgere di più gli spettatori, ma abolire le esultanze delle panchine e dei giocatori in campo significherebbe negare il piacere di vedere e praticare il gioco del "pallone".
Questa stagione molti episodi hanno creato polemiche. Uno dei protagonisti è stato sicuramente Stefano Pioli, allenatore del Milan e attento studioso di ogni piccolo particolare della disciplina. Pioli ha osservato e consifderato le tante ingiustizie commesse gestendo il tempo in modo approssimativo.

Analizzando i pro e i contro dell'adozione del tempo effettivo nel calcio, emergono opinioni contrastanti. Tra i vantaggi principali, vi è la possibilità di aumentare la giustizia e l'equità del gioco, riducendo l'impatto delle tattiche di perdita di tempo. Questo potrebbe portare a partite più dinamiche e avvincenti, con un ritmo di gioco costante e una maggiore trasparenza nelle decisioni arbitrali. Inoltre, garantire un tempo effettivo di gioco più lungo potrebbe incrementare il coinvolgimento emozionale degli spettatori, sia dal vivo che in televisione. Tuttavia, ci sono anche degli svantaggi. L'implementazione del tempo effettivo richiederebbe un sistema di cronometraggio accurato e un numero maggiore di persone coinvolte nella gestione delle partite.

Datasport che ha tracciato il solco, ha iniziato ufficialmente a rilevare il tempo effettivo durante i campionati Mondiali disputati in Italia nel 1990, Italia '90, e i suoi due rilevatori a partita erano dotati di tre cronometri perché, oltre al tempo effettivo, venivano anche rilevati i tempi di possesso palla. il cambiamento, come svantaggio, potrebbe alterare la natura tradizionale del calcio, incontrando resistenza da parte di puristi e conservatori del gioco.

L'Introduzione di tecnologie avanzate, come il VAR (Video Assistant Referee), ha ulteriormente influenzato il tempo effettivo di gioco. Sebbene il VAR abbia migliorato l'accuratezza delle decisioni arbitrali, ha anche introdotto nuove interruzioni nel flusso della partita. Ogni revisione video comporta un'attesa che si aggiunge alle già numerose pause del gioco. Per affrontare queste problematiche, la FIFA e altre organizzazioni calcistiche stanno considerando varie soluzioni, tra cui l'adozione di misure per ridurre le perdite di tempo intenzionali.

La tecnica e, di conseguenza, lo spettacolo migliorerebbero, andando verso una maggiore oggettività. Si eviterebbero così, le tante piccole ingiustizie tra squadre di prima fascia e quelle di seconda fascia. Il tempo effettivo favorirebbe le pause per ristoro se necessario, le pause tecniche, una migliore serenità negli interventi medici e, non ultimo, la possibilità di tempi certi per l'inserzione di pubblicità televisiva. Da non dimenticare che, nelle serie inferiori rispetto alla Serie A, tutto quanto sopra riportato aumenterebbe di valore e l'equità e la giustizia tra le squadre crescerebbero, specialmente a livello giovanile e amatoriale.

Inquadra il Qr-code

Su Datasport.it **trovi le statistiche di tutti gli arbitri di serie A: partite dirette, media voti, numero di cartellini a livello nazionale e internazionale**

PRIMAVERA 1 2023/24

Le
squa
dre

ATALANTA

Atalanta Bergamasca Calcio s.p.a. (1907)

ANNO DI FONDAZIONE 1907	**ORGANIGRAMMA** **Responsabile settore giovanile** Roberto Samaden
COLORI SOCIALI Nero Azzurro	**STAFF TECNICO** **Allenatore** Giovanni Bosi **Allenatore in seconda** Marco Zanchi
INDIRIZZO SEDE Corso Europa, 46 - Zingonia - Ciserano (BG) 035 4186211	**Preparatori atletici** Emanuele Vit e Marco Semeria **Preparatore dei portieri** Gabriele Manini **Match analyst** Roberto Ferrari **Team manager** Flavio Negrini **Dirigenti accompagnatori** Maurizio De Lorenzo
IMPIANTO DI GIOCO **C.S. "Bortolotti"** campo N.2 - Corso Europa 46 - 24040 Ciserano (Zingonia) (BG)	**STAFF MEDICO** **Medico sociale** Stefano Bondi **Fisioterapisti** Alfredo Adami e Enrico Tassi

E MAIL
info@atalanta.it

SITO INTERNET
www.atalanta.it

PAGINA FACEBOOK
atalantabc/

PROFILO INSTAGRAM
atalantabc/

LA ROSA DELLA SQUADRA

Nome	Cognome	Nato il	PR	RE	AM	ES	SF	SA	Ruolo
Daniel	**Armstrong**	24/03/2005	21	0	1	0	5	4	CEN
Mattia	**Arrigoni**	11/05/2006	1	0	0	0	1	0	ATT
Andrea	**Bonanomi**	31/01/2006	33	4	5	0	8	22	CEN
Lorenzo	**Bonsignori**	28/03/2007	2	0	0	0	2	0	ATT
Michele	**Bordiga**	01/09/2004	5	0	0	0	3	2	DIF
Henry	**Camara**	06/05/2006	6	0	1	0	6	0	ATT
Alexandru	**Capac**	11/09/2005	20	1	2	0	18	2	ATT
Federico	**Cassa**	01/02/2006	13	0	2	0	11	1	CEN
Alex	**Castiello**	13/02/2007	22	0	2	0	11	10	ATT
Gabriele	**Chiggiato**	16/04/2005	6	0	0	0	2	2	DIF
Matteo	**Colombo**	09/03/2004	28	3	4	0	0	5	CEN
Pietro	**Comi**	11/06/2005	23	1	9	1	0	1	DIF
Candas	**Fiogbe**	18/01/2005	23	3	1	0	11	6	ATT
Niccolo'	**Gariani**	28/03/2007	5	0	2	0	4	2	CEN
Samuele	**Ghezzi**	11/04/2005	22	0	2	0	2	10	CEN
Luca	**Gobbo**	07/04/2006	1	0	0	0	1	0	CEN
Alessio	**Guerini**	11/06/2004	32	1	8	1	0	8	DIF
Birkir	**Jansson**	14/06/2005	5	0	0	0	5	0	ATT
Alberto	**Manzoni**	25/06/2005	31	9	5	1	3	5	CEN
Gabriel	**Martinelli**	13/07/2005	17	0	2	0	7	7	ATT
Leonardo	**Mendicino**	25/06/2006	4	0	0	0	0	1	CEN
Anthony	**Mensah**	12/10/2005	3	0	2	0	2	1	CEN
Endri	**Muhameti**	12/07/2004	1	0	0	0	0	0	CEN
Relja	**Obric**	11/04/2006	18	0	6	0	8	5	DIF
Daniele	**Orlando**	17/10/2005	3	0	0	0	3	0	CEN
Piotr	**Pardel**	31/01/2005	32	0	3	0	0	0	POR
Cristian	**Previtali**	01/01/2006	1	0	0	0	1	0	DIF
Federico	**Ragnoli**	24/01/2006	3	0	0	0	3	0	ATT
Iacopo	**Regonesi**	28/03/2004	9	0	3	0	0	4	DIF
Lorenzo	**Riccio**	25/07/2006	23	3	3	0	9	11	CEN
Alwande	**Roaldsoy**	09/06/2004	1	1	0	0	0	1	ATT
Lorenzo	**Sala**	01/01/2006	1	0	0	0	0	0	POR
Federico	**Simonetto**	14/06/2006	10	0	3	0	3	3	DIF
Mattia	**Tavanti**	19/05/2005	16	1	2	0	2	3	DIF
Pietro	**Tornaghi**	01/01/2005	26	1	3	0	7	2	DIF
Andrea	**Torriani**	26/09/2006	1	0	0	0	0	0	POR
Marco	**Varnier**	08/06/1998	1	0	0	0	0	1	DIF
Dominic	**Vavassori**	09/12/2005	28	11	0	0	5	17	ATT
Vanja	**Vlahovic**	23/03/2004	20	19	2	0	0	7	ATT

LEGENDA PR presenze - **RE** reti - **A** ammonizioni - **E** espulsioni - **SF** sostituzioni fatte - **SA** sostituzioni avute

ATALANTA

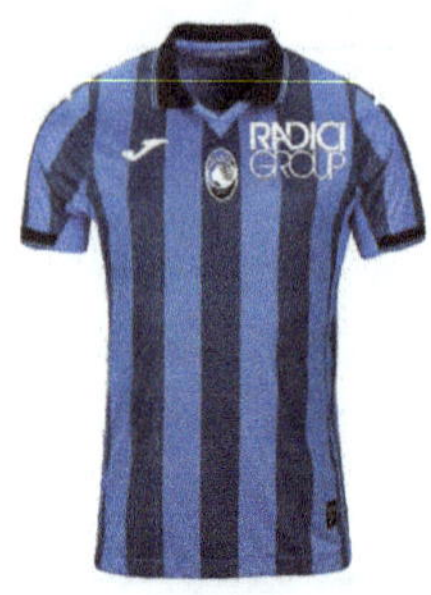

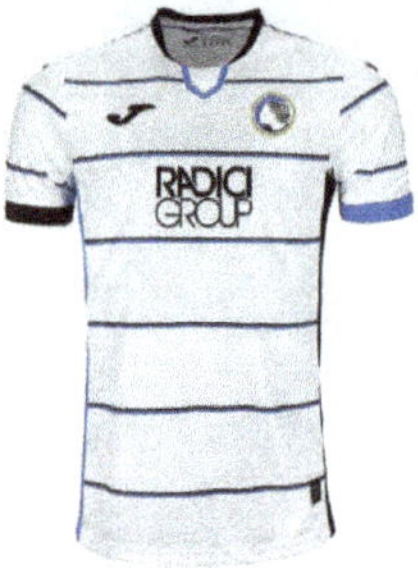

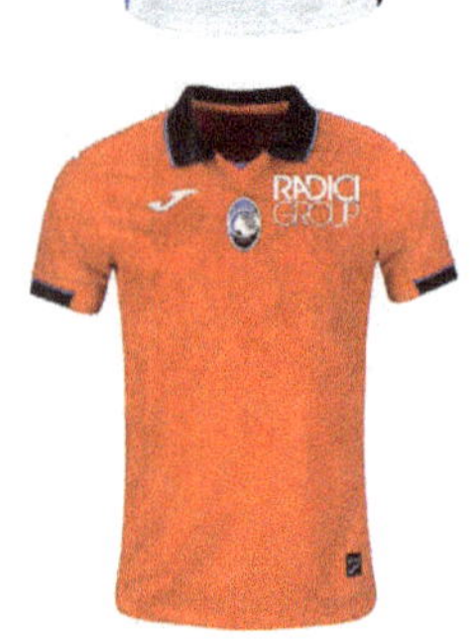

IL COMMENTO DELLA STAGIONE

L'Atalanta compie un notevole balzo in avanti rispetto alla passata stagione terminata in quindicesima posizione. I nerazzurri, tredicesimi dopo otto giornate, riescono, grazie soprattutto a un ottimo rendimento esterno (29 punti ottenuti sui 55 totali), a risalire sino al quarto posto. Un piazzamento che consente alla formazione guidata da Giovanni Bosi di raggiungere la post-season dove però esce subito di scena per mano dei futuri campioni d'Italia del Sassuolo. A livello individuale meritano una citazione particolare il vice-capocannoniere del torneo Vanja Vlahovic, autore di 19 reti, Dominic Vavassori a segno undici volte e Alberto Manzoni a bersaglio in nove circostanze.

ANDAMENTO IN CAMPIONATO

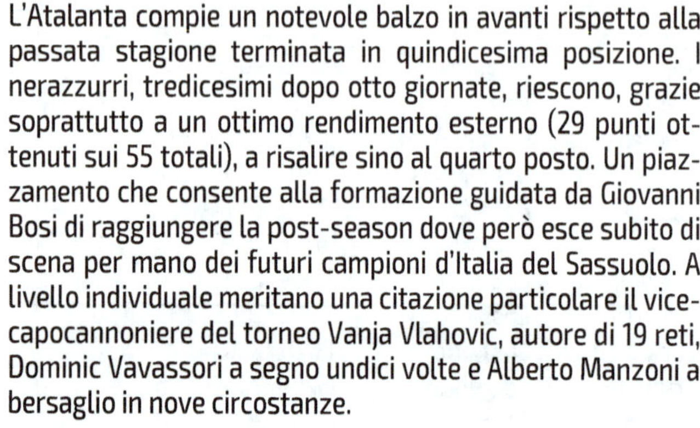

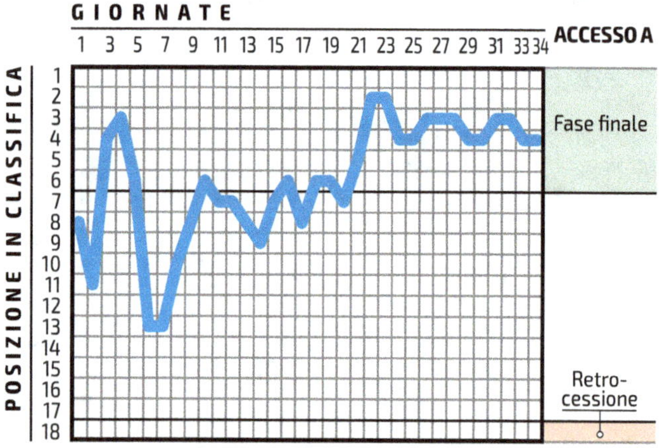

COMPORTAMENTO DELLA SQUADRA

Statistiche		Classifica (18 17 16 15 14 13 12 11 10 09 08 07 06 05 04 03 02 01)	Rank
Giocatori schierati	39		**4**
Giocatori in rete	13		**10**
Giocatori under 18	27		**6**
Giocatori over 30	0		**4**
Cartellini gialli	64		**3**
Cartellini rossi	31		**1**
Cambi effettuati	143		**11**

LA STAGIONE 2023/2024

	Avversario	Casa / Fuori	Risultato		Arbitro
			Vinta Nulla Persa		
1	**Lazio U19**	C	1-0	V	Bogdan Nicolae Sfira
2	**Sampdoria U19**	F	1-0	P	Dario Madonia
3	**Cagliari U19**	C	4-1	V	Gioele Iacobellis
4	**Empoli U19**	F	1-1	N	Francesco Zago
5	**Sassuolo U19**	C	2-3	P	Gabriele Sacchi
6	**Milan U19**	F	3-1	P	Andrea Bordin
7	**Bologna U19**	C	2-2	N	Mattia Caldera
8	**Verona U19**	F	0-1	V	Emanuele Ceriello
9	**Monza U19**	C	2-0	V	Valerio Vogliacco
10	**Juventus U19**	F	1-4	V	Emanuele Frascaro
11	**Inter U19**	C	1-1	N	Mattia Drigo
12	**Lecce U19**	C	3-3	N	Cristiano Ursini
13	**Roma U19**	F	3-2	P	Silvia Gasperotti
14	**Torino U19**	C	1-1	N	Fabio Rosario Luongo
15	**Frosinone U19**	F	1-3	V	Maria Marotta
16	**Genoa U19**	F	0-2	V	Samuele Andreano
17	**Fiorentina U19**	C	1-2	P	Francesco D'Eusanio
18	**Milan U19**	C	1-0	V	Stefano Nicolini
19	**Monza U19**	F	2-2	N	Giorgio Vergaro
20	**Sampdoria U19**	C	1-1	N	Silvia Gasperotti
21	**Lecce U19**	F	0-1	V	Leonardo Mastrodomenico
22	**Empoli U19**	C	2-1	V	Fabrizio Ramondino
23	**Torino U19**	F	1-4	V	Andrea Zoppi
24	**Roma U19**	C	1-5	P	Niccolo Turrini
25	**Sassuolo U19**	F	0-1	V	Lorenzo Maccarini
26	**Frosinone U19**	C	2-0	V	Gianluca Catanzaro
27	**Fiorentina U19**	F	1-4	V	Valerio Vogliacco
28	**Genoa U19**	C	1-0	V	Simone Gauzolino
29	**Cagliari U19**	F	3-1	P	Francesco Burlando
30	**Juventus U19**	C	0-1	P	Simone Galipo
31	**Lazio U19**	F	1-3	V	Edoardo Gianquinto
32	**Bologna U19**	F	3-2	P	Gabriele Totaro
33	**Verona U19**	C	1-2	P	Enrico Cappai
36	**Inter U19**	F	2-0	P	Gianluca Renzi

Bologna Football Club 1909 s.p.a. (1909)

ANNO DI FONDAZIONE
1909

COLORI SOCIALI
Rosso Blu

INDIRIZZO SEDE
Via Casteldebole 10, 40132 Bologna, 051 6111111

IMPIANTO DI GIOCO
C.T. "Niccolò Galli"- Via Casteldebole, 10 - 40132 Bologna

ORGANIGRAMMA

Responsabile settore giovanile Flavio Loris Margotto
Coordinatore organizzativo settore giovanile Emanuele Marchetti

STAFF TECNICO

Allenatore Luca Vigiani (1-22), Paolo Magnani
Allenatore in seconda Andrea Bellucco
Preparatori atletici Giuseppe Baglio
Preparatore dei portieri Andrea Sentimenti
Match analyst Alfonso Lobascio
Team manager David Barani

STAFF MEDICO

Medico Giulio Biancalana
Fisioterapisti Matteo Spinosa e Carmelo Sposato
Magazzinieri Antonio Labianca

E MAIL
segreteria @bolognafc.it

SITO INTERNET
www.bolognafc.it

PAGINA FACEBOOK
bfc1909official/

PROFILO INSTAGRAM
bolognafc1909/

LA ROSA DELLA SQUADRA

Nome	Cognome	Nato il	PR	RE	AM	ES	SF	SA	Ruolo
Wisdom	**Amey**	11/08/2005	27	2	9	0	2	2	DIF
Nicola	**Bagnolini**	14/03/2004	20	0	0	0	0	0	POR
Davide	**Baroncioni**	18/03/2005	32	1	14	0	0	3	DIF
Giovanni	**Busato**	12/04/2004	3	0	0	0	3	0	ATT
Naim	**Byar**	23/02/2005	34	8	4	0	0	4	CEN
Jafar	**Bynoe**	17/08/2003	4	0	0	0	1	2	CEN
Davide	**Carretti**	01/11/2005	16	0	3	0	8	3	DIF
Manuel	**Cesari**	23/01/2005	14	0	1	1	6	6	ATT
Alessandro	**De Luca**	10/02/2007	15	0	2	0	6	3	DIF
Saer	**Diop**	13/01/2005	30	1	5	2	1	8	DIF
Tommaso	**Ebone**	09/11/2005	29	11	4	0	6	20	ATT
Tito	**Gasperini**	09/03/2006	4	0	0	0	1	0	POR
Ukko	**Happonen**	13/03/2007	3	0	0	0	1	1	POR
Demirel	**Hodzic**	08/03/2005	30	0	6	0	8	15	CEN
Benjamin	**Idaro**	26/01/2005	11	0	0	0	9	2	CEN
Frederik	**Kongslev**	25/03/2006	2	0	1	0	2	0	DIF
Luca	**Lai**	29/03/2006	15	0	2	0	6	6	CEN
Federico	**Mangiameli**	28/03/2005	31	3	1	0	18	10	ATT
Lorenzo	**Menegazzo**	03/07/2005	29	6	5	0	0	10	CEN
Kevin	**Mercier**	28/02/2004	17	0	1	0	5	3	DIF
Christ	**Mukelenge**	02/07/2005	9	0	1	0	5	3	ATT
Luca	**Nesi**	14/08/2006	1	0	0	0	1	0	DIF
Alem	**Nezirevic**	27/02/2004	14	0	7	1	1	4	DIF
Andrea	**Oliviero**	16/03/2006	1	0	0	0	1	0	ATT
Massimo	**Pessina**	25/12/2007	9	0	1	1	0	0	POR
Tommaso	**Ravaglioli**	20/02/2006	28	9	4	0	14	11	ATT
Manuel	**Rosetti**	07/03/2005	25	0	12	1	1	6	CEN
Matteo	**Schiavoni**	09/04/2005	1	0	0	0	1	0	CEN
Michal	**Svoboda**	15/02/2005	22	0	2	0	5	3	DIF
Federico	**Tonin**	25/03/2006	24	3	1	0	14	10	ATT
Nicolo'	**Tordiglione**	13/06/2006	5	0	0	0	5	0	ATT
Andrea	**Zilio**	23/03/2006	1	0	0	0	1	0	DIF
Alessandro	**Zonta**	23/08/2007	3	0	0	0	3	0	CEN

LEGENDA PR presenze - **RE** reti - **A** ammonizioni - **E** espulsioni - **SF** sostituzioni fatte - **SA** sostituzioni avute

IL COMMENTO DELLA STAGIONE

Il Bologna non riesce a ripetere il tranquillo campionato dell'anno scorso. La squadra felsinea passa, infatti, dal nono al quindicesimo posto conquistando una salvezza sofferta nelle ultime curve del campionato sotto la guida tecnica di Paolo Magnani subentrato alla ventitreesima giornata a Luca Vigiani. Particolarmente prezioso ai fini del conseguimento dell'obiettivo da parte dei rossoblù si rivela il bottino pieno di punti ottenuto nelle ultime quattro esibizioni casalinghe. Nel Bologna, a brillare in fase realizzativa è soprattutto Tommaso Ebone in rete in undici occasioni. A spalleggiare il bomber veneto sono Tommaso Ravaglioli con nove segnature e Naim Byar con otto.

ANDAMENTO IN CAMPIONATO

COMPORTAMENTO DELLA SQUADRA

Statistiche		Classifica	Rank
		18 17 16 15 14 13 12 11 10 09 08 07 06 05 04 03 02 01	
Giocatori schierati	33		13
Giocatori in rete	9		17
Giocatori under 18	30		2
Giocatori over 30	0		4
Cartellini gialli	77		13
Cartellini rossi	6		13
Cambi effettuati	135		16

LA STAGIONE 2023/2024

	Avversario	Casa / Fuori	Risultato		Arbitro
				Vinta · Nulla · Persa	
1	**Frosinone U19**	C	3-0	V	Domenico Mirabella
2	**Milan U19**	F	4-1	P	Eugenio Scarpa
3	**Sampdoria U19**	C	1-2	P	Marco Peletti
4	**Verona U19**	F	1-1	N	Davide Gandino
5	**Cagliari U19**	F	1-0	P	Simone Gavini
6	**Genoa U19**	C	0-1	P	Edoardo Giaquinto
7	**Atalanta U19**	F	2-2	N	Mattia Caldera
8	**Inter U19**	C	2-3	P	Andrea Zanotti
9	**Torino U19**	F	2-0	P	Daniele Virgilio
10	**Sassuolo U19**	C	1-2	P	Adolfo Baratta
11	**Lecce U19**	F	3-2	P	Leonardo Mastrodomenico
12	**Monza U19**	C	4-3	V	Michele Delrio
13	**Lazio U19**	C	2-1	V	Andrea Zanotti
14	**Juventus U19**	F	1-2	V	Lorenzo Maccarini
15	**Fiorentina U19**	C	0-3	P	Samuele Andreano
16	**Empoli U19**	F	1-2	V	Andrea Ancora
17	**Roma U19**	C	0-2	P	Edoardo Manedo Mazzoni
18	**Genoa U19**	F	1-0	P	Mattia Nigro
19	**Cagliari U19**	C	1-1	N	Luca De Angeli
20	**Inter U19**	F	7-0	P	Francesco Burlando
21	**Monza U19**	F	2-2	N	Giuseppe Vingo
22	**Lecce U19**	C	1-3	P	Mattia Caldera
23	**Fiorentina U19**	F	5-0	P	Simone Gavini
24	**Verona U19**	C	2-2	N	Aleksander Djurdjevic
25	**Lazio U19**	F	3-0	P	Cristiano Ursini
26	**Empoli U19**	C	0-1	P	Filippo Giaccaglia
27	**Frosinone U19**	F	0-0	N	Giuseppe Mucera
28	**Juventus U19**	C	3-0	V	Alessandro Silvestri
29	**Sampdoria U19**	F	1-2	V	Cristiano Ursini
30	**Milan U19**	C	2-1	V	Lorenzo Maccarini
31	**Sassuolo U19**	F	3-2	P	Filippo Giaccaglia
32	**Atalanta U19**	C	3-2	V	Gabriele Totaro
33	**Torino U19**	C	2-1	V	Erminio Cerbasi
36	**Roma U19**	F	4-1	P	Giorgio Di Cicco

CAGLIARI

Cagliari Calcio s.p.a.

ANNO DI FONDAZIONE
1920

COLORI SOCIALI
Rosso Blu

INDIRIZZO SEDE
Località Sa
Ruina, 09032
Assemini (CA)
070 604201

ORGANIGRAMMA

Responsabile settore giovanile Bernardo Mereu
Direttore sportivo e organizzativo settore giovanile
Pierluigi Carta
Coordinatore tecnico Primavera Roberto Muzzi

STAFF TECNICO

Allenatore Fabio Pisacane
Allenatore in seconda Matteo Battilana
Preparatori atletici Mauro Baldus e Fabio Figus
Preparatore dei portieri Matteo Di Norscia
Team manager Stefano Sedda

STAFF MEDICO

Responsabile sanitario Paolo Cugia
Medico Gabriele Cirillo
Fisioterapisti Cristian Calianu, Luca Floris e Nicola Latte

IMPIANTO DI GIOCO

Stadietto "Carlo Enrico Giulini" - C.S. Asseminello
Località Sa Ruina - 09032 Assemini (CA)

E MAIL
info@cagliari
calcio.com

SITO INTERNET
www.cagliari
calcio.com

PAGINA FACEBOOK
cagliaricalcio/

PROFILO INSTAGRAM
cagliaricalcio/

LA ROSA DELLA SQUADRA

Nome	Cognome	Nato il	PR	RE	AM	ES	SF	SA	Ruolo
Sofiane	**Achour**	21/08/2005	28	8	1	0	18	8	ATT
Federico	**Arba**	16/03/2005	30	0	3	0	1	6	DIF
Samuel	**Ardau**	10/09/2006	7	1	0	0	6	1	CEN
Luca	**Asproni**	28/08/2006	1	0	0	0	1	0	CEN
Henrijs	**Auseklis**	19/12/2006	4	0	2	0	0	0	POR
Mamadou	**Balde**	01/01/2004	23	1	9	1	11	8	CEN
Alessandro	**Bolzan**	24/02/2005	12	4	1	0	6	6	ATT
Alex	**Caddeo**	15/12/2004	6	1	1	0	4	2	CEN
Michele	**Carboni**	03/08/2004	30	8	2	0	6	15	CEN
Michele	**Casali**	08/03/2005	6	0	1	0	5	0	DIF
Etienne	**Catena**	01/01/2004	32	0	4	1	0	4	DIF
Andrea	**Cogoni**	04/07/2006	29	0	3	0	2	3	DIF
Manuel	**Conti**	04/08/2006	21	1	6	0	13	8	CEN
Michele	**Deriu**	14/07/2005	4	0	0	0	4	0	CEN
Jacopo	**Desogus**	01/10/2002	1	0	1	0	0	1	ATT
Antoni	**Franke**	30/09/2006	4	0	1	0	2	0	DIF
Nicola	**Grandu**	15/07/2006	2	0	0	0	1	0	ATT
Riyad	**Idrissi**	13/06/2005	34	3	4	0	2	6	DIF
Velizar-Iliya	**Iliev**	20/07/2005	18	0	3	0	0	0	POR
Ismael	**Konate**	29/03/2005	25	6	5	0	7	10	ATT
Roberto	**Malfitano**	18/06/2007	26	1	3	0	9	12	CEN
Angelo	**Mameli**	04/02/2005	1	0	0	0	1	0	CEN
Diego	**Marcolini**	10/01/2005	29	3	8	1	1	8	CEN
Matteo	**Marini**	09/03/2006	8	1	0	0	5	0	DIF
Kingstone	**Mutandwa**	05/01/2003	18	5	4	0	4	6	ATT
Lorenzo	**Pasquale**	27/07/2006	1	0	0	0	1	0	DIF
Nicola	**Pintus**	25/05/2005	18	0	1	0	7	0	DIF
Andrea	**Pulina**	11/10/2004	10	1	1	0	7	2	ATT
Jacopo	**Simonetta**	14/01/2006	11	0	3	1	4	4	CEN
Ivan	**Sulev**	11/09/2006	30	0	4	0	6	23	CEN
Yael	**Trepy**	20/05/2006	4	0	0	0	4	0	ATT
Luca	**Tronci**	14/02/2007	1	0	0	0	1	0	DIF
Alessandro	**Vinciguerra**	18/08/2005	30	7	4	0	4	11	ATT
Antoni	**Wodzicki**	13/02/2005	12	0	0	0	0	0	POR

LEGENDA PR presenze - **RE** reti - **A** ammonizioni - **E** espulsioni - **SF** sostituzioni fatte - **SA** sostituzioni avute

IL COMMENTO DELLA STAGIONE

Campionato positivo per il Cagliari che soltanto alla penultima giornata vede svanire la possibilità di accedere alla fase finale di Bagno a Ripoli. Parte a rilento la formazione di Fabio Pisacane (un solo punto incamerato nelle prime tre gare), ma nel prosieguo risale piuttosto rapidamente la china virando al giro di boa del torneo a ridosso della zona playoff con ben 27 punti all'attivo. Settima posizione che il Cagliari conserverà anche al termine dopo essere scivolato per lungo tempo a metà classifica a seguito di un infelice avvio di girone di ritorno. A spiccare a livello realizzativo nella squadra sarda è il tandem composto da Sofiane Achour e Michele Carboni (otto gol a testa).

ANDAMENTO IN CAMPIONATO

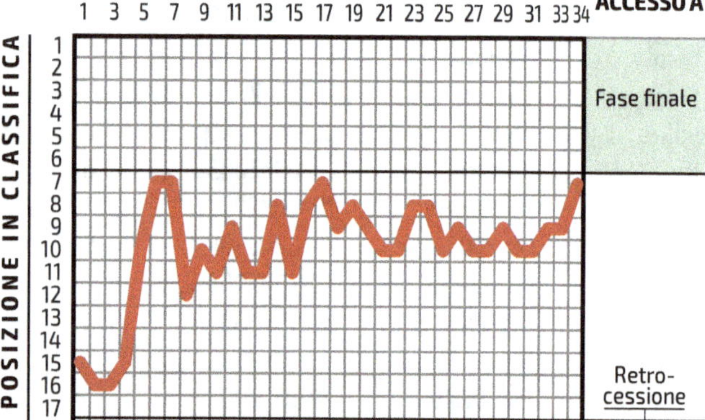

COMPORTAMENTO DELLA SQUADRA

Statistiche		Classifica	Rank
		18 17 16 15 14 13 12 11 10 09 08 07 06 05 04 03 02 01	
Giocatori schierati	34		11
Giocatori in rete	15		5
Giocatori under 18	23		10
Giocatori over 30	0		4
Cartellini gialli	70		7
Cartellini rossi	4		3
Cambi effettuati	144		10

LA STAGIONE 2023/2024

	Avversario	Casa / Fuori	Risultato		Arbitro
			Vinta Nulla Persa		
1	**Juventus U19**	F	3-1	P	Simone Galipo
2	**Inter U19**	C	1-1	N	Domenico Leone
3	**Atalanta U19**	F	4-1	P	Gioele Iacobellis
4	**Fiorentina U19**	C	1-0	V	Mattia Ubaldi
5	**Bologna U19**	C	1-0	V	Simone Gavini
6	**Monza U19**	F	2-4	V	Emanuele Frascaro
7	**Verona U19**	C	1-1	N	Giorgio Bozzetto
8	**Genoa U19**	F	4-0	P	Adolfo Baratta
9	**Lecce U19**	F	1-2	V	Giuseppe Vingo
10	**Roma U19**	C	0-2	P	Filippo Colaninno
11	**Milan U19**	F	2-4	V	Andrea Zoppi
12	**Empoli U19**	C	1-1	N	Alessandro Silvestri
13	**Torino U19**	F	3-1	P	Michele Delrio
14	**Frosinone U19**	C	4-2	V	Gabriele Restaldo
15	**Sampdoria U19**	F	1-0	P	Davide Gandino
16	**Sassuolo U19**	C	2-1	V	Simone Gauzolino
17	**Lazio U19**	F	1-3	V	Mattia Drigo
18	**Monza U19**	C	1-2	P	Gabriele Scatena
19	**Bologna U19**	F	1-1	N	Luca De Angeli
20	**Milan U19**	C	1-3	P	Mattia Ubaldi
21	**Roma U19**	F	3-1	P	Giuseppe Maria Manzo
22	**Torino U19**	C	3-2	V	Luca Cherchi
23	**Frosinone U19**	F	1-1	N	Enrico Gemelli
24	**Sampdoria U19**	C	1-1	N	Erminio Cerbasi
25	**Empoli U19**	F	3-0	P	Alfredo Iannello
26	**Juventus U19**	C	1-0	V	Giorgio Vergaro
27	**Sassuolo U19**	F	2-2	N	Davide Gandino
28	**Lazio U19**	C	0-1	P	Antonino Costanza
29	**Atalanta U19**	C	3-1	V	Francesco Burlando
30	**Inter U19**	F	3-0	P	Marco Emmanuele
31	**Lecce U19**	C	1-1	N	Cristiano Ursini
32	**Fiorentina U19**	F	1-2	V	Silvia Gasperotti
33	**Genoa U19**	C	2-1	V	Felipe Salvatore Viapiana
36	**Verona U19**	F	3-5	V	Gianluca Catanzaro

EMPOLI

Empoli Football Club

ANNO DI FONDAZIONE
1920

COLORI SOCIALI
Azzurro

INDIRIZZO SEDE
Via di Pianezzoli,
50053 Empoli (FI)
0571 93471

IMPIANTO DI GIOCO
C.S. Petroio
- Via Villa
Alessandri -
Vinci (FI)

ORGANIGRAMMA

Responsabile settore giovanile Federico Bargagna

STAFF TECNICO

Allenatore Alessandro Birindelli
Allenatore in seconda Luca Fiasconi
Preparatori atletici Eduardo Pizzarelli
Preparatore dei portieri Matteo Fantozzi
Match analyst Thomas Giani
Team manager Luca Emanuele Bonomo
Dirigenti accompagnatori Mario Menconi

STAFF MEDICO

Medico Giuseppe Anania, Salvatore Caruso e Marco Mandoli
Fisioterapisti Matteo Bini, Francesco Brandinelli e
Alessandro Maggini
Recupero infortunati Diego Chiesi
Magazzinieri Carlo Bartolini

E MAIL
info@
empolifc.com

SITO INTERNET
empolifc.com/

PAGINA FACEBOOK
empolifc
officialpage

PROFILO INSTAGRAM
empoli_
fc_official/

LA ROSA DELLA SQUADRA

Nome	Cognome	Nato il	PR	RE	AM	ES	SF	SA	Ruolo
Herbert	**Ansah**	06/09/2004	19	0	0	0	19	1	ATT
Jacopo	**Bacci**	19/06/2005	31	0	7	0	2	14	CEN
Andrea	**Bacciardi**	04/03/2006	18	0	5	1	11	4	CEN
Simone	**Barsi**	17/04/2004	12	0	4	0	2	2	DIF
Leonardo	**Barsotti**	12/06/2006	9	0	2	0	4	4	ATT
Aylan	**Benyahia-Tani**	19/07/2005	1	0	0	0	1	0	ATT
Tommaso	**Bocci**	11/05/2005	5	0	0	0	5	0	ATT
Jordan	**Boli**	06/06/2002	4	0	1	0	1	1	DIF
Luca	**Bonassi**	21/07/2004	16	4	1	0	1	5	CEN
Manuel	**Cesari**	23/01/2005	8	0	0	0	4	2	ATT
Giacomo	**Corona**	24/02/2004	29	19	9	1	3	13	ATT
Sandro	**De Ferdinando**	21/10/2005	3	0	0	0	3	1	DIF
Aron	**Dragoner**	11/06/2004	19	0	7	0	4	7	DIF
Noah	**El Biache**	13/02/2005	23	2	1	0	5	9	CEN
Darius	**Falcusan**	14/02/2006	8	0	0	0	7	1	DIF
Riccardo	**Fini**	23/03/2004	13	2	0	0	3	4	ATT
Szymon	**Gaj**	29/01/2005	16	0	2	1	5	6	DIF
Saba	**Goglichidze**	25/06/2004	1	0	0	0	0	0	DIF
Matteo	**Huqi**	21/06/2007	3	0	0	0	3	0	CEN
Lorenzo	**Ignacchiti**	25/04/2004	1	0	1	0	0	0	CEN
Gabriele	**Indragoli**	20/02/2004	27	2	2	0	0	4	DIF
Iwo	**Kaczmarski**	16/04/2004	14	0	1	0	3	5	CEN
Giovanni	**Lauricella**	11/01/2007	1	0	0	0	1	0	DIF
Patrik	**Majdandzic**	31/03/2005	18	0	2	0	13	5	DIF
Matteo	**Mannelli**	20/02/2005	14	0	3	0	1	4	DIF
Ernesto	**Matteazzi**	11/01/2005	10	0	4	0	2	3	ATT
Arnaud	**Mboumbou**	29/11/2006	1	0	0	0	1	0	ATT
Herculano	**Nabian**	25/01/2004	31	7	1	0	4	19	ATT
Andrea	**Orlandi**	24/01/2007	1	0	0	0	1	0	CEN
Nicolo'	**Pauliuc**	07/10/2006	12	0	0	0	5	2	DIF
Bogdan	**Popov**	04/04/2007	9	0	2	0	9	0	ATT
Jacopo	**Seghetti**	17/02/2005	18	0	2	0	0	0	POR
Andrea	**Sodero**	07/08/2004	21	4	2	0	8	13	CEN
Noah	**Stassin**	05/07/2004	20	0	6	1	8	8	DIF
Antoan	**Stoyanov**	17/01/2005	11	0	1	0	9	2	CEN
Lovro	**Stubljar**	09/08/2004	9	0	0	0	0	0	POR
Lorenzo	**Tosto**	29/01/2006	15	1	1	0	1	6	DIF
Francesco	**Vallarelli**	16/05/2005	31	5	5	0	1	5	CEN
Filippo	**Vertua**	05/11/2006	6	0	0	0	0	0	POR

LEGENDA PR presenze - **RE** reti - **A** ammonizioni - **E** espulsioni - **SF** sostituzioni fatte - **SA** sostituzioni avute

IL COMMENTO DELLA STAGIONE

Per la terza stagione consecutiva l'Empoli consegue l'obiettivo salvezza con largo anticipo. La squadra diretta da Alessandro Birindelli, dopo la sconfitta subita all'esordio in trasferta contro l'Inter, inanella ben undici risultati utili consecutivi entrando in zona playoff. Gli azzurri, dopo aver accusato un evidente flessione a cavallo del giro di boa (otto ko in dieci partite), riprendono a veleggiare in un tranquillo centroclassifica. Nella compagine toscana non si può fare a meno di sottolineare il contributo offensivo assicurato dal vicecapocannoniere del torneo Giacomo Corona a segno in diciannove occasioni. Preziose anche le sette reti messe a segno da Herculano Nabian.

ANDAMENTO IN CAMPIONATO

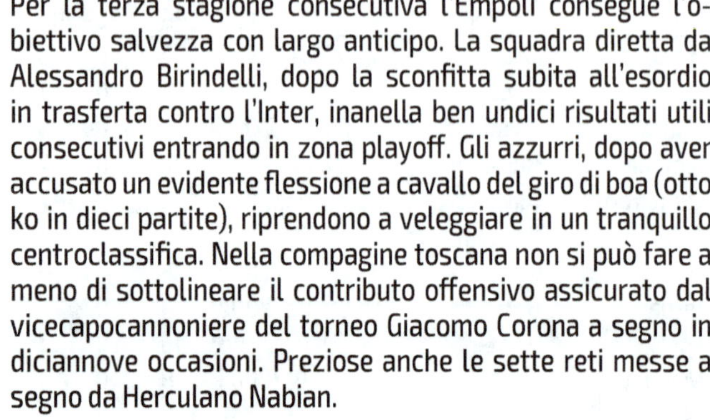

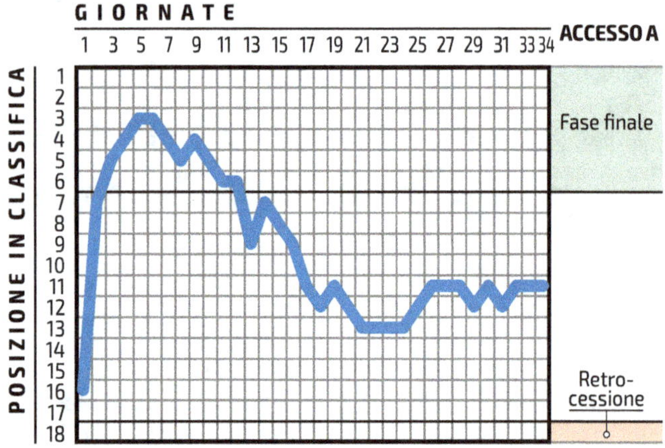

COMPORTAMENTO DELLA SQUADRA

Statistiche		Classifica																		Rank
		18	17	16	15	14	13	12	11	10	09	08	07	06	05	04	03	02	01	
Giocatori schierati	39																			4
Giocatori in rete	9																			17
Giocatori under 18	27																			6
Giocatori over 30	1																			1
Cartellini gialli	63																			2
Cartellini rossi	4																			3
Cambi effettuati	150																			5

LA STAGIONE 2023/2024

	Avversario	Casa / Fuori	Risultato		Arbitro
			Vinta Nulla Persa		
1	**Inter U19**	F	2-0	P	Valerio Crezzini
2	**Roma U19**	C	3-0	V	Andrea Calzavara
3	**Juventus U19**	F	2-3	V	Luca Cherchi
4	**Atalanta U19**	C	1-1	N	Francesco Zago
5	**Frosinone U19**	C	4-0	V	Filippo Giaccaglia
6	**Verona U19**	F	0-0	N	Bogdan Nicolae Sfira
7	**Monza U19**	C	2-2	N	Giuseppe Rispoli
8	**Lazio U19**	F	2-2	N	Carlo Rinaldi
9	**Milan U19**	C	2-1	V	Roberto Lovison
10	**Fiorentina U19**	F	1-1	N	Giorgio Di Cicco
11	**Genoa U19**	C	0-0	N	Gabriele Restaldo
12	**Cagliari U19**	F	1-1	N	Alessandro Silvestri
13	**Lecce U19**	F	2-0	P	Simone Gavini
14	**Sampdoria U19**	C	3-0	V	Gabriele Totaro
15	**Torino U19**	F	2-1	P	Mattia Drigo
16	**Bologna U19**	C	1-2	P	Andrea Ancora
17	**Sassuolo U19**	F	4-1	P	Cristiano Ursini
18	**Fiorentina U19**	C	0-3	P	Gabriele Sacchi
19	**Juventus U19**	C	1-0	V	Abdoulaye Diop
20	**Genoa U19**	F	2-0	P	Lucio Felice Angelillo
21	**Inter U19**	C	1-2	P	Domenico Castellone
22	**Atalanta U19**	F	2-1	P	Fabrizio Ramondino
23	**Lecce U19**	C	3-3	N	Francesco D'Eusanio
24	**Monza U19**	F	0-1	V	Giuseppe Mucera
25	**Cagliari U19**	C	3-0	V	Alfredo Iannello
26	**Bologna U19**	F	0-1	V	Filippo Giaccaglia
27	**Torino U19**	C	2-2	N	Fabio Rosario Luongo
28	**Roma U19**	F	4-0	P	Erminio Cerbasi
29	**Milan U19**	F	3-2	P	Domenico Leone
30	**Verona U19**	C	2-2	N	Maria Marotta
31	**Frosinone U19**	F	2-2	N	Domenico Castellone
32	**Sassuolo U19**	C	3-1	V	Marco Emmanuele
33	**Sampdoria U19**	F	1-2	V	Jules R. Andeng Tona Mbei
36	**Lazio U19**	C	0-0	N	Francesco Burlando

FIORENTINA

ACF Fiorentina s.p.a. (2002)

ANNO DI FONDAZIONE
1926

COLORI SOCIALI
Viola

INDIRIZZO SEDE
Viale M. Fanti 4,
50137 Firenze,
055 503011

IMPIANTO DI GIOCO
Stadio Curva Fiesole - Viola Park - Via Pian di Ripoli - 50212 Bagno a Ripoli (FI)

ORGANIGRAMMA
Responsabile settore giovanile Valentino Angeloni

STAFF TECNICO
Allenatore Daniele Galloppa
Allenatore in seconda Luca Antonelli
Collaboratori tecnici Matteo Andorlini e Lorenzo Sandri
Preparatori atletici Giuseppe Mazza
Preparatore dei portieri Massimiliano Benassi
Team manager Rocco De Vincenti

STAFF MEDICO
Medico Antonio Pinazzi
Fisioterapisti Michele Puglisi
Segretario sportivo Luigi Curradi
Magazzinieri Maurizio Paoli

E MAIL
fiorentinapoint@acffiorentina.it

SITO INTERNET
www.acffiorentina.com/it

PAGINA FACEBOOK
ACFFiorentina

PROFILO INSTAGRAM
acffiorentina/

LA ROSA DELLA SQUADRA

Nome	Cognome	Nato il	PR	RE	AM	ES	SF	SA	Ruolo
Lorenzo	**Amatucci**	05/02/2004	5	0	1	0	0	1	CEN
Luis	**Balbo**	28/03/2006	4	0	1	0	3	1	DIF
Leonardo	**Baroncelli**	13/08/2005	21	5	3	0	3	4	DIF
Christian	**Biagetti**	10/03/2004	30	2	10	0	3	10	DIF
Riccardo	**Braschi**	24/08/2006	30	1	4	0	14	12	ATT
Maat	**Caprini**	11/02/2006	29	10	2	0	7	7	ATT
Gaetano	**Castrovilli**	17/02/1997	1	0	1	0	0	1	CEN
Pietro	**Comuzzo**	20/02/2005	6	0	1	0	0	2	DIF
Lapo	**Deli**	25/04/2006	3	0	0	0	3	0	CEN
Adrian	**Denes**	15/04/2005	9	2	2	1	3	4	ATT
Cordeiro S.	**Dodo**	17/11/1998	1	0	0	0	0	1	DIF
Mirko	**Elia**	13/10/2005	9	0	1	0	1	2	DIF
Niccolo	**Falconi**	15/04/2004	3	0	1	0	0	2	CEN
Niccolo	**Fortini**	13/02/2006	30	1	5	0	6	5	CEN
Ernestas	**Gudelevicius**	14/01/2005	21	0	6	1	10	7	CEN
Filippo	**Guidobaldi**	05/10/2004	5	0	0	0	4	1	ATT
Jonas	**Harder**	30/09/2005	26	3	1	0	7	11	CEN
Mattia	**Ievoli**	22/01/2005	27	1	6	0	3	14	CEN
Gino	**Infantino**	19/05/2003	1	0	1	0	0	1	CEN
Eddy	**Kouadio**	30/05/2006	7	0	3	0	2	4	DIF
Pietro	**Leonardelli**	25/06/2006	8	0	1	0	0	0	POR
Filippo	**Maggini**	01/04/2005	10	0	2	1	9	3	DIF
Tommaso	**Martinelli**	06/01/2006	3	0	0	0	0	1	POR
Carlo	**Mignani**	31/07/2005	5	0	3	0	4	1	CEN
Chidiche	**Ofoma**	29/03/2005	5	0	1	0	5	0	ATT
Alejandro	**Padilla**	24/03/2005	16	0	2	1	9	6	ATT
Niccolo	**Pierozzi**	12/09/2001	1	0	0	0	0	0	DIF
Francesco	**Presta**	01/01/2005	9	1	2	0	3	5	ATT
Giorgio	**Puzzoli**	24/02/2006	2	0	0	0	2	0	ATT
Lorenzo	**Romani**	28/02/2005	24	0	2	0	3	3	CEN
Tommaso	**Rubino**	10/11/2006	30	10	4	0	5	8	ATT
Edoardo	**Sadotti**	27/02/2006	14	0	1	0	5	4	DIF
Giulio	**Scuderi**	09/12/2005	14	0	1	0	7	6	ATT
Fallou	**Sene**	21/08/2004	31	11	4	0	8	7	ATT
Riccardo	**Spaggiari**	01/01/2005	15	1	0	0	12	3	ATT
Laerte	**Tognetti**	03/01/2005	16	0	2	0	0	0	POR
Niccolo	**Trapani**	11/05/2006	1	0	0	0	1	0	CEN
Tommaso	**Vannucchi**	05/03/2007	8	0	0	0	1	0	POR
Lorenzo	**Vigiani**	06/01/2004	24	0	4	0	5	14	DIF
Federico	**Vitolo**	03/03/2005	29	2	4	0	12	9	CEN

LEGENDA PR presenze - **RE** reti - **A** ammonizioni - **E** espulsioni - **SF** sostituzioni fatte - **SA** sostituzioni avute

IL COMMENTO DELLA STAGIONE

Stagione in chiaroscuro per la Fiorentina. I viola trionfano in Coppa Italia per la quinta volta negli ultimi sei anni, ma in campionato, dopo aver sfiorato lo Scudetto nella scorsa stagione, non vanno oltre un anonimo 14° posto. Avvio pessimo per la Fiorentina che al termine del 14° turno si ritrova in penultima posizione a quota 10. La compagine di Daniele Galloppa pare potersi inserire nella lotta playoff conquistando 22 punti nei successivi dieci impegni. Non è così. La squadra ripiomba nella mediocrità evitando il ko soltanto in tre delle ultime dieci gare. Top-scorer gigliato è Fallou Sene con 11 reti seguito dal tandem composto da Maat Caprini e Tommaso Rubino con 9.

ANDAMENTO IN CAMPIONATO

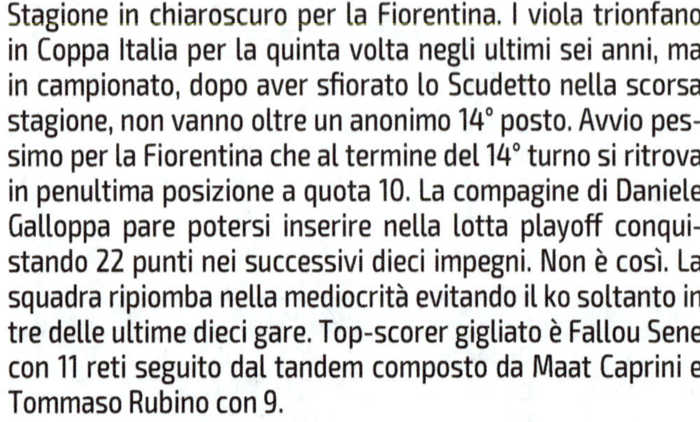

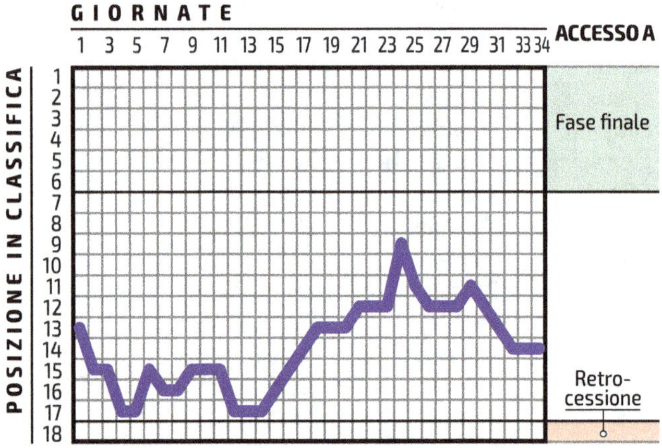

COMPORTAMENTO DELLA SQUADRA

Statistiche		Classifica	Rank
		18 17 16 15 14 13 12 11 10 09 08 07 06 05 04 03 02 01	
Giocatori schierati	40		2
Giocatori in rete	13		10
Giocatori under 18	21		13
Giocatori over 30	1		1
Cartellini gialli	79		15
Cartellini rossi	4		3
Cambi effettuati	161		2

LA STAGIONE 2023/2024

	Avversario	Casa / Fuori	Risultato		Arbitro
1	**Roma U19**	F	1-0	P	Giorgio Vergaro
2	**Genoa U19**	C	1-1	N	Francesco D'Eusanio
3	**Inter U19**	F	3-1	P	Bogdan Nicolae Sfira
4	**Cagliari U19**	F	1-0	P	Mattia Ubaldi
5	**Milan U19**	C	1-1	N	Ermes Fabrizio Cavaliere
6	**Frosinone U19**	F	0-1	V	Andrea Zanotti
7	**Lazio U19**	C	1-2	P	Fabio Rosario Luongo
8	**Juventus U19**	F	3-0	P	Antonino Costanza
9	**Verona U19**	C	2-2	N	Domenico Castellone
10	**Empoli U19**	C	1-1	N	Giorgio Di Cicco
11	**Torino U19**	F	2-1	P	Filippo Giaccaglia
12	**Sassuolo U19**	C	0-1	P	Valerio Pezzopane
13	**Sampdoria U19**	F	1-4	V	Giuseppe Maria Manzo
14	**Lecce U19**	C	0-2	P	Jules R. Andeng Tona Mbei
15	**Bologna U19**	F	0-3	V	Samuele Andreano
16	**Monza U19**	C	2-2	N	Erminio Cerhasi
17	**Atalanta U19**	F	1-2	V	Francesco D'Eusanio
18	**Empoli U19**	F	0-3	V	Gabriele Sacchi
19	**Frosinone U19**	C	1-1	N	Marco Emmanuele
20	**Verona U19**	F	1-1	N	Andrea Bordin
21	**Juventus U19**	C	1-0	V	Andrea Calzavara
22	**Lazio U19**	F	2-2	N	Domenico Leone
23	**Bologna U19**	C	5-0	V	Simone Gavini
24	**Milan U19**	F	1-4	V	Giuseppe Claudio Allegretta
25	**Roma U19**	C	1-6	P	Edoardo Gianquinto
26	**Lecce U19**	F	1-1	N	Carlo Rinaldi
27	**Atalanta U19**	C	1-4	P	Valerio Vogliacco
28	**Monza U19**	F	1-0	P	Giorgio Di Cicco
29	**Torino U19**	C	5-1	V	Andrea Calzavara
30	**Genoa U19**	F	3-2	P	Alberto Poli
31	**Inter U19**	C	1-2	P	Leonardo Mastrodomenico
32	**Cagliari U19**	C	1-2	P	Silvia Gasperotti
33	**Sassuolo U19**	F	3-1	P	Marco Di Loreto
36	**Sampdoria U19**	C	2-2	N	Alfredo Iannello

Legenda Risultato: Vinta / Nulla / Persa

FROSINONE

Frosinone Calcio s.r.l.

ORGANIGRAMMA
Responsabile settore giovanile Roberto Alberti Mazzaferro

STAFF TECNICO
Allenatore Angelo Gregucci
Allenatore in seconda Matteo Di Palma

ANNO DI FONDAZIONE
1928

COLORI SOCIALI
Giallo Azzurro

INDIRIZZO SEDE
Viale Olimpia, località Casaleno, 03100 Frosinone
0775 8190

IMPIANTO DI GIOCO
C.S. "Ferentino" - Via Bagni Roana, 1 - 03013 Ferentino (FR)

E MAIL
frosinone
@legaseriea.it

SITO INTERNET
www.frosinone
calcio.com

PAGINA FACEBOOK
Frosinone1928/

PROFILO ISTAGRAM
frosinonecalcio/

LA ROSA DELLA SQUADRA

Nome	Cognome	Nato il	PR	RE	AM	ES	SF	SA	Ruolo
Igor	**Amerighi**	30/04/2005	20	1	3	0	11	5	DIF
Matteo	**Antoci**	03/01/2006	4	0	0	0	3	1	ATT
Raul	**Aromatico**	08/02/2006	3	0	0	0	3	0	ATT
Michele	**Avella**	01/05/2000	12	0	1	0	0	0	POR
Alessandro	**Boccia**	30/06/2004	33	7	9	0	1	11	CEN
Evan	**Bouabre**	23/12/2003	14	0	1	0	0	10	DIF
Nicolo	**Cesari**	19/01/2006	9	0	4	1	2	3	DIF
Matteo	**Cichella**	04/10/2005	17	1	5	0	0	6	CEN
Alejandro	**Cichero**	11/07/2006	19	1	0	0	15	4	ATT
Mohamed	**Cisse**	23/10/2005	12	0	6	1	0	5	CEN
Damar	**Dixon**	03/05/2004	15	0	0	0	9	2	ATT
Andrea	**Evangelisti**	13/03/2005	1	0	1	0	1	0	CEN
Justin	**Ferizaj**	13/01/2005	17	2	0	0	6	3	CEN
Loris	**Fiorito**	06/02/2007	2	0	0	0	2	0	ATT
Akaki	**Giunashvili**	01/03/2005	9	0	3	0	0	1	DIF
Andreas	**Ioannou**	23/03/2005	7	0	1	0	2	1	DIF
Matjaz	**Kamensek-Pahic**	04/07/2004	19	0	6	0	1	4	DIF
Antonio	**Lagonigro**	18/04/2006	2	0	0	0	0	0	POR
Agustin	**Luna**	14/12/2005	18	6	1	0	0	10	ATT
Mateus	**Lusuardi**	08/01/2004	5	0	4	1	0	0	DIF
Daniel	**Macej**	29/04/2004	7	0	1	0	0	3	DIF
Kristian	**Mezsargs**	03/02/2006	27	7	1	0	12	12	ATT
Simone	**Milazzo**	15/03/2004	27	1	2	0	18	6	CEN
Gaetano	**Molignano**	01/01/2007	22	1	3	0	9	13	CEN
Lorenzo	**Palmisani**	12/06/2004	18	0	2	0	0	0	POR
Tai Matea	**Panic**	13/09/2003	3	0	0	0	1	2	ATT
Mario	**Paura**	01/01/2005	12	0	4	1	1	4	DIF
Andrea	**Petta**	24/03/2005	12	1	2	0	0	0	DIF
Alessandro	**Romano**	21/04/2005	8	1	2	0	3	3	CEN
Raffaele	**Romano**	21/04/2005	30	0	4	0	1	5	CEN
Tiziano	**Romano**	24/02/2006	2	0	0	0	0	0	POR
Alessandro	**Selvini**	24/03/2004	19	9	2	0	0	4	CEN
Gennaro	**Severino**	08/03/2005	20	0	0	0	5	3	DIF
Ardit	**Shkambaj**	20/03/2006	6	0	0	0	6	0	DIF
Francesco	**Stefanelli**	14/10/2005	12	0	2	2	6	3	DIF
Steliyan	**Stoyanov**	12/02/2006	6	1	1	0	4	1	CEN
Christian	**Totti**	06/11/2005	3	0	0	0	3	0	ATT
Diego	**Voncina**	31/03/2005	9	0	3	0	5	1	ATT
Isak	**Vural**	28/05/2006	8	0	0	0	3	4	CEN
Lazar	**Zaknic**	16/03/2004	17	0	7	1	0	3	DIF

LEGENDA PR presenze - **RE** reti - **A** ammonizioni - **E** espulsioni - **SF** sostituzioni fatte - **SA** sostituzioni avute

IL COMMENTO DELLA STAGIONE

Il Frosinone abbandona dopo due stagioni la massima serie. Alla squadra ciociara non basta conquistare sei vittorie e 23 punti complessivi nella seconda parte del campionato per evitare con un turno d'anticipo la retrocessione in Primavera 2. A rendere impossibile il raggiungimento della salvezza da parte dei giallazzurri è un girone d'andata da dimenticare nel quale la formazione di Angelo Gregucci riesce a raccogliere soltanto tre punti frutto di altrettanti pareggi (nessuno nei primi sei incontri). Nella deludente annata del Frosinone, ultimo anche per gol segnati, meritano comunque una citazione Alessandro Selvini e Alessandro Boccia autori rispettivamente di undici e sette reti.

ANDAMENTO IN CAMPIONATO

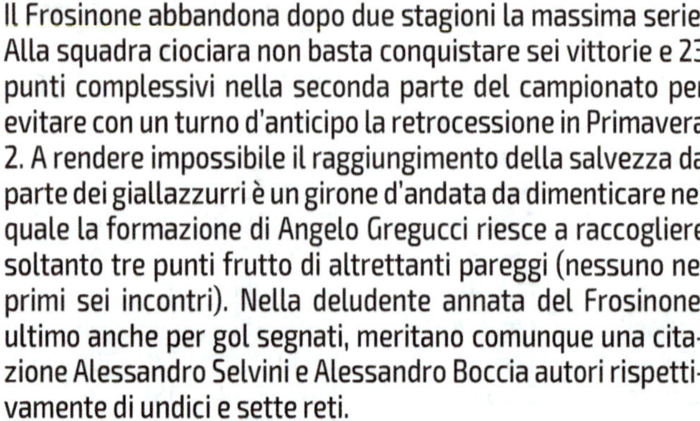

COMPORTAMENTO DELLA SQUADRA

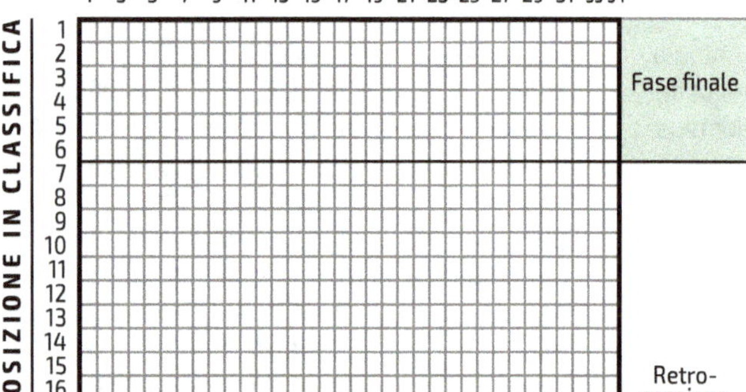

Statistiche		Classifica	Rank
		18 17 16 15 14 13 12 11 10 09 08 07 06 05 04 03 02 01	
Giocatori schierati	40		**2**
Giocatori in rete	13		**10**
Giocatori under 18	22		**12**
Giocatori over 30	1		**1**
Cartellini gialli	69		**6**
Cartellini rossi	7		**14**
Cambi effettuati	133		**17**

LA STAGIONE 2023/2024

	Avversario	Casa / Fuori	Risultato		Arbitro
			Vinta Nulla Persa		
1	**Bologna U19**	F	3-0	P	Domenico Mirabella
2	**Monza U19**	C	2-3	P	Enrico Gigliotti
3	**Roma U19**	F	3-2	P	Marco Emmanuele
4	**Inter U19**	C	1-2	P	Fabio Rosario Luongo
5	**Empoli U19**	F	4-0	P	Filippo Giaccaglia
6	**Fiorentina U19**	C	0-1	P	Andrea Zanotti
7	**Lecce U19**	F	2-2	N	Abdoulaye Diop
8	**Torino U19**	C	2-3	P	Domenico Leone
9	**Sassuolo U19**	F	3-0	P	Mattia Caldera
10	**Genoa U19**	F	2-0	P	Gianluca Catanzaro
11	**Lazio U19**	C	1-1	N	Gianluca Grasso
12	**Juventus U19**	F	5-2	P	Giuseppe Claudio Allegretta
13	**Verona U19**	C	1-1	N	Luca Cherchi
14	**Cagliari U19**	F	4-2	P	Gabriele Restaldo
15	**Atalanta U19**	C	1-3	P	Maria Marotta
16	**Milan U19**	C	0-2	P	Valerio Pezzopane
17	**Sampdoria U19**	F	3-1	P	Giorgio Bozzetto
18	**Sassuolo U19**	C	2-0	V	Domenico Castellone
19	**Fiorentina U19**	F	1-1	N	Marco Emmanuele
20	**Lecce U19**	C	2-1	V	Alberto Ruben Arena
21	**Verona U19**	F	3-4	V	Emanuele Ceriello
22	**Roma U19**	C	1-0	V	Gabriele Totaro
23	**Cagliari U19**	C	1-1	N	Enrico Gemelli
24	**Lazio U19**	F	2-0	P	Dario Madonia
25	**Sampdoria U19**	C	4-0	V	Antonio Di Reda
26	**Atalanta U19**	F	2-0	P	Gianluca Catanzaro
27	**Bologna U19**	C	0-0	N	Giuseppe Mucera
28	**Inter U19**	F	1-0	P	Cristiano Ursini
29	**Genoa U19**	C	3-1	V	Aleksandar Djurdjevic
30	**Torino U19**	F	4-2	P	Michele Delrio
31	**Empoli U19**	C	2-2	N	Domenico Castellone
32	**Monza U19**	F	2-1	P	Aleksandar Djurdjevic
33	**Milan U19**	F	2-1	P	Francesco Zago
36	**Juventus U19**	C	0-0	N	Giuseppe Maria Manzo

Genoa Cricket and Football Club s.p.a.

ANNO DI FONDAZIONE
1893

COLORI SOCIALI
Rosso Blu

INDIRIZZO SEDE
Via Ronchi 67,
16155 Genova-
Pegli
010 612831

ORGANIGRAMMA

Responsabile settore giovanile Michele Sbravati
Coordinatore tecnico Primavera Carlo Taldo

STAFF TECNICO

Allenatore Alessandro Agostini
Collaboratori tecnici Vincenzo Sgambato
Preparatori atletici Jonatan Proietto, Mattia Roselli e
Fusato Domingo
Preparatore dei portieri Luca Ferro
Match analyst Roberto Pastorino
Team manager Matteo Natuzzi
Dirigente addetto agli arbitri Simone Ferretti

STAFF MEDICO

Medico Giorgio Bolognesi e Davide Subbrero
Fisioterapisti Francesco Papi e Gabriele Ansaldo
Magazzinieri Roberto Girgi

IMPIANTO DI GIOCO

Stadio "Ferruccio Chittolina" -
Via Diaz, 33 - 17047 Valleggia di Quiliano (SV)

E MAIL
info@genoacfc.it

SITO INTERNET
www.genoacfc.it

PAGINA FACEBOOK
genoaCFCofficial/

PROFILO INSTAGRAM
genoacfc/

LA ROSA DELLA SQUADRA

Nome	Cognome	Nato il	PR	RE	AM	ES	SF	SA	Ruolo
Noham	**Abdellaoui**	15/03/2004	28	1	4	0	5	1	DIF
Honest	**Ahanor**	23/02/2008	7	1	0	0	2	0	DIF
Ismael	**Algueche**	12/02/2004	4	0	0	0	0	1	DIF
Riccardo	**Arboscello**	10/12/2005	30	3	12	0	4	10	CEN
Matteo	**Barbini**	11/12/2006	13	0	1	0	4	1	DIF
Matteo	**Bertini**	07/09/2005	1	0	0	0	0	0	POR
Yoan	**Bornosuzov**	09/01/2004	20	4	4	0	5	14	ATT
Davide	**Bosia**	31/03/2005	9	0	1	0	2	7	DIF
Simone	**Calvani**	16/05/2005	28	0	3	0	0	0	POR
Filippo	**Carbone**	29/12/2006	1	0	0	0	1	0	CEN
Faroukou	**Cisse**	09/03/2004	14	0	3	1	1	1	DIF
Leonardo	**Consiglio**	06/08/2006	5	0	0	0	0	0	POR
Jeff	**Ekhator**	11/11/2006	24	4	3	0	9	14	ATT
Leonardo	**Ferroni**	28/02/2005	7	0	2	1	1	4	DIF
Seydou	**Fini**	02/06/2006	10	5	1	0	0	0	ATT
Tommaso	**Ghirardello**	19/10/2005	19	3	3	2	11	6	ATT
Joao	**Goncalinho**	25/07/2005	7	1	1	0	0	5	CEN
Jacopo	**Grossi**	06/10/2006	1	0	0	0	1	0	CEN
Leandre	**Kuavita**	31/05/2004	11	0	2	0	4	1	CEN
Edoardo	**Meconi**	09/02/2005	13	0	2	0	5	7	DIF
Joi	**Nurendini**	05/08/2007	2	0	0	0	2	0	ATT
Shakur	**Omar**	31/03/2004	27	7	4	0	11	11	ATT
Andrea	**Palella**	27/06/2004	7	0	1	0	0	5	CEN
Christos	**Papadopoulos**	01/11/2004	25	11	11	0	0	7	CEN
Lysandros	**Papastylianou**	29/11/2005	18	1	0	0	13	5	ATT
Fabio	**Parravicini**	20/01/2005	14	3	0	0	1	8	CEN
Tommaso	**Pittino**	14/01/2005	21	0	5	0	2	2	DIF
Marco	**Romano**	01/03/2006	25	5	5	0	6	4	ATT
Gianluca	**Rossi**	03/11/2005	21	2	4	0	8	1	CEN
Alessio	**Sarpa**	20/06/2005	28	3	9	1	7	6	CEN
Antonio	**Scaravilli**	14/05/2005	28	0	8	2	5	6	DIF
Agust Orri	**Thorsteinsson**	14/01/2005	9	0	0	0	5	4	CEN
Filippo	**Tosi**	04/11/2005	17	0	3	0	6	5	DIF
Lorenzo	**Venturino**	22/06/2006	15	0	2	0	15	0	ATT

LEGENDA PR presenze - **RE** reti - **A** ammonizioni - **E** espulsioni - **SF** sostituzioni fatte - **SA** sostituzioni avute

IL COMMENTO DELLA STAGIONE

Ottima stagione per il neopromosso Genoa nono classificato. I rossoblù si mantengono per tutto l'arco del campionato lontani dalla zona retrocessione arrivando a coltivare, a due giornate dalla fine, persino la speranza di poter prendere parte alla fase finale a seguito dei successi di fila riportati a spese di Fiorentina, Verona e Juventus. Il ko subito ad Ussana contro il Cagliari al penultimo turno spegne il sogno playoff senza inficiare minimamente il giudizio complessivo sul torneo disputato dalla squadra diretta da Alessandro Agostini. Miglior marcatore genoano il trequartista greco Christos Papadopulos con undici reti seguito dall'avanti svedese Shakur Omar con sette.

ANDAMENTO IN CAMPIONATO

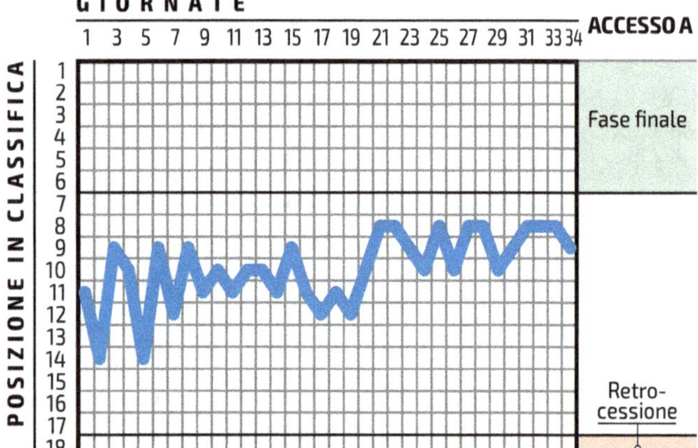

COMPORTAMENTO DELLA SQUADRA

Statistiche		Classifica	Rank
		18 17 16 15 14 13 12 11 10 09 08 07 06 05 04 03 02 01	
Giocatori schierati	34		11
Giocatori in rete	15		5
Giocatori under 18	24		8
Giocatori over 30	0		4
Cartellini gialli	82		16
Cartellini rossi	7		14
Cambi effettuati	136		15

LA STAGIONE 2023/2024

	Avversario	Casa / Fuori	Risultato		Arbitro
1	**Torino U19**	C	3-4	P	Abdoulaye Diop
2	**Fiorentina U19**	F	1-1	N	Francesco D'Eusanio
3	**Verona U19**	C	3-0	V	Andrea Ancora
4	**Monza U19**	F	3-3	N	Marco Emmanuele
5	**Lazio U19**	C	1-2	P	Lorenzo Maccarini
6	**Bologna U19**	F	0-1	V	Edoardo Giaquinto
7	**Juventus U19**	F	3-2	P	Andrea Calzavara
8	**Cagliari U19**	C	4-0	V	Adolfo Baratta
9	**Inter U19**	F	2-0	P	Francesco Zago
10	**Frosinone U19**	C	2-0	V	Gianluca Catanzaro
11	**Empoli U19**	F	0-0	N	Gabriele Restaldo
12	**Sampdoria U19**	C	1-0	V	Emanuele Frascaro
13	**Milan U19**	F	2-1	P	Marco Emmanuele
14	**Roma U19**	C	1-2	P	Antonio Di Reda
15	**Sassuolo U19**	F	1-3	V	Matteo Centi
16	**Atalanta U19**	C	0-2	P	Samuele Andreano
17	**Lecce U19**	F	3-2	P	Marco Di Loreto
18	**Bologna U19**	C	1-0	V	Mattia Nigro
19	**Lazio U19**	F	1-0	P	Giuseppe Vingo
20	**Empoli U19**	C	2-0	V	Lucio Felice Angelillo
21	**Sampdoria U19**	F	2-2	N	Andrea Zanotti
22	**Milan U19**	C	2-1	V	Enrico Cappai
23	**Roma U19**	F	3-0	P	Giuseppe Vingo
24	**Inter U19**	C	1-1	N	Dario Di Francesco
25	**Lecce U19**	C	1-0	V	Alberto Poli
26	**Torino U19**	F	4-3	P	Emanuele Frascaro
27	**Monza U19**	C	1-0	V	Enrico Gemelli
28	**Atalanta U19**	F	1-0	P	Simone Gauzolino
29	**Frosinone U19**	F	3-1	P	Aleksandar Djurdjevic
30	**Fiorentina U19**	C	3-2	V	Alberto Poli
31	**Verona U19**	F	1-3	V	Mattia Caldera
32	**Juventus U19**	C	3-1	V	Giorgio Di Cicco
33	**Cagliari U19**	F	2-1	P	Felipe Salvatore Viapiana
36	**Sassuolo U19**	C	2-4	P	Alessandro Silvestri

INTER

Football Club Internazionale Milano s.p.a. (1908)

Responsabile settore giovanile Massimo Tarantino

STAFF TECNICO
Allenatore Cristian Chivu
Allenatore in seconda Gabriele Bonacina
Collaboratori tecnici Simone Terraneo
Preparatori atletici Andrea Corrain
Preparatore dei portieri Paolo Castelli
Match analyst Francesco Sulas
Team manager Davide Cattaneo

UFFICIO STAMPA
Addetto ufficio Stampa Stefano Minini

IMPIANTO DI GIOCO
"Konami Training Center" in memoria di G. Facchetti –
Via Sbarbaro 5/7 – 20161 Milano

ANNO DI FONDAZIONE
1908

COLORI SOCIALI
Nero Azzurro

INDIRIZZO SEDE
Viale della
Liberazione 16/18,
20124 Milano,
02 82719080

E MAIL

SITO INTERNET
www.inter.it

PAGINA FACEBOOK
Inter

PROFILO INSTAGRAM
inter/

LA ROSA DELLA SQUADRA

Nome	Cognome	Nato il	PR	RE	AM	ES	SF	SA	Ruolo
Mike	**Aidoo**	30/05/2005	30	0	7	0	3	8	DIF
Ebenezer	**Akinsanmiro**	25/11/2004	25	6	4	0	3	10	CEN
Christos	**Alexiou**	30/06/2005	15	0	1	0	5	1	DIF
Thomas	**Berenbruch**	31/05/2005	31	9	5	0	13	8	CEN
Leonardo	**Bovo**	07/05/2005	16	0	4	0	9	3	CEN
Alessandro	**Calligaris**	07/03/2005	18	0	2	0	0	1	POR
Matteo	**Cocchi**	01/02/2007	28	1	6	1	4	4	DIF
Giacomo	**De Pieri**	29/12/2006	8	0	0	0	7	1	CEN
Luca	**Di Maggio**	31/03/2005	30	8	5	0	5	17	CEN
Oumar	**Diallo**	27/02/2005	12	0	0	0	11	1	ATT
Tommaso	**Guercio**	01/06/2005	4	0	1	0	3	0	DIF
Issiaka	**Kamate**	02/08/2004	30	12	4	1	0	18	CEN
Matteo	**Lavelli**	08/12/2006	5	2	0	0	4	1	ATT
Samo	**Matjaz**	02/05/2004	16	0	5	0	3	3	DIF
Yvan	**Maye**	21/03/2006	6	0	1	0	3	1	DIF
Giuseppe	**Mazzola**	08/06/2005	3	0	0	0	3	0	DIF
Riccardo	**Miconi**	22/02/2005	13	2	0	0	8	5	DIF
Mattia	**Mosconi**	26/03/2007	9	2	1	0	9	0	ATT
Matteo	**Motta**	10/02/2005	13	0	1	0	4	6	DIF
Alem	**Nezirevic**	27/02/2004	3	0	0	0	2	2	DIF
Enoch	**Owusu**	08/01/2005	18	4	2	1	9	5	ATT
Daniele	**Quieto**	22/10/2005	32	5	1	0	7	21	CEN
Paolo	**Raimondi**	14/05/2005	17	0	0	0	1	0	POR
Tommaso	**Ricordi**	12/03/2005	3	0	0	0	3	0	CEN
Amadou	**Sarr**	28/06/2004	28	7	1	0	7	16	ATT
Matteo	**Spinacce**	13/07/2006	27	3	3	0	14	11	ATT
Giacomo	**Stabile**	18/04/2005	11	1	3	0	2	6	DIF
Aleksandar	**Stankovic**	03/08/2005	26	7	1	1	1	7	CEN
Francesco	**Stante**	19/01/2005	31	0	8	0	0	4	DIF
Gabriele	**Vedovati**	17/07/2005	7	0	0	0	7	1	ATT
Mattia	**Zanchetta**	18/03/2006	9	0	1	0	6	1	CEN
Dilan	**Zarate**	01/08/2007	4	0	0	0	4	0	CEN
Jan	**Zuberek**	13/03/2004	8	1	1	0	5	3	ATT

LEGENDA PR presenze - **RE** reti - **A** ammonizioni - **E** espulsioni - **SF** sostituzioni fatte - **SA** sostituzioni avute

IL COMMENTO DELLA STAGIONE

La fase finale del Campionato Primavera 1 andata in scena al "Viola Park" riserva una cocente delusione all'Inter. I nerazzurri, dopo aver dominato la regular season (67 punti collezionati, frutto di diciotto vittorie, tredici pari e soltanto tre ko) facendo registrare l'attacco più prolifico (71 gol realizzati) e la difesa meno battuta (31 reti al passivo), vedono svanire il sogno tricolore a seguito della secca sconfitta per 3-1 subita contro il Sassuolo nella semifinale dei playoff. Nella compagine guidata da Cristian Chivu non si può fare a meno di sottolineare le 12 reti messe a segno dall'esterno d'attacco francese Issiaka Kamate e le 8 segnate dalla mezzala Thomas Berenbruch.

ANDAMENTO IN CAMPIONATO

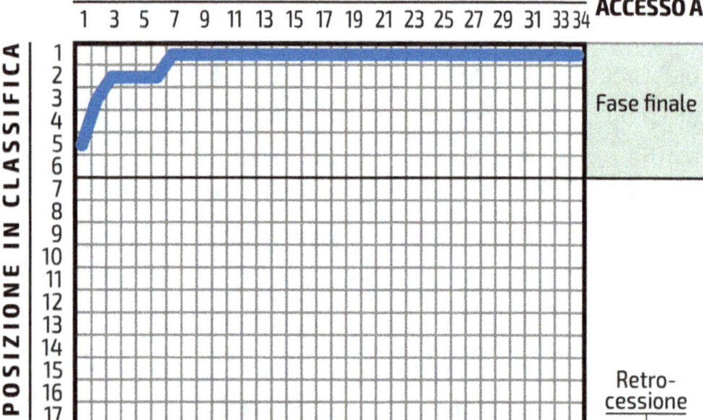

COMPORTAMENTO DELLA SQUADRA

Statistiche		Classifica	Rank
		18 17 16 15 14 13 12 11 10 09 08 07 06 05 04 03 02 01	
Giocatori schierati	33		13
Giocatori in rete	15		5
Giocatori under 18	16		17
Giocatori over 30	0		4
Cartellini gialli	66		4
Cartellini rossi	4		3
Cambi effettuati	165		1

LA STAGIONE 2023/2024

	Avversario	Casa / Fuori	Risultato			Arbitro
				Vinta Nulla Persa		
1	**Empoli U19**	C	2-0	V		Valerio Crezzini
2	**Cagliari U19**	F	1-1	N		Domenico Leone
3	**Fiorentina U19**	C	3-1	V		Bogdan Nicolae Sfira
4	**Frosinone U19**	F	1-2	V		Fabio Rosario Luongo
5	**Torino U19**	C	4-0	V		Niccolo Turrini
6	**Sampdoria U19**	F	1-1	N		Michele Delrio
7	**Sassuolo U19**	C	4-0	V		Andrea Ancora
8	**Bologna U19**	F	2-3	V		Andrea Zanotti
9	**Genoa U19**	C	2-0	V		Francesco Zago
10	**Verona U19**	F	1-1	N		Gabriele Sacchi
11	**Atalanta U19**	F	1-1	N		Mattia Drigo
12	**Roma U19**	C	1-1	N		Valerio Crezzini
13	**Monza U19**	F	1-1	N		Matteo Canci
14	**Milan U19**	C	1-1	N		Andrea Bordin
15	**Lecce U19**	F	1-4	V		Giuseppe Claudio Allegretta
16	**Lazio U19**	C	6-2	V		Eugenio Scarpa
17	**Juventus U19**	F	1-0	P		Roberto Lovison
18	**Sampdoria U19**	C	1-0	V		Gianluca Renzi
19	**Torino U19**	F	0-0	N		Jules R. Andeng Tona Mbei
20	**Bologna U19**	C	7-0	V		Francesco Burlando
21	**Empoli U19**	F	1-2	V		Domenico Castellone
22	**Monza U19**	C	2-1	V		Simone Galipo
23	**Milan U19**	F	1-1	N		Daniele Virgilio
24	**Genoa U19**	F	1-1	N		Dario Di Francesco
25	**Juventus U19**	C	2-2	N		Alberto Ruben Arena
26	**Roma U19**	F	1-1	N		Francesco Zago
27	**Lecce U19**	C	0-1	P		Gianluca Grasso
28	**Frosinone U19**	C	1-0	V		Cristiano Ursini
29	**Sassuolo U19**	F	0-3	V		Valerio Pezzopane
30	**Cagliari U19**	C	3-0	V		Marco Emmanuele
31	**Fiorentina U19**	F	1-2	V		Leonardo Mastrodomenico
32	**Verona U19**	C	3-3	N		Simone Gavini
33	**Lazio U19**	F	4-3	P		Samuele Andreano
36	**Atalanta U19**	C	2-0	V		Gianluca Renzi

JUVENTUS

Juventus Football Club s.p.a. (1897)

ORGANIGRAMMA

Responsabile settore giovanile Massimiliano Scaglia

STAFF TECNICO

Allenatore Paolo Montero
Allenatore in seconda Francesco Spanò
Preparatori atletici Ivan Teoli e Stefano Vetri
Preparatore dei portieri Pietro Pipolo

ANNO DI FONDAZIONE
1897

COLORI SOCIALI
Bianco Nero

INDIRIZZO SEDE
Via Druento 175, 10151 Torino,
011 4530486

IMPIANTO DI GIOCO
Juventus Training Center Vinovo - Via Stupinigi, 182 -
10048 Vinovo (TO)

E MAIL

SITO INTERNET
www.juventus.
com

PAGINA FACEBOOK
Juventusfc/

PROFILO INSTAGRAM
juventus/

LA ROSA DELLA SQUADRA

Nome	Cognome	Nato il	PR	RE	AM	ES	SF	SA	Ruolo
Lorenzo	**Anghele**	26/02/2005	9	6	3	0	0	4	ATT
Alessandro	**Bassino**	12/02/2006	21	0	5	0	7	1	DIF
Silvano	**Biggi**	09/01/2006	13	0	0	0	11	2	ATT
Adam	**Boufandar**	11/08/2006	9	0	1	1	9	0	CEN
Francesco	**Crapisto**	15/01/2006	25	2	1	0	9	14	CEN
Gian Marco	**Crespi**	28/06/2001	1	0	0	0	0	0	POR
Gianmarco	**Di Biase**	26/11/2005	3	0	1	0	2	1	ATT
Saverio	**Domanico**	26/01/2005	7	0	2	0	2	2	DIF
Gabriele	**Finocchiaro**	16/03/2006	19	2	1	0	11	8	ATT
Andry	**Firman**	01/03/2005	12	0	1	1	8	1	ATT
Andrei	**Florea**	30/05/2005	31	1	11	1	6	10	CEN
Matteo	**Fuscaldo**	25/02/2005	5	0	1	0	0	1	POR
Javier	**Gil Pulche**	01/01/2006	32	1	4	1	0	1	DIF
Giovanni	**Giorgi**	31/05/2003	1	0	0	0	0	1	ATT
Josue	**Grelaud**	02/03/2007	3	0	0	0	3	0	ATT
Filippo	**Grosso**	07/09/2006	18	1	3	0	14	4	CEN
Tommaso	**Mancini**	23/07/2004	9	1	1	0	1	4	ATT
Bruno	**Martinez**	19/06/2006	26	1	2	1	0	5	DIF
Patryk	**Mazur**	25/01/2007	7	0	1	0	3	3	CEN
Alfonso	**Montero**	23/02/2007	12	0	0	0	3	3	DIF
Valdes	**Ngana**	17/08/2006	25	0	11	0	4	8	CEN
Augusto	**Owosu**	28/01/2005	19	1	8	1	9	5	CEN
Filippo	**Pagnucco**	09/02/2006	31	5	7	0	1	8	CEN
Diego	**Pugno**	07/07/2006	26	5	4	0	5	19	ATT
Riccardo	**Radu**	07/08/2007	6	0	1	0	0	0	POR
Diego	**Ripani**	12/09/2005	24	3	6	1	1	10	CEN
Federico	**Savio**	23/06/2005	32	2	8	0	8	4	DIF
Michele	**Scienza**	13/03/2006	28	6	4	0	22	7	ATT
Ivano	**Srdoc**	08/05/2005	5	1	0	0	4	2	ATT
Stefano	**Turco**	24/01/2005	27	2	5	1	2	14	DIF
Alessio	**Vacca**	15/06/2005	13	5	3	1	4	8	ATT
Jakub	**Vinarcik**	11/07/2005	20	0	0	0	0	0	POR
Radoslaw	**Zelezny**	06/09/2006	3	0	0	0	1	0	POR

LEGENDA PR presenze - **RE** reti - **A** ammonizioni - **E** espulsioni - **SF** sostituzioni fatte - **SA** sostituzioni avute

JUVENTUS

IL COMMENTO DELLA STAGIONE

Deludente stagione per la Juventus. La squadra piemontese non si ripete ai livelli della passata stagione dove era approdata alla fase finale uscendo di scena al primo turno solo per il peggiore piazzamento conseguito in regular season rispetto al Sassuolo. La formazione diretta da Paolo Montero, dopo un discreto girone d'andata chiuso in decima posizione a cinque lunghezze di distanza dall'ambito sesto posto, incamera soltanto diciassette punti in quello di ritorno terminando il torneo al dodicesimo posto. A livello realizzativo, in casa bianconera, merita una citazione Lorenzo Anghele a segno sei volte in nove gare. Identico bottino per Michele Scienza ma in 28 gare giocate.

ANDAMENTO IN CAMPIONATO

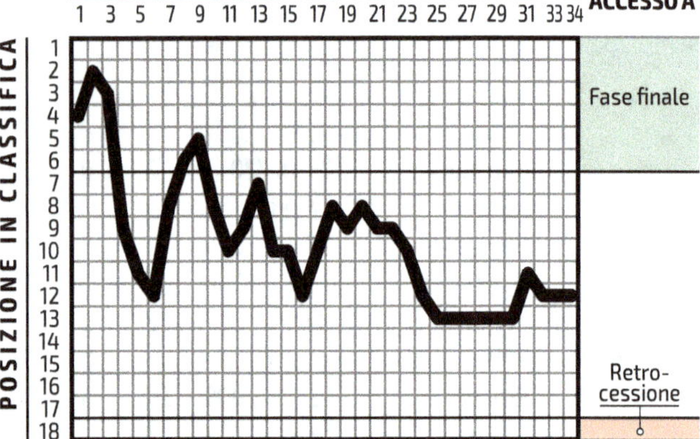

COMPORTAMENTO DELLA SQUADRA

Statistiche		Classifica	Rank
		18 17 16 15 14 13 12 11 10 09 08 07 06 05 04 03 02 01	
Giocatori schierati	33		13
Giocatori in rete	17		2
Giocatori under 18	30		2
Giocatori over 30	0		4
Cartellini gialli	83		17
Cartellini rossi	9		18
Cambi effettuati	150		5

LA STAGIONE 2023/2024

	Avversario	Casa / Fuori	Risultato		Arbitro
				Vinta / Nulla / Persa	
1	**Cagliari U19**	C	3-1	V	Simone Galipo
2	**Lecce U19**	F	0-3	V	Giuseppe Rispoli
3	**Lecce U19**	F	0-3	V	Giuseppe Rispoli
4	**Milan U19**	F	3-0	P	Gabriele Scatena
5	**Verona U19**	C	2-3	P	Mattia Drigo
6	**Lazio U19**	F	0-0	N	Valerio Crezzini
7	**Genoa U19**	C	3-2	V	Andrea Calzavara
8	**Fiorentina U19**	C	3-0	V	Antonino Costanza
9	**Roma U19**	F	1-2	V	Stefano Nicolini
10	**Atalanta U19**	C	1-4	P	Emanuele Frascaro
11	**Sampdoria U19**	F	4-0	P	Gioele Iacobellis
12	**Frosinone U19**	C	5-2	V	Giuseppe Claudio Allegretta
13	**Sassuolo U19**	F	1-1	N	Mattia Nigro
14	**Bologna U19**	C	1-2	P	Lorenzo Maccarini
15	**Monza U19**	F	3-3	N	Valerio Pezzopane
16	**Torino U19**	F	2-0	P	Marco Emmanuele
17	**Inter U19**	C	1-0	V	Roberto Lovison
18	**Lecce U19**	C	1-0	V	Michele Delrio
19	**Empoli U19**	F	1-0	P	Abdoulaye Diop
20	**Lazio U19**	C	1-1	N	Antonino Costanza
21	**Fiorentina U19**	F	1-0	P	Andrea Calzavara
22	**Sampdoria U19**	C	2-1	V	Mario Perri
23	**Verona U19**	F	2-0	P	Ermes Fabrizio Cavaliere
24	**Sassuolo U19**	C	1-2	P	Andrea Zanotti
25	**Inter U19**	F	2-2	N	Alberto Ruben Arena
26	**Cagliari U19**	F	1-0	P	Giorgio Vergaro
27	**Milan U19**	C	0-1	P	Gianluca Renzi
28	**Bologna U19**	F	3-0	P	Alessandro Silvestri
29	**Roma U19**	C	3-3	N	Mattia Drigo
30	**Atalanta U19**	F	0-1	V	Simone Galipo
31	**Torino U19**	C	2-0	V	Alberto Ruben Arena
32	**Genoa U19**	F	3-1	P	Giorgio Di Cicco
33	**Monza U19**	C	1-1	N	Stefano Milone
36	**Frosinone U19**	F	0-0	N	Giuseppe Maria Manzo

LAZIO

Società Sportiva Lazio s.p.a. (1900)

ANNO DI FONDAZIONE

1900

COLORI SOCIALI
Bianco Celeste

INDIRIZZO SEDE
Via di Santa Cornelia 1000, 00060 Formello, 06 97607111

IMPIANTO DI GIOCO
Stadio"Mirko Fersini" - Via di Santa Cornelia 1000 - 00060 Formello (RM)

ORGANIGRAMMA

Responsabile settore giovanile Fabrizio Fratini

STAFF TECNICO
Allenatore Stefano Sanderra
Allenatore in seconda Dario Barraco
Collaboratori tecnici Simone Rughetti
Preparatori atletici Mario Genova
Preparatore dei portieri Christian Olevano
Team manager Francesco Renga
Dirigente Maurizio Spreghini

STAFF MEDICO
Medico sociale Michele Morelli
Medico Matteo Cantagalli
Fisioterapisti Marco Allegrucci e Glauco Bucci
Magazzinieri SebastianoStrano

E MAIL
lazio@legaseriea.it

SITO INTERNET
www.sslazio.it

PAGINA FACEBOOK
SSLazio OfficialPage

PROFILO INSTAGRAM
official_sslazio/

LA ROSA DELLA SQUADRA

Nome	Cognome	Nato il	PR	RE	AM	ES	SF	SA	Ruolo
Mahamadou	**Balde**	01/01/2004	6	0	0	0	3	2	ATT
Alessio	**Barone**	10/02/2006	1	0	0	0	1	0	DIF
Filippo	**Bedini**	10/03/2004	25	0	4	0	3	8	DIF
Massimo	**Bigotti**	30/05/2006	11	0	0	0	10	1	ATT
Filipe	**Bordon**	24/06/2005	29	1	6	1	3	6	DIF
Tommaso	**Cappelli**	21/09/2004	26	0	0	0	24	2	ATT
Larsson	**Coulibaly**	17/04/2003	6	0	1	0	0	2	CEN
Cristian	**Cuzzarella**	15/12/2006	16	1	3	0	9	6	ATT
Lorenzo	**D'Agostini**	21/09/2005	15	4	1	0	8	9	ATT
Vincenzo	**Di Gianni**	01/01/2006	8	0	0	0	6	2	ATT
Leonardo	**Di Tommaso**	13/02/2005	31	3	12	0	1	13	CEN
Matteo	**Dutu**	23/11/2005	28	1	6	0	0	1	DIF
Sana	**Fernandes**	10/03/2006	26	4	6	0	1	21	ATT
Lorenzo	**Ferrari**	04/02/2006	2	0	0	0	1	0	DIF
Valerio	**Gelli**	04/01/2006	2	0	0	0	2	0	CEN
Diego	**Gonzalez**	07/01/2003	23	10	4	0	1	10	ATT
Souleymane	**Kone**	29/08/2004	7	3	1	0	5	0	ATT
Federico	**Magro**	10/01/2005	31	0	2	0	0	0	POR
Alessandro	**Milani**	14/06/2005	33	2	1	0	0	1	DIF
Luca	**Napolitano**	10/01/2004	28	1	5	0	13	12	CEN
Marco	**Nazzarro**	11/06/2005	25	0	3	0	12	5	CEN
Andrea	**Petta**	24/03/2005	9	0	0	0	3	1	DIF
Davide	**Renzetti**	09/06/2006	3	0	1	0	0	0	POR
Fabio	**Ruggeri**	13/12/2004	27	1	8	0	0	3	DIF
Jacopo	**Sardo**	08/03/2005	23	7	5	1	3	10	CEN
Federico	**Serra**	03/01/2006	7	0	1	0	5	1	ATT
Flavio	**Sulejmani**	20/03/2006	32	6	3	1	14	14	ATT
Nicolo'	**Urbano**	28/03/2007	1	0	0	0	1	0	ATT
Damyan	**Yordanov**	30/05/2005	13	0	1	0	6	7	CEN
Matteo	**Zazza**	08/07/2005	21	0	2	0	6	4	DIF

LEGENDA PR presenze - **RE** reti - **A** ammonizioni - **E** espulsioni - **SF** sostituzioni fatte - **SA** sostituzioni avute

IL COMMENTO DELLA STAGIONE

La squadra rivelazione del torneo. La neopromossa Lazio, facendo leva soprattutto su un efficace assetto a livello difensivo (38 gol subiti come la Roma, solo l'Inter ha saputo far meglio), chiude la prima fase del campionato al terzo posto. Un posizionamento sul gradino più basso del podio che vale alla sorprendente quanto brillante formazione di Stefano Sanderra l'accesso ai playoff dove, dopo aver avuto la meglio al 1° turno sul Milan in virtù del miglior piazzamento in regular season, si arrende in semifinale ai rivali cittadini al termine di un'intensa sfida. Diego Gonzalez, esterno d'attacco paraguaiano, si rivela con 11 reti il miglior marcatore biancoceleste.

ANDAMENTO IN CAMPIONATO

COMPORTAMENTO DELLA SQUADRA

Statistiche		Classifica	Rank
		18 17 16 15 14 13 12 11 10 09 08 07 06 05 04 03 02 01	
Giocatori schierati	30		17
Giocatori in rete	13		10
Giocatori under 18	28		5
Giocatori over 30	0		4
Cartellini gialli	70		7
Cartellini rossi	3		1
Cambi effettuati	141		14

LA STAGIONE 2023/2024

	Avversario	Casa / Fuori	Risultato		Arbitro
				Vinta · Nulla · Persa	
1	**Atalanta U19**	F	1-0	P	Bogdan Nicolae Sfira
2	**Verona U19**	C	2-1	V	Luca Cherchi
3	**Lecce U19**	F	0-0	N	Dario Madonia
4	**Sassuolo U19**	C	1-0	V	Matteo Centi
5	**Genoa U19**	F	1-2	V	Lorenzo Maccarini
6	**Juventus U19**	C	0-0	N	Valerio Crezzini
7	**Fiorentina U19**	F	1-2	V	Fabio Rosario Luongo
8	**Empoli U19**	C	2-2	N	Carlo Rinaldi
9	**Sampdoria U19**	F	1-2	V	Edoardo Gianquinto
10	**Torino U19**	C	2-0	V	Mauro Gangi
11	**Frosinone U19**	F	1-1	N	Gianluca Grasso
12	**Milan U19**	C	1-0	V	Antonino Costanza
13	**Bologna U19**	F	2-1	P	Andrea Zanotti
14	**Monza U19**	C	1-1	N	Alfredo Iannello
15	**Roma U19**	C	1-0	V	Mario Perri
16	**Inter U19**	F	6-2	P	Eugenio Scarpa
17	**Cagliari U19**	C	1-3	P	Mattia Drigo
18	**Verona U19**	F	2-2	N	Aleksandar Djurdjevic
19	**Genoa U19**	C	1-0	V	Giuseppe Vingo
20	**Juventus U19**	F	1-1	N	Antonino Costanza
21	**Torino U19**	F	1-0	P	Alberto Poli
22	**Fiorentina U19**	C	2-2	N	Domenico Leone
23	**Sassuolo U19**	F	1-2	V	Felipe Salvatore Viapiana
24	**Frosinone U19**	C	2-0	V	Dario Madonia
25	**Bologna U19**	C	3-0	V	Cristiano Ursini
26	**Milan U19**	F	2-0	P	Niccolo Turrini
27	**Sampdoria U19**	C	2-1	V	Matteo Centi
28	**Cagliari U19**	F	0-1	V	Antonino Costanza
29	**Lecce U19**	C	2-1	V	Giorgio Vergaro
30	**Monza U19**	F	1-1	N	Daniele Virgilio
31	**Atalanta U19**	C	1-3	P	Edoardo Gianquinto
32	**Roma U19**	F	0-0	N	Lorenzo Maccarini
33	**Inter U19**	C	4-3	V	Samuele Andreano
36	**Empoli U19**	F	0-0	N	Francesco Burlando

Unione Sportiva Lecce

ANNO DI FONDAZIONE
1908

COLORI SOCIALI
Giallo Rosso

INDIRIZZO SEDE
Via Colonnello Archimede Costadura 3 - 73100 Lecce
0832 241501

IMPIANTO DI GIOCO
Stadio Comunale - San Pietro in Lama (LE)

ORGANIGRAMMA
Responsabile settore giovanile Checco D'Amblè

STAFF TECNICO
Allenatore Federico Coppitelli
Allenatore in seconda Paolo Castelluzzo
Preparatori atletici Paolo Fontò
Preparatore dei portieri Franco Paleari
Club manager Giovanni De Toma
Dirigenti accompagnatori Giampiero Tundo

STAFF MEDICO
Medico sociale Mauro Del Coco e Ciro Del Coco
Fisioterapisti Cesare Alberani
Recupero infortunati Ludovico Guerrieri

E MAIL
lecce@legaseriea.it

SITO INTERNET
www.uslecce.it

PAGINA FACEBOOK
USLecceOfficial/

PROFILO INSTAGRAM
uslecce/

LA ROSA DELLA SQUADRA

Nome	Cognome	Nato il	PR	RE	AM	ES	SF	SA	Ruolo
Vernon	**Addo**	24/05/2005	29	1	3	0	6	4	DIF
Aderinsola	**Adewale**	28/05/2005	2	0	0	0	1	1	DIF
Matteo	**Agrimi**	05/05/2005	31	2	2	0	15	10	ATT
Ben	**Basaric**	06/07/2006	1	0	0	0	1	0	CEN
Breki	**Baxter**	12/03/2005	3	0	0	0	1	2	CEN
Alexandru	**Borbei**	27/06/2003	18	0	3	0	0	0	POR
Marco	**Bruhn**	12/11/2004	3	0	1	0	1	2	ATT
Rares	**Burnete**	31/01/2004	22	10	9	0	0	0	ATT
Emmanuel	**Casciano**	19/02/2006	5	1	0	0	5	0	CEN
Octavio	**Casolungue**	26/04/2005	4	0	2	1	3	0	DIF
Jeppe	**Corfitzen**	29/12/2004	11	4	3	0	0	8	ATT
Dario	**Daka**	24/01/2004	21	4	5	0	1	5	CEN
Sammi	**Davis**	11/05/2005	13	0	2	0	8	2	DIF
Mario	**Dell'Acqua**	04/06/2005	2	0	1	0	3	0	DIF
Sebastian	**Esposito**	21/04/2005	18	0	3	0	1	0	DIF
Giacomo	**Faticanti**	31/07/2004	6	1	0	0	0	2	CEN
Wictor	**Gromek**	18/01/2005	6	0	0	0	5	1	CEN
Adrian	**Helm**	27/09/2005	19	3	1	0	11	7	ATT
Bosco	**Jemo**	08/12/2004	13	2	1	0	7	5	ATT
Baylin	**Johnson**	03/07/2005	5	0	0	0	3	2	ATT
Frederik	**Kongslev**	25/03/2006	5	0	0	0	1	4	DIF
Simo	**Lampinen-Skaug**	09/04/2005	10	0	0	1	0	0	POR
Riccardo	**Leone**	02/10/2005	4	0	0	0	0	0	POR
Edoly	**Lukoki**	22/05/2004	2	0	0	0	1	1	ATT
Edward	**McJannet**	25/01/2004	32	6	6	1	0	6	CEN
Klein	**Metaj**	29/07/2006	5	1	1	0	4	2	ATT
Francesco	**Minerva**	27/12/2005	27	2	7	1	10	9	CEN
Pol Mila	**Munoz**	09/02/2004	13	0	1	0	3	3	DIF
Fabiano	**Pacia**	31/03/2006	25	0	7	1	1	3	DIF
Razvan	**Pascalau**	05/05/2004	20	2	6	0	2	3	DIF
Luca	**Russo**	11/06/2006	8	0	0	0	1	3	DIF
Henri	**Salomaa**	14/02/2003	3	0	1	0	0	0	CEN
Daniel	**Samek**	19/02/2004	28	1	5	0	8	10	CEN
Jasper	**Samooja**	21/07/2003	1	0	0	0	0	0	POR
Lorenzo	**Sangiorgio**	28/03/2004	2	0	1	0	2	0	ATT
Zinedin	**Smajlovic**	20/12/2003	5	0	0	0	0	0	DIF
Jason Patric	**Vescan-Kodor**	09/01/2006	13	0	1	0	9	3	ATT
Catalin	**Vulturar**	09/03/2004	18	2	6	1	2	3	CEN
Till	**Winkelmann**	15/06/2005	12	1	2	1	2	9	ATT
Enes	**Yilmaz**	08/01/2005	13	3	2	0	0	9	CEN
Luka	**Zivanovic**	05/12/2005	3	0	0	0	2	1	DIF

LEGENDA PR presenze - **RE** reti - **A** ammonizioni - **E** espulsioni - **SF** sostituzioni fatte - **SA** sostituzioni avute

IL COMMENTO DELLA STAGIONE

Il Lecce, trionfatore nella scorsa edizione, non va oltre la conquista di una salvezza anticipata. La compagine salentina inizia malamente il torneo. Dopo dieci giornate i giallorossi si ritrovano a occupare la penultima posizione con 4 punti frutto di altrettanti pareggi. Tre successi nei successivi quattro impegni allontanano la formazione di Federico Coppitelli dal fondo della classifica, ma non invertono in modo profondo il trend. Il Lecce, pur ottenendo 24 punti nel girone di ritorno, continuerà, infatti, a stazionare senza infamia e senza lode nella zona medio-bassa della graduatoria. In fase offensiva si segnalano Rares Burnete con 10 gol ed Edward McJannet con 7.

ANDAMENTO IN CAMPIONATO

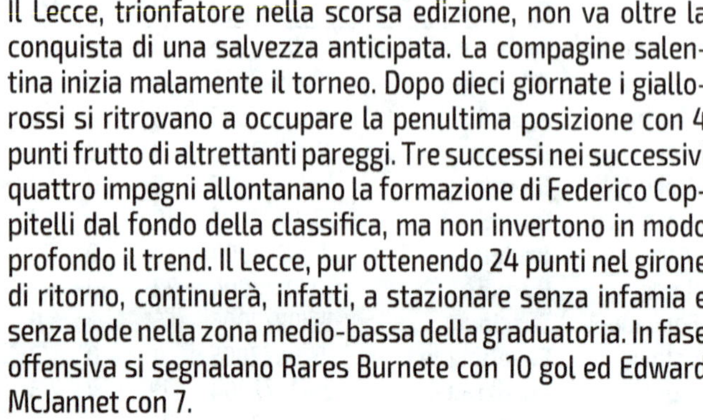

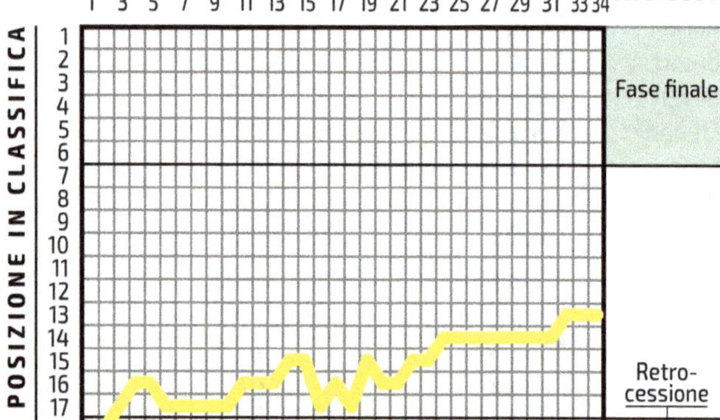

COMPORTAMENTO DELLA SQUADRA

Statistiche		Classifica	Rank
Giocatori schierati	41		1
Giocatori in rete	17		2
Giocatori under 18	18		16
Giocatori over 30	0		4
Cartellini gialli	70		7
Cartellini rossi	7		14
Cambi effettuati	120		18

LA STAGIONE 2023/2024

	Avversario	Casa / Fuori	Risultato		Arbitro
1	**Verona U19**	F	5-1	P	Gianluca Grasso
2	**Juventus U19**	C	0-3	P	Giuseppe Rispoli
3	**Lazio U19**	C	0-0	N	Dario Madonia
4	**Sampdoria U19**	F	2-2	N	Dario Di Francesco
5	**Monza U19**	C	1-1	N	Felipe Salvatore Viapiana
6	**Torino U19**	F	6-1	P	Giuseppe Maria Manzo
7	**Frosinone U19**	C	2-2	N	Abdoulaye Diop
8	**Sassuolo U19**	F	2-1	P	Samuele Andreano
9	**Cagliari U19**	C	1-2	P	Giuseppe Vingo
10	**Milan U19**	F	2-0	P	Antonio Di Reda
11	**Bologna U19**	C	3-2	V	Leonardo Mastrodomenico
12	**Atalanta U19**	F	3-3	N	Cristiano Ursini
13	**Empoli U19**	C	2-0	V	Simone Gavini
14	**Fiorentina U19**	F	0-2	V	Jules R. Andeng Tona Mbei
15	**Inter U19**	C	1-4	P	Giuseppe Claudio Allegretta
16	**Roma U19**	F	2-1	P	Giuseppe Rispoli
17	**Genoa U19**	C	3-2	V	Marco Di Loreto
18	**Juventus U19**	F	1-0	P	Michele Delrio
19	**Verona U19**	C	2-1	V	Lucio Felice Angelillo
20	**Frosinone U19**	F	2-1	P	Alberto Ruben Arena
21	**Atalanta U19**	C	0-1	P	Leonardo Mastrodomenico
22	**Bologna U19**	F	1-3	V	Mattia Caldera
23	**Empoli U19**	F	3-3	N	Francesco D'Eusanio
24	**Torino U19**	C	1-0	V	Mauro Gangi
25	**Genoa U19**	F	1-0	P	Alberto Poli
26	**Fiorentina U19**	C	1-1	N	Carlo Rinaldi
27	**Inter U19**	F	0-1	V	Gianluca Grasso
28	**Sassuolo U19**	C	1-1	N	Giorgio Bozzetto
29	**Lazio U19**	F	2-1	P	Giorgio Vergaro
30	**Sampdoria U19**	C	3-0	V	Gabriele Sacchi
31	**Cagliari U19**	F	1-1	N	Cristiano Ursini
32	**Milan U19**	C	1-1	N	Valerio Vogliacco
33	**Roma U19**	C	1-1	N	Antonio Di Reda
36	**Monza U19**	F	1-5	V	Fabrizio Ramondino

Vinta Nulla Persa

ANNO DI FONDAZIONE
1899

COLORI SOCIALI
Rosso Nero

INDIRIZZO SEDE
Via Aldo Rossi 8, 20149 Milano, 02 82958070

IMPIANTO DI GIOCO
"Puma House of Football" - C.S. "Peppino Vismara" - Via dei Missaglia, 117 - 20142 Milano

ORGANIGRAMMA
Responsabile settore giovanile Vincenzo Vergine

STAFF TECNICO
Allenatore Ignazio Abate
Allenatore in seconda David Rodriguez
Preparatori atletici Alessandro Micheli e Arturo Gerosa
Preparatore dei portieri Beniamino Abate e Stefano Del Corno
Match analyst Marco Gabrielli
Team manager Simone Reposi

STAFF MEDICO
Fisioterapisti Massimiliano Marchesini, Pierluigi Chiriatti e Giuseppe Latina
Magazzinieri Vito Scaringella

E MAIL

SITO INTERNET
www. acmilan.com/

PAGINA FACEBOOK
ACMilan

PROFILO INSTAGRAM
acmilan/

LA ROSA DELLA SQUADRA

Nome	Cognome	Nato il	PR	RE	AM	ES	SF	SA	Ruolo
Adam	**Bakoune**	06/02/2006	31	0	9	1	7	15	DIF
Davide	**Bartesaghi**	29/12/2005	16	0	3	0	0	3	DIF
Andrea	**Bartoccioni**	01/01/2004	11	0	0	0	0	0	POR
Alessandro	**Bonomi**	09/04/2006	30	7	1	0	14	13	ATT
Mattia	**Caldara**	05/05/1994	2	0	0	0	0	2	DIF
Francesco	**Camarda**	10/03/2008	30	7	2	0	10	14	ATT
Mattia	**Cappelletti**	10/06/2007	2	0	0	0	2	0	DIF
Hugo	**Cuenca**	08/01/2005	16	2	0	0	4	8	CEN
Victor	**Eletu**	01/04/2005	20	3	3	0	2	9	CEN
Estevan	**Gaucho**	07/07/2006	1	0	0	0	0	1	DIF
Alejandro	**Jimenez**	08/05/2005	10	0	3	1	4	3	DIF
Alessandro	**Lamorte**	28/03/2006	1	0	0	0	1	0	CEN
Mattia	**Liberali**	06/04/2007	17	4	0	0	14	3	ATT
Vittorio	**Magni**	01/06/2006	29	1	7	0	9	7	DIF
Mattia	**Malaspina**	24/07/2005	33	0	4	0	6	8	CEN
Tommaso	**Mangioppi**	21/02/2006	3	0	0	1	3	0	CEN
Luca	**Martinazzi**	18/01/2006	2	0	0	0	2	0	ATT
Lapo	**Nava**	22/01/2004	3	0	0	0	0	0	POR
Fredik	**Nissen**	28/03/2005	2	0	0	0	1	0	DIF
Clinton	**Nsiala**	17/01/2004	30	3	7	1	2	1	DIF
Dorian	**Paloschi**	21/11/2005	6	0	0	0	3	1	CEN
Pietro	**Parmiggiani**	04/02/2006	17	0	5	0	6	0	DIF
Marco	**Pellegrino**	18/07/2002	2	0	1	0	0	1	DIF
Nirash	**Pereira**	02/01/2007	3	0	0	0	2	0	DIF
Gioiele	**Perina**	10/02/2006	3	0	0	0	3	1	CEN
Vincenzo	**Perrucci**	15/04/2005	8	2	0	0	7	1	CEN
Noah	**Raveyre**	22/06/2005	20	0	1	0	0	0	POR
Emanuele	**Sala**	28/11/2007	24	1	5	0	14	7	CEN
Filippo	**Scotti**	11/11/2006	34	3	2	0	7	18	ATT
Diego	**Sia**	10/03/2006	33	10	1	0	6	20	ATT
Jan-Carlo	**Simic**	02/05/2005	19	1	1	0	0	0	DIF
Alexander	**Simmelhack**	11/11/2005	19	3	1	0	16	2	ATT
Mateusz	**Skoczylas**	20/09/2006	3	0	0	0	3	0	ATT
Dariusz	**Stalmach**	08/12/2005	20	0	4	0	4	10	CEN
Chaka	**Traore**	23/12/2004	5	1	0	0	1	4	ATT
Kevin	**Zeroli**	11/01/2005	23	3	6	0	1	2	CEN

LEGENDA PR presenze - **RE** reti - **A** ammonizioni - **E** espulsioni - **SF** sostituzioni fatte - **SA** sostituzioni avute

IL COMMENTO DELLA STAGIONE

Stagione nel complesso più che positiva per il Milan approdato per prima volta nella sua storia all'atto conclusivo della Youth League ed ai playoff scudetto. In campionato la compagine di Ignazio Abate, dopo un bel girone d'andata chiuso al 3° posto a tre soli punti dalla capolista Inter, accusa un evidente calo in quello di ritorno. Soltanto all'ultima giornata i rossoneri riescono a staccare il pass per la fase finale respingendo l'assalto del Torino al 6° posto. Al 1° turno il Milan conosce però un'amara eliminazione contro la Lazio per il peggior piazzamento in regular season. Top scorer della squadra Diego Sia con 10 reti seguito da Alessandro Bonomi e Francesco Camarda con 7.

ANDAMENTO IN CAMPIONATO

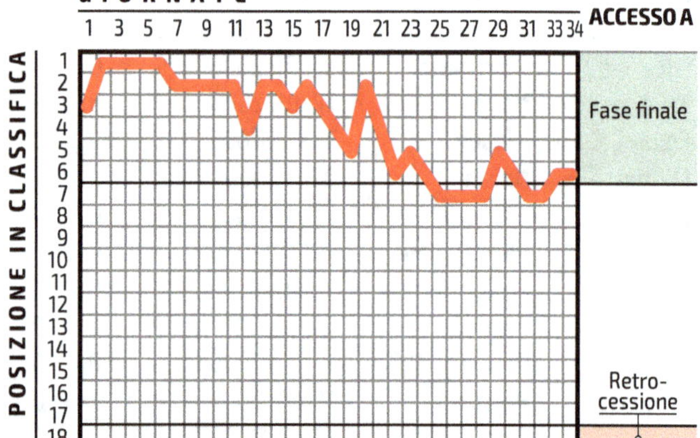

COMPORTAMENTO DELLA SQUADRA

Statistiche		Classifica																		Rank
		18	17	16	15	14	13	12	11	10	09	08	07	06	05	04	03	02	01	
Giocatori schierati	36	■	■	■	■	■	■	■	■	■	■	■	■	□	□	□	□	□	□	7
Giocatori in rete	15	■	■	■	■	■	■	■	■	■	■	■	■	■	■	□	□	□	□	5
Giocatori under 18	39	■	■	■	■	■	■	■	■	■	■	■	■	■	■	■	■	■	■	1
Giocatori over 30	0	■	■	■	■	■	■	■	■	■	■	■	■	■	■	■	□	□	□	4
Cartellini gialli	57	■	■	■	■	■	■	■	■	■	■	■	■	■	■	■	■	■	■	1
Cartellini rossi	4	■	■	■	■	■	■	■	■	■	■	■	■	■	■	■	■	□	□	3
Cambi effettuati	154	■	■	■	■	■	■	■	■	■	■	■	■	■	■	■	■	□	□	3

LA STAGIONE 2023/2024

#	Avversario	Casa / Fuori	Risultato		Arbitro
			Vinta Nulla Persa		
1	**Monza U19**	F	1-3	V	Samuele Andreano
2	**Bologna U19**	C	4-1	V	Eugenio Scarpa
3	**Sassuolo U19**	F	0-2	V	Gianluca Grasso
4	**Juventus U19**	C	3-0	V	Gabriele Scatena
5	**Fiorentina U19**	F	1-1	N	Ermes Fabrizio Cavaliere
6	**Atalanta U19**	C	3-1	V	Andrea Bordin
7	**Roma U19**	F	0-0	N	Giuseppe Vingo
8	**Sampdoria U19**	C	2-1	V	Marco Emmanuele
9	**Empoli U19**	F	2-1	P	Roberto Lovison
10	**Lecce U19**	C	2-0	V	Antonio Di Reda
11	**Cagliari U19**	C	2-4	P	Andrea Zoppi
12	**Lazio U19**	F	1-0	P	Antonino Costanza
13	**Genoa U19**	C	2-1	V	Marco Emmanuele
14	**Inter U19**	F	1-1	N	Andrea Bordin
15	**Verona U19**	C	2-3	P	Alessandro Silvestri
16	**Frosinone U19**	F	0-7	V	Valerio Pezzopane
17	**Torino U19**	C	1-1	N	Edoardo Gianquinto
18	**Atalanta U19**	F	1-0	P	Stefano Nicolini
19	**Roma U19**	C	0-0	N	Giorgio Di Cicco
20	**Cagliari U19**	F	1-3	V	Mattia Ubaldi
21	**Sassuolo U19**	C	3-3	N	Gabriele Sacchi
22	**Genoa U19**	F	2-1	P	Enrico Cappai
23	**Inter U19**	C	1-1	N	Daniele Virgilio
24	**Fiorentina U19**	C	1-4	P	Giuseppe Claudio Allegretta
25	**Verona U19**	F	1-0	P	Edoardo Manedo Mazzoni
26	**Lazio U19**	C	2-0	V	Niccolo Turrini
27	**Juventus U19**	F	0-1	V	Gianluca Renzi
28	**Sampdoria U19**	F	2-0	P	Leonardo Mastrodomenico
29	**Empoli U19**	C	3-2	V	Domenico Leone
30	**Bologna U19**	F	2-1	P	Lorenzo Maccarini
31	**Monza U19**	C	1-2	P	Andrea Zanotti
32	**Lecce U19**	F	1-1	N	Valerio Vogliacco
33	**Frosinone U19**	C	2-1	V	Francesco Zago
36	**Torino U19**	F	3-3	N	Samuele Andreano

MONZA

Associazione Calcio Monza

AC MONZA

ANNO DI FONDAZIONE
1912

COLORI SOCIALI
Rosso Bianco

INDIRIZZO SEDE
Via Ragazzi del'99,
14 - 20900 Monza
039 836664

ORGANIGRAMMA

Responsabile settore giovanile Francesco Panzerini
Coordinatore tecnico Primavera Sergio Floccari

STAFF TECNICO

Allenatore Alessandro Lupi (1-25), Oscar Brevi
Allenatore in seconda Cristian Zenoni
Preparatori atletici Agostino Crocco
Preparatore dei portieri Andrea Pansera
Match analyst Davide Belotti
Team manager Giovanni Ratti, **Dirigenti accompagnatori**
Daniele Marmorato e Luigi Tremolada

STAFF MEDICO

Medico sociale Lucio Besana
Fisioterapisti Federico Aureli
Recupero infortunati Luca Molteni
Nutrizionista Flavio Andreozzi e Lelio Cardon
Magazzinieri Roberto Russo e David Vecchiarelli

IMPIANTO DI GIOCO

C.S. "Luigi Berlusconi" - Via Ragazzi del '99, 14 - 20900
Monza (MB)

E MAIL
info@
acmonza.com

SITO INTERNET
www.acmonza.
com/

PAGINA FACEBOOK
ACMonza/

PROFILO INSTAGRAM
acmonza/

LA ROSA DELLA SQUADRA

Nome	Cognome	Nato il	PR	RE	AM	ES	SF	SA	Ruolo
Mate	**Antunovic**	03/03/2004	26	10	5	1	2	12	ATT
Lorenzo	**Arpino**	29/07/2005	7	0	1	0	7	0	CEN
Alessandro	**Bagnaschi**	01/01/2006	16	0	2	0	8	3	DIF
Alessandro	**Berretta**	01/01/2006	28	4	3	1	5	6	CEN
Davide	**Bifulco**	04/01/2006	1	0	0	0	0	0	POR
Matteo	**Brugarello**	20/10/2005	22	1	4	0	4	1	DIF
Gabriele	**Cagia**	18/01/2004	12	0	2	0	5	2	DIF
Samuele	**Capolupo**	08/04/2006	24	0	4	0	4	9	DIF
Davide	**Cattaneo**	01/03/2005	1	0	0	0	1	0	CEN
Tommaso	**Ciardi**	01/02/2006	1	0	0	0	0	0	POR
Leonardo	**Colombo**	04/06/2005	33	3	5	0	2	8	CEN
Daniele	**Dell'Acqua**	22/02/2004	29	0	4	0	10	10	CEN
Abdou	**Diene**	09/11/2006	13	1	4	0	6	5	CEN
Saverio	**Domanico**	26/01/2005	10	0	0	0	5	0	DIF
Nathan	**Fernandes**	07/06/2005	25	2	0	0	12	7	ATT
Andrea	**Ferraris**	22/02/2003	24	13	8	1	0	7	ATT
Mario	**Giubrone**	26/07/2005	10	0	2	0	7	3	CEN
Tommaso	**Goffi**	02/12/2004	10	0	1	0	8	2	ATT
Aldo	**Graziano**	06/09/2004	5	0	2	0	3	2	CEN
Sheriff	**Kassama**	16/09/2004	26	1	12	1	3	5	DIF
Jordan	**Longhi**	21/03/2005	3	1	0	0	2	1	ATT
Tommaso	**Lupinetti**	16/05/2005	31	4	8	0	0	15	CEN
Tommaso	**Marras**	01/01/2004	32	9	6	0	5	14	ATT
Kevin	**Martins**	31/01/2005	11	0	1	0	8	3	ATT
Andrea	**Mazza**	19/03/2004	32	0	4	0	0	0	POR
Stephen	**Nene**	12/07/2006	12	0	1	1	11	1	ATT
Matija	**Popovic**	08/01/2006	5	0	0	0	4	1	ATT
Niccolo	**Postiglione**	16/04/2005	14	0	6	0	4	1	DIF
Etienne	**Ravelli**	21/05/2004	21	0	4	0	0	13	DIF
Antonio	**Troise**	24/04/2005	2	0	0	0	2	0	CEN
Samuele	**Vignato**	24/02/2004	2	0	0	0	0	2	ATT
Lorenzo	**Zini**	05/06/2006	1	0	0	0	1	0	ATT
Daniel	**Zoppi**	02/07/2004	25	1	11	0	13	9	CEN

LEGENDA PR presenze - **RE** reti - **A** ammonizioni - **E** espulsioni - **SF** sostituzioni fatte - **SA** sostituzioni avute

MONZA

IL COMMENTO DELLA STAGIONE

Meritata permanenza nella massima serie per il neopromosso Monza. I biancorossi, dopo aver virato al giro di boa in penultima posizione con 11 punti all'attivo, salgono decisamente in tono in avvio di girone di ritorno. Un calo improvviso (un punto in quattro gare) spinge il club a sostituire in panchina Alessandro Lupi con Oscar Brevi. Arrivano tre ko in quattro partite ma alla lunga la squadra torna a esibirsi su buoni livelli conseguendo l'obiettivo salvezza con due turni d'anticipo. Particolarmente prezioso si rivela il contributo in fase realizzativa offerto dagli esterni d'attacco Andrea Ferraris (13 gol) e Tommaso Marras (9 reti) e dal centravanti croato Mate Antunovic (10 centri).

ANDAMENTO IN CAMPIONATO

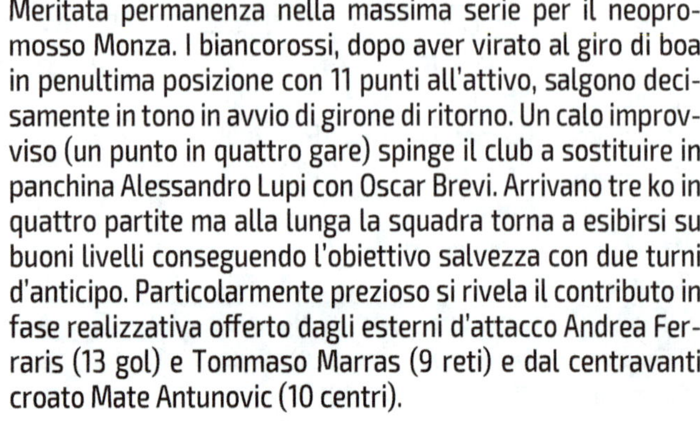

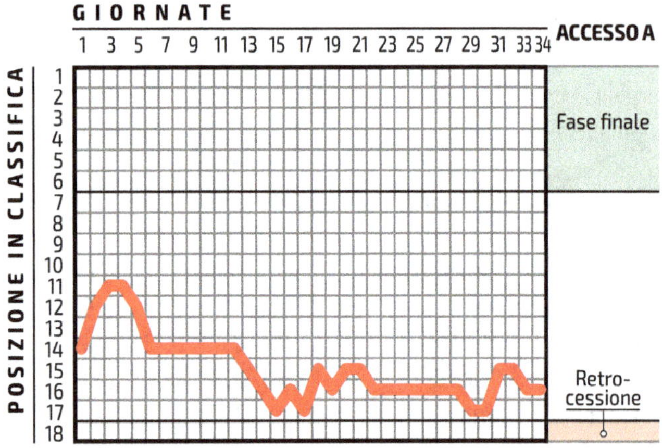

COMPORTAMENTO DELLA SQUADRA

Statistiche		Classifica	Rank
		18 17 16 15 14 13 12 11 10 09 08 07 06 05 04 03 02 01	
Giocatori schierati	33		13
Giocatori in rete	12		16
Giocatori under 18	13		18
Giocatori over 30	0		4
Cartellini gialli	94		18
Cartellini rossi	5		10
Cambi effettuati	142		12

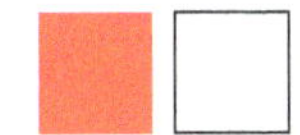

LA STAGIONE 2023/2024

	Avversario	Casa / Fuori	Risultato		Arbitro
			Vinta Nulla Persa		
1	**Milan U19**	C	1-3	P	Samuele Andreano
2	**Frosinone U19**	F	2-3	V	Enrico Gigliotti
3	**Torino U19**	C	2-2	N	Giuseppe Vingo
4	**Genoa U19**	C	3-3	N	Marco Emmanuele
5	**Lecce U19**	F	1-1	N	Felipe Salvatore Viapiana
6	**Cagliari U19**	C	2-4	P	Emanuele Frascaro
7	**Empoli U19**	F	2-2	N	Giuseppe Rispoli
8	**Roma U19**	C	2-3	P	Giuseppe Claudio Allegretta
9	**Atalanta U19**	F	2-0	P	Valerio Vogliacco
10	**Sampdoria U19**	C	2-0	V	Lucio Felice Angelillo
11	**Sassuolo U19**	F	3-1	P	Andrea Zanotti
12	**Bologna U19**	F	4-3	P	Michele Delrio
13	**Inter U19**	C	1-1	N	Matteo Canci
14	**Lazio U19**	F	1-1	N	Alfredo Iannello
15	**Juventus U19**	C	3-3	N	Valerio Pezzopane
16	**Fiorentina U19**	F	2-2	N	Erminio Cerbasi
17	**Verona U19**	C	2-3	P	Francesco Zago
18	**Cagliari U19**	F	1-2	V	Gabriele Scatena
19	**Atalanta U19**	C	2-2	N	Giorgio Vergaro
20	**Roma U19**	F	1-4	V	Filippo Colaninno
21	**Bologna U19**	C	2-2	N	Giuseppe Vingo
22	**Inter U19**	F	2-1	P	Simone Galipo
23	**Sampdoria U19**	F	0-0	N	Marco Peletti
24	**Empoli U19**	C	0-1	P	Giuseppe Mucera
25	**Torino U19**	F	4-0	P	Ermes Fabrizio Cavaliere
26	**Sassuolo U19**	C	1-2	P	Eugenio Scarpa
27	**Genoa U19**	F	1-0	P	Enrico Gemelli
28	**Fiorentina U19**	C	1-0	V	Giorgio Di Cicco
29	**Verona U19**	F	2-0	P	Marco Di Loreto
30	**Lazio U19**	C	1-1	N	Daniele Virgilio
31	**Milan U19**	F	1-2	V	Andrea Zanotti
32	**Frosinone U19**	C	2-1	V	Aleksandar Djurdjevic
33	**Juventus U19**	F	1-1	N	Stefano Milone
36	**Lecce U19**	C	1-5	P	Fabrizio Ramondino

ROMA

Associazione Sportiva Roma s.p.a. (1927)

ANNO DI FONDAZIONE
1927

COLORI SOCIALI
Giallo Rosso

INDIRIZZO SEDE
Piazzale Dino Viola 1, 00128 Roma, 06 501911

IMPIANTO DI GIOCO
Stadio Tre Fontane - Via delle Tre Fontane, 5 - 00144 Roma

ORGANIGRAMMA
Direttore generale settore giovanile Gianluca Gombar
Direttore tecnico settore giovanile Daniele Placido

STAFF TECNICO
Allenatore Federico Guidi
Allenatore in seconda Andrea Cupi
Collaboratori tecnici Alessio Fazi
Preparatori atletici Claudio Mosca e Manuel Marzocca
Preparatore dei portieri Simone Farelli e Alessio Durastanti
Match analyst Antonio De Cillis
Dirigente addetto agli arbitri Fabio Cicchetti

STAFF MEDICO
Responsabile sanitario Fabrizio Ferrazza
Medico sociale Emanuele Gregorace e Alessandro Di Segni
Fisioterapisti Marco Panzironi e James Warrington
Recupero infortunati Mauro Verdi
Nutrizionista Flavio Andreozzi e Lelio Cardoni
Magazzinieri Roberto Russo e David Vecchiarelli

E MAIL

SITO INTERNET
www.asroma.com/it

PAGINA FACEBOOK
officialasroma

PROFILO INSTAGRAM
officialasroma

LA ROSA DELLA SQUADRA

Nome	Cognome	Nato il	PR	RE	AM	ES	SF	SA	Ruolo
Filippo	**Alessio**	24/12/2004	16	4	0	0	6	7	ATT
Muhameed	**Bah**	24/02/2007	4	1	0	0	2	0	CEN
Renato	**Marin**	10/07/2006	32	0	4	0	0	0	POR
Alessandro	**Bolzan**	24/02/2005	5	0	0	0	5	0	ATT
Luigi	**Cherubini**	15/01/2004	25	11	5	0	0	6	ATT
Francesco	**Chesti**	26/03/2004	12	0	0	0	7	2	DIF
Matteo	**Cichella**	04/10/2005	3	0	1	0	2	0	CEN
Joao	**Costa**	28/03/2005	17	4	8	1	1	13	ATT
Francesco	**D'Alessio**	21/02/2004	23	2	9	0	8	3	DIF
Lovro	**Golic**	05/03/2006	26	0	8	0	8	4	DIF
Leonardo	**Graziani**	21/05/2005	25	4	6	1	13	12	CEN
Julen	**Guerrero**	14/04/2004	5	0	0	0	2	3	CEN
Simone	**Ienco**	12/05/2005	23	0	7	2	16	5	DIF
Mate	**Ivkovic**	04/01/2006	8	0	1	0	6	1	CEN
Dimitrios	**Keramitsis**	01/07/2004	29	5	12	2	0	9	DIF
Sergej	**Levak**	03/05/2006	4	0	0	0	4	0	CEN
Corentin	**Louakima**	28/02/2003	8	2	2	0	0	6	DIF
Mattia	**Mannini**	08/07/2006	31	3	3	0	3	3	CEN
Fabrizio	**Marazzotti**	21/01/2005	21	3	2	1	10	10	ATT
Jacopo	**Mirra**	10/07/2006	1	0	0	0	1	0	DIF
Giulio	**Misitano**	30/01/2005	24	3	3	0	15	8	ATT
Luka	**Mlakar**	27/04/2006	17	6	1	0	3	10	ATT
Federico	**Nardin**	18/02/2007	1	0	0	0	1	0	CEN
Manuel	**Nardozi**	05/05/2006	3	0	0	0	3	0	ATT
Jan	**Oliveras**	07/07/2004	25	0	4	0	4	13	DIF
Riccardo	**Pagano**	28/11/2004	20	9	1	0	1	6	CEN
Niccolo	**Pisilli**	23/09/2004	23	8	1	0	0	6	CEN
Matteo	**Plaia**	29/03/2006	22	2	6	0	5	5	DIF
Vladislavs	**Razumejevs**	03/09/2005	1	0	0	0	0	0	POR
Federico	**Reale**	01/01/2000	4	0	0	0	3	0	CEN
Filippo	**Reale**	24/02/2006	3	0	0	0	2	1	DIF
Alessandro	**Romano**	21/04/2005	15	2	4	0	2	10	CEN
Manuel	**Scacchi**	19/01/2007	1	0	0	0	1	0	CEN
Martin	**Vetkal**	21/02/2004	26	0	3	0	11	3	CEN
Kevin	**Zefi**	11/02/2005	1	0	0	0	1	0	CEN

LEGENDA PR presenze - **RE** reti - **A** ammonizioni - **E** espulsioni - **SF** sostituzioni fatte - **SA** sostituzioni avute

IL COMMENTO DELLA STAGIONE

La Roma si conferma ad alti livelli nel Campionato Primavera 1 raggiungendo per la seconda volta la finale negli ultimi tre anni. I giallorossi, come era accaduto nel 2022 contro l'Inter, non riescono a completare l'opera soccombendo nell'atto conclusivo della competizione al Sassuolo. Esito negativo maturato però al termine di una regular season chiusa al 2° posto a quota 65. Nei playoff la compagine diretta da Federico Guidi si guadagna l'accesso alla sfida per il titolo prevalendo in rimonta sui rivali della Lazio al termine di un derby entusiasmante. Luigi Cherubini si rivela il top-scorer della squadra con 11 reti seguito da Riccardo Pagano con 9 e Niccolò Pisilli con 8.

ANDAMENTO IN CAMPIONATO

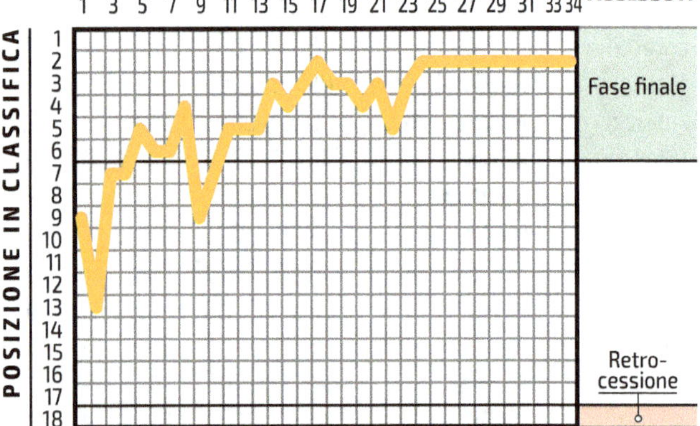

COMPORTAMENTO DELLA SQUADRA

Statistiche		Classifica	Rank
		18 17 16 15 14 13 12 11 10 09 08 07 06 05 04 03 02 01	
Giocatori schierati	35		10
Giocatori in rete	16		4
Giocatori under 18	30		2
Giocatori over 30	0		4
Cartellini gialli	70		7
Cartellini rossi	7		14
Cambi effettuati	146		9

LA STAGIONE 2023/2024

	Avversario	Casa / Fuori	Risultato		Arbitro
1	**Fiorentina U19**	C	1-0	V	Giorgio Vergaro
2	**Empoli U19**	F	3-0	P	Andrea Calzavara
3	**Frosinone U19**	C	3-2	V	Marco Emmanuele
4	**Torino U19**	F	1-1	N	Roberto Lovison
5	**Sampdoria U19**	C	3-1	V	Fabrizio Ramondino
6	**Sassuolo U19**	F	3-2	P	Andrea Zoppi
7	**Milan U19**	C	0-0	N	Giuseppe Vingo
8	**Monza U19**	F	2-3	V	Giuseppe Claudio Allegretta
9	**Juventus U19**	C	1-2	P	Stefano Nicolini
10	**Cagliari U19**	F	0-2	V	Filippo Colaninno
11	**Verona U19**	C	1-0	V	Domenico Mirabella
12	**Inter U19**	F	1-1	N	Valerio Crezzini
13	**Atalanta U19**	C	3-2	V	Silvia Gasperotti
14	**Genoa U19**	F	1-2	V	Antonio Di Reda
15	**Lazio U19**	F	1-0	P	Mario Perri
16	**Lecce U19**	C	2-1	V	Giuseppe Rispoli
17	**Bologna U19**	F	0-2	V	Edoardo Manedo Mazzoni
18	**Torino U19**	C	1-3	P	Maria Marotta
19	**Milan U19**	F	0-0	N	Giorgio Di Cicco
20	**Monza U19**	C	1-4	P	Filippo Colaninno
21	**Cagliari U19**	C	3-1	V	Giuseppe Maria Manzo
22	**Frosinone U19**	F	1-0	P	Gabriele Totaro
23	**Genoa U19**	C	3-0	V	Giuseppe Vingo
24	**Atalanta U19**	F	1-5	V	Niccolo Turrini
25	**Fiorentina U19**	F	1-6	V	Edoardo Gianquinto
26	**Inter U19**	C	1-1	N	Francesco Zago
27	**Verona U19**	F	1-4	V	Filippo Colaninno
28	**Empoli U19**	C	4-0	V	Erminio Cerbasi
29	**Juventus U19**	F	3-3	N	Mattia Drigo
30	**Sassuolo U19**	C	4-0	V	Antonio Di Reda
31	**Sampdoria U19**	F	0-2	V	Andrea Calzavara
32	**Lazio U19**	C	0-0	N	Lorenzo Maccarini
33	**Lecce U19**	F	1-1	N	Antonio Di Reda
36	**Bologna U19**	C	4-1	V	Giorgio Di Cicco

Note risultato: ▊Vinta ▊Nulla ▊Persa

Unione Calcio Sampdoria s.p.a. (1946)

1946

Responsabile settore giovanile Giovanni Invernizzi

Blu Cerchiato

Allenatore David Sassarini (1-26), Matteo Pastorino
Allenatore in seconda Vito Coppa
Collaboratori tecnici Marco Ferri
Preparatori atletici Alessandro Giuliani
Preparatore dei portieri Ernesto Di Barbaro

Piazza Borgo
Pila 39, Torre B
5° Piano, 16129
Genova,
010 5316711

C.S. Tre Campanili - Via Guglielmo Marconi - Bogliasco (GE)

comunicazione
@sampdoria.it

www.sampdoria.it

sampdoria

sampdoria/

LA ROSA DELLA SQUADRA

Nome	Cognome	Nato il	PR	RE	AM	ES	SF	SA	Ruolo
Gabriele	**Alesi**	28/01/2004	28	6	6	0	2	14	CEN
Davide	**Balduzzi**	30/05/2007	5	0	0	0	5	0	DIF
Hugo	**Buyla**	08/03/2005	9	0	2	0	3	3	DIF
Lorenzo	**Chiesa**	25/01/2004	2	0	1	0	2	0	ATT
Ardijan	**Chilafi**	03/06/2004	21	2	1	0	8	8	CEN
Francesco	**Conti**	23/10/2004	26	5	5	0	1	10	CEN
Lorenzo	**Costantino**	28/01/2006	23	0	5	1	3	7	DIF
Fabiano	**D'Amore**	12/06/2006	24	1	7	0	7	1	DIF
Andrea	**Dacourt**	30/07/2005	9	0	1	0	8	1	CEN
Edvin	**Devic**	23/08/2006	3	0	1	0	2	1	DIF
Nadir	**Djalti**	06/07/2005	8	0	2	0	8	0	CEN
Marco	**Genovese**	10/01/2007	3	0	0	0	4	0	CEN
Giacomo	**Gentile**	03/05/2005	1	0	0	0	0	0	POR
Charalampos	**Georgiadis**	26/03/2005	14	0	1	0	7	6	DIF
Thiago	**Gomes**	16/02/2005	21	4	5	0	13	8	ATT
Matteo	**Langella**	07/02/2005	31	1	5	1	1	9	DIF
Noha	**Lemina**	17/06/2005	8	2	1	0	3	3	CEN
Simone	**Leonardi**	18/07/2005	23	7	6	1	8	11	ATT
Giovanni	**Leoni**	21/12/2006	1	0	0	0	0	0	DIF
Arttu	**Lotjonen**	28/01/2004	19	0	1	0	3	1	DIF
Lorenzo	**Malanca**	02/01/2007	5	0	2	0	2	1	DIF
Carmelo	**Marchese**	01/06/2007	1	0	1	0	1	0	CEN
Samuel	**Ntanda**	30/06/2005	16	1	2	0	7	6	ATT
Alessandro	**Ovalle**	19/12/2005	19	1	2	0	10	4	ATT
Marco	**Pellizzaro**	05/04/2005	8	0	1	0	2	2	DIF
Luca	**Polli**	05/04/2004	29	5	5	0	6	14	ATT
Diego	**Porcu**	10/07/2004	12	0	0	0	6	1	DIF
Ilario	**Porzi**	23/08/2005	16	0	2	0	2	8	DIF
Simone	**Pozzato**	18/10/2004	22	1	0	0	14	8	CEN
Samuele	**Sava**	08/05/2006	2	0	0	0	2	0	ATT
Nicholas	**Scardigno**	24/01/2006	24	0	0	0	0	0	POR
Elia	**Tantalocchi**	30/06/2004	8	0	0	0	0	0	POR
Nicolo	**Uberti**	25/07/2004	27	4	4	1	5	8	CEN
Nico	**Valisena**	16/03/2005	27	0	7	1	3	13	CEN
Alessandro	**Ventre**	24/02/2006	10	0	3	0	2	3	DIF
Leon	**Zequiraj**	02/07/2005	5	0	0	0	2	1	DIF

LEGENDA PR presenze - **RE** reti - **A** ammonizioni - **E** espulsioni - **SF** sostituzioni fatte - **SA** sostituzioni avute

IL COMMENTO DELLA STAGIONE

La Sampdoria perde sei posizioni rispetto alla precedente edizione, ma riesce a garantirsi la permanenza in Primavera 1. I blucerchiati si rendono protagonisti di una buona partenza. Dopo sette giornate la formazione ligure occupa infatti il 5° posto. Sei sconfitte nelle successive sette gare fanno scivolare la Sampdoria nella zona medio-bassa della classifica. La mancanza di vittorie nei primi nove turni del girone di ritorno porta il club a sostituire in panchina David Sassarini con Matteo Pastorino. La squadra non migliora (7 punti in 8 gare), ma l'obiettivo salvezza viene raggiunto con un turno d'anticipo. Top scorer Simone Leonardi con 7 reti seguito da Gabriele Alesi con 6.

ANDAMENTO IN CAMPIONATO

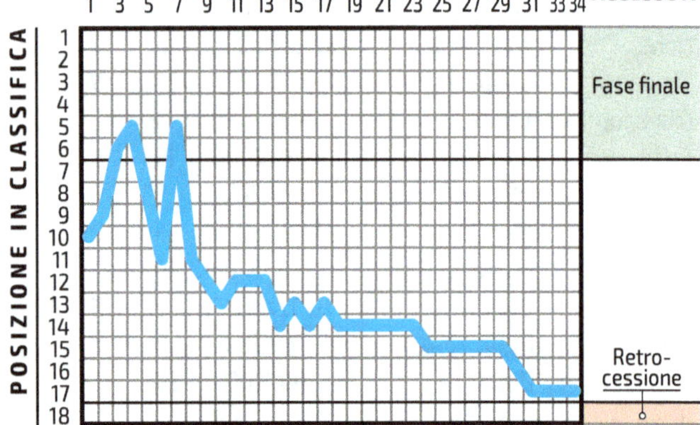

COMPORTAMENTO DELLA SQUADRA

Statistiche		Classifica																		Rank
		18	17	16	15	14	13	12	11	10	09	08	07	06	05	04	03	02	01	
Giocatori schierati	36																			7
Giocatori in rete	13																			10
Giocatori under 18	23																			10
Giocatori over 30	0																			4
Cartellini gialli	73																			12
Cartellini rossi	5																			10
Cambi effettuati	152																			4

LA STAGIONE 2023/2024

	Avversario	Casa / Fuori	Risultato		Arbitro
			Vinta Nulla Persa		
1	**Sassuolo U19**	F	4-3	P	Giorgio Di Cicco
2	**Atalanta U19**	C	1-0	V	Dario Madonia
3	**Bologna U19**	F	1-2	V	Marco Peletti
4	**Lecce U19**	C	2-2	N	Dario Di Francesco
5	**Roma U19**	F	3-1	P	Fabrizio Ramondino
6	**Inter U19**	C	1-1	N	Michele Delrio
7	**Torino U19**	C	3-1	V	Domenico Mirabella
8	**Milan U19**	F	2-1	P	Marco Emmanuele
9	**Lazio U19**	C	1-2	P	Edoardo Gianquinto
10	**Monza U19**	F	2-0	P	Lucio Felice Angelillo
11	**Juventus U19**	C	4-0	V	Gioele Iacobellis
12	**Genoa U19**	F	1-0	P	Emanuele Frascaro
13	**Fiorentina U19**	C	1-4	P	Giuseppe Maria Manzo
14	**Empoli U19**	F	3-0	P	Gabriele Totaro
15	**Cagliari U19**	C	1-0	V	Davide Gandino
16	**Verona U19**	F	3-1	P	Dario Di Francesco
17	**Frosinone U19**	C	3-1	V	Giorgio Bozzetto
18	**Inter U19**	F	1-0	P	Gianluca Renzi
19	**Sassuolo U19**	C	2-2	N	Adolfo Baratta
20	**Atalanta U19**	F	1-1	N	Silvia Gasperotti
21	**Genoa U19**	C	2-2	N	Andrea Zanotti
22	**Juventus U19**	F	2-1	P	Mario Perri
23	**Monza U19**	C	0-0	N	Marco Peletti
24	**Cagliari U19**	F	1-1	N	Erminio Cerbasi
25	**Frosinone U19**	F	4-0	P	Antonio Di Reda
26	**Verona U19**	C	1-2	P	Mauro Gangi
27	**Lazio U19**	F	2-1	P	Matteo Centi
28	**Milan U19**	C	2-0	V	Leonardo Mastrodomenico
29	**Bologna U19**	C	1-2	P	Cristiano Ursini
30	**Lecce U19**	F	3-0	P	Gabriele Sacchi
31	**Roma U19**	C	0-2	P	Andrea Calzavara
32	**Torino U19**	F	0-1	V	Stefano Nicolini
33	**Empoli U19**	C	1-2	P	Jules R. Andeng Tona Mbei
36	**Fiorentina U19**	F	2-2	N	Alfredo Iannello

Unione Sportiva Sassuolo Calcio s.r.l. (1920)

ANNO DI FONDAZIONE
1920

COLORI SOCIALI
Nero Verde

INDIRIZZO SEDE
Via Giorgio Squinzi 1, 40149 Sassuolo (MO) 0536 882645

IMPIANTO DI GIOCO
Stadio "Enzo Ricci" - Piazza Risorgimento, 41 - 41049 Sassuolo (MO)

ORGANIGRAMMA
Responsabile settore giovanile Francesco Palmieri

STAFF TECNICO
Allenatore Emiliano Bigica
Allenatore in seconda Cosimo Francioso
Preparatori atletici Francesco Petrungaro
Preparatore dei portieri Stefano Riccò
Match analyst Ivano Folius
Team manager Matteo Torelli
Dirigenti accompagnatori Lorenzo Casciello

STAFF MEDICO
Medico Manfredo Dugoni, Andrea Pellegrini e Roberto Guidetti
Fisioterapisti Luca Attolini e Francesco Lopapa e Daniele Ligabue

E MAIL
info@sassuolo calcio.it

SITO INTERNET
www.sassuolo calcio.it

PAGINA FACEBOOK
official sassuolocalcio

PROFILO INSTAGRAM
sassuolocalcio/

LA ROSA DELLA SQUADRA

Nome	Cognome	Nato il	PR	RE	AM	ES	SF	SA	Ruolo
Andreas	**Ioannou**	23/03/2005	5	0	1	0	3	1	DIF
Salim	**Abubakar**	06/04/2003	7	0	0	0	0	3	CEN
Agustin	**Alvarez**	19/05/2001	2	0	0	0	0	2	ATT
Jason	**Anastasini**	17/08/2006	1	0	0	0	1	0	CEN
Luca	**Baldari**	07/02/2004	18	4	1	0	10	7	ATT
Matteo	**Beconcini**	14/06/2005	2	0	0	0	1	1	DIF
Kevin	**Bruno**	26/04/2005	26	4	9	1	3	9	CEN
Adrian	**Cannavaro**	10/05/2004	17	0	5	0	0	3	DIF
Adrian	**Caragea**	07/09/2005	25	5	1	0	16	9	ATT
Alessandro	**Cardascio**	20/11/2006	2	0	0	0	2	0	ATT
Giovanni	**Chiricallo**	29/05/2007	3	0	1	0	3	0	ATT
Simone	**Cinquegrano**	25/06/2004	31	4	4	0	4	7	DIF
Francesco	**Corradini**	02/02/2005	17	1	4	0	4	2	DIF
Alessandro	**Di Bitonto**	08/10/2005	9	0	2	1	3	0	DIF
Matteo	**Falasca**	27/04/2004	29	1	9	1	1	13	DIF
Borna	**Knezovic**	29/07/2005	26	7	4	0	12	12	CEN
Justin	**Kumi**	16/07/2004	23	5	3	0	2	6	CEN
Giuseppe	**Leone**	28/03/2005	28	2	6	0	0	12	CEN
Luca	**Lipani**	18/05/2005	11	0	0	0	0	2	CEN
Seb	**Loeffen**	18/01/2004	29	0	9	0	0	7	DIF
Emerick	**Lopes**	23/04/2005	22	0	6	1	5	10	CEN
Amoako	**Minta**	01/01/2005	6	0	0	0	4	2	CEN
Andrea	Moriano	29/10/2005	4	0	1	0	4	0	ATT
Andrea	Mussini	02/05/2007	1	0	0	0	1	0	CEN
Angelos	Neophytou	23/05/2005	20	1	2	0	11	9	ATT
Endurance	Okojie	19/05/2005	2	0	0	0	1	1	CEN
Claudio	Parlato	04/02/2005	21	2	3	0	10	4	DIF
Carlo	Petrosino	02/01/2005	1	0	0	0	1	0	CEN
Alessio	**Piantedosi**	31/01/2005	12	0	1	0	9	2	DIF
Riccardo	**Pigati**	02/10/2005	18	0	1	0	11	5	CEN
Nicolo	**Ravaioli**	28/04/2005	7	1	2	0	5	2	CEN
Matteo	**Rovatti**	06/01/2005	10	0	0	0	10	0	ATT
Flavio	**Russo**	31/08/2004	31	20	6	1	0	5	ATT
Alessandro	**Scacchetti**	22/02/2005	3	0	0	0	0	0	POR
Giacomo	**Seminari**	15/01/2006	3	0	0	0	2	1	CEN
Daniel	**Theiner**	25/02/2004	31	0	0	0	0	0	POR
Gabriele	**Vedovati**	17/07/2005	15	4	2	0	5	10	ATT
Giorgio	**Vezzosi**	14/01/2007	4	0	0	0	4	1	DIF

LEGENDA PR presenze - **RE** reti - **A** ammonizioni - **E** espulsioni - **SF** sostituzioni fatte - **SA** sostituzioni avute

IL COMMENTO DELLA STAGIONE

Onore ai neocampioni d'Italia del Sassuolo. La compagine emiliana, fermatasi in semifinale nella scorsa stagione, centra per la prima volta nella sua storia la conquista dello Scudetto grazie a un'ottima regular season e ad una straordinaria post-season. La formazione diretta da Emiliano Bigica, nonostante un calo di rendimento nel ritorno, riesce a conservare il 5° posto al giro di boa. Nei playoff il Sassuolo appare irresistibile. I neroverdi, dopo aver superato al 1° turno l'Atalanta (1-0), s'impongono in modo perentorio sull'Inter in semifinale (3-1) e sulla Roma in finale (3-0). Un plauso particolare va al capocannoniere del torneo Flavio Russo autore complessivamente di 23 reti.

ANDAMENTO IN CAMPIONATO

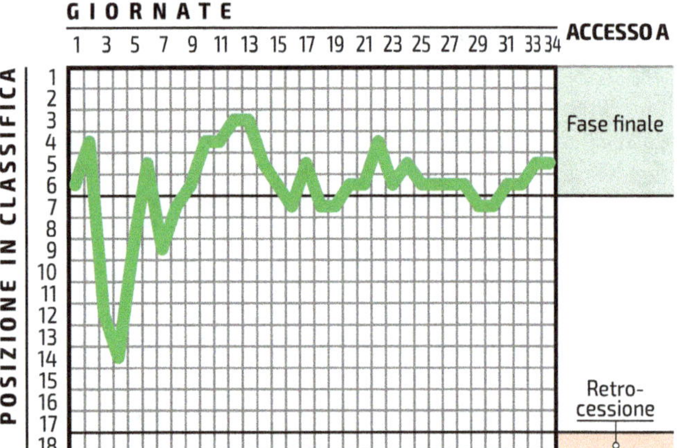

COMPORTAMENTO DELLA SQUADRA

Statistiche		Classifica	Rank
Giocatori schierati	38		6
Giocatori in rete	14		9
Giocatori under 18	20		14
Giocatori over 30	0		4
Cartellini gialli	72		11
Cartellini rossi	5		10
Cambi effettuati	148		7

LA STAGIONE 2023/2024

	Avversario	Casa / Fuori	Risultato		Arbitro
			Vinta Nulla Persa		
1	**Sampdoria U19**	C	4-3	V	Giorgio Di Cicco
2	**Torino U19**	F	1-1	N	Giorgio Bozzetto
3	**Milan U19**	C	0-2	P	Gianluca Grasso
4	**Lazio U19**	F	1-0	P	Matteo Centi
5	**Atalanta U19**	F	2-3	V	Gabriele Sacchi
6	**Roma U19**	C	3-2	V	Andrea Zoppi
7	**Inter U19**	F	4-0	P	Andrea Ancora
8	**Lecce U19**	C	2-1	V	Samuele Andreano
9	**Frosinone U19**	C	3-0	V	Mattia Caldera
10	**Bologna U19**	F	1-2	V	Adolfo Baratta
11	**Monza U19**	C	3-1	V	Andrea Zanotti
12	**Fiorentina U19**	F	0-1	V	Valerio Pezzopane
13	**Juventus U19**	C	1-1	N	Mattia Nigro
14	**Verona U19**	F	1-0	P	Giuseppe Claudio Allegretta
15	**Genoa U19**	C	1-3	P	Matteo Centi
16	**Cagliari U19**	F	2-1	P	Simone Gauzolino
17	**Empoli U19**	C	4-1	V	Cristiano Ursini
18	**Frosinone U19**	F	2-0	P	Domenico Castellone
19	**Sampdoria U19**	F	2-2	N	Adolfo Baratta
20	**Torino U19**	C	6-3	V	Stefano Milone
21	**Milan U19**	F	3-3	N	Gabriele Sacchi
22	**Verona U19**	C	3-2	V	Luigi Catanoso
23	**Lazio U19**	C	1-2	P	Felipe Salvatore Viapiana
24	**Juventus U19**	F	1-2	V	Andrea Zanotti
25	**Atalanta U19**	C	0-1	P	Lorenzo Maccarini
26	**Monza U19**	F	1-2	V	Eugenio Scarpa
27	**Cagliari U19**	C	2-2	N	Davide Gandino
28	**Lecce U19**	F	1-1	N	Giorgio Bozzetto
29	**Inter U19**	C	0-3	P	Valerio Pezzopane
30	**Roma U19**	F	4-0	P	Antonio Di Reda
31	**Bologna U19**	C	3-2	V	Filippo Giaccaglia
32	**Empoli U19**	F	3-1	P	Marco Emmanuele
33	**Fiorentina U19**	C	3-1	V	Marco Di Loreto
36	**Genoa U19**	F	2-4	V	Alessandro Silvestri

TORINO

Torino Football Club s.p.a. (1906)

1906

Granata

Via Giovanni Battista Viotti 9, 10121 Torino
011 19700348

ORGANIGRAMMA

Responsabile settore giovanile Ruggero Ludergnani

STAFF TECNICO

Allenatore Giuseppe Scurto
Allenatore in seconda Cristian Fioratti
Preparatori atletici Francesco Sicari (responsabile), Gianluca Maiani e Alessandro Salpietra
Preparatore dei portieri Fabio Ronzani
Team manager Stefano De Vita
Dirigente Luciano Franciscono e Dennis Morino

STAFF MEDICO

Responsabile sanitario Paolo Battaglino (coordinatore)
Fisioterapisti Michael Palladino
Magazzinieri Giuseppe Fioriti, Gianni Piazzolla e Giuseppe Stella

IMPIANTO DI GIOCO

Valentino Mazzola, Via Marconi, 15 – 10043 Orbassano (TO)

www.torinofc.it

Torino FootballClub/

torinofc1906/

LA ROSA DELLA SQUADRA

Nome	Cognome	Nato il	PR	RE	AM	ES	SF	SA	Ruolo
Lorenzo	**Abati**	07/04/2004	28	0	2	0	0	0	POR
Emirhan	**Acar**	25/07/2005	12	1	0	0	8	4	CEN
Jacopo	**Antolini**	10/01/2004	16	0	1	0	3	3	DIF
Andrea	**Bellocci**	12/06/2006	5	0	1	0	0	0	POR
Come	**Bianay**	13/05/2005	23	0	5	0	2	5	DIF
Matteo	**Bonadiman**	14/08/2006	4	0	0	1	0	0	DIF
Michele	**Casali**	08/03/2005	5	0	0	0	2	1	DIF
Aaron	**Ciamma-glichella**	26/01/2005	31	9	3	0	11	10	CEN
Marco	**Dalla Vecchia**	13/02/2005	33	2	3	0	8	9	CEN
Francesco	**Dell'Aquila**	10/01/2004	18	7	1	0	6	10	ATT
Alessandro	**Dellavalle**	11/05/2004	30	9	4	0	1	3	DIF
Ali	**Dembele**	05/01/2004	1	0	0	0	0	0	DIF
Fabio	**Desole**	20/01/2006	2	0	0	0	2	0	DIF
Nicolo	**Franzoni**	31/05/2005	23	3	1	0	18	5	ATT
Tommaso	**Gabellini**	21/10/2006	31	5	7	0	17	13	ATT
Uros	**Kabic**	01/01/2004	1	0	0	0	0	1	ATT
Marco	**Longoni**	26/12/2005	26	3	2	0	23	2	CEN
Efdon	**Mahari**	12/04/2006	1	0	0	0	1	0	CEN
Angelo	**Marchioro**	10/05/2005	19	1	1	0	7	3	ATT
Rodrigo	**Mendes**	02/04/2005	24	1	1	0	3	1	DIF
Senan	**Mullen**	28/02/2005	5	0	0	0	3	1	CEN
Vimoj	**Muntu**	15/10/2004	21	1	3	0	4	3	DIF
Eybi	**Njie**	14/05/2005	32	3	9	1	7	15	ATT
Cristian	**Padula**	12/08/2004	18	8	4	0	2	14	ATT
Pietro	**Passador**	26/02/2003	1	0	0	0	0	0	POR
Sergiu	**Perciun**	23/04/2006	17	2	0	0	10	2	CEN
Mirko	**Rettore**	20/01/2004	16	1	5	0	1	4	DIF
Marcel	**Ruszel**	21/06/2004	25	3	8	0	2	6	CEN
Zannetos	**Savva**	26/11/2005	24	4	3	1	4	11	ATT
Jonathan	**Silva**	24/04/2004	28	2	2	1	2	21	CEN

LEGENDA PR presenze - **RE** reti - **A** ammonizioni - **E** espulsioni - **SF** sostituzioni fatte - **SA** sostituzioni avute

IL COMMENTO DELLA STAGIONE

Annata particolarmente amara per il Torino. La compagine diretta da Giuseppe Scurto, dopo essere arrivata ad un passo dalla conquista della Coppa Italia soccombendo in finale ai rigori contro la Fiorentina, vede svanire all'ultima giornata anche l'opportunità di approdare alla fase finale del campionato a seguito del pirotecnico pareggio interno per 3-3 conseguito contro i rivali diretti del Milan. I granata chiudono il torneo all'ottavo posto, ben lontani dalla semifinale centrata nella passata stagione. A livello individuale meritano una citazione particolare il difensore centrale Alessandro Dellavalle e il centrocampista Aaron Ciammaglichella entrambi a segno nove volte.

ANDAMENTO IN CAMPIONATO

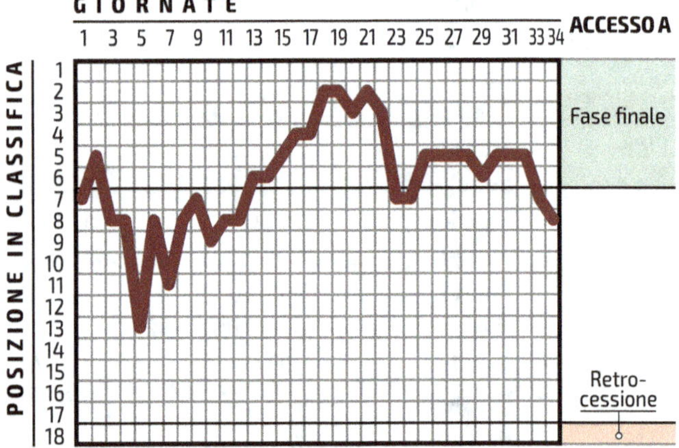

COMPORTAMENTO DELLA SQUADRA

Statistiche		Classifica	Rank
		18 17 16 15 14 13 12 11 10 09 08 07 06 05 04 03 02 01	
Giocatori schierati	30		17
Giocatori in rete	18		1
Giocatori under 18	20		14
Giocatori over 30	0		4
Cartellini gialli	66		4
Cartellini rossi	4		3
Cambi effettuati	147		8

LA STAGIONE 2023/2024

	Avversario	Casa / Fuori	Risultato			Arbitro
1	**Genoa U19**	F	3-4	V	Vinta	Abdoulaye Diop
2	**Sassuolo U19**	C	1-1	N	Nulla	Giorgio Bozzetto
3	**Monza U19**	F	2-2	N	Nulla	Giuseppe Vingo
4	**Roma U19**	C	1-1	N	Nulla	Roberto Lovison
5	**Inter U19**	F	4-0	P	Persa	Niccolo Turrini
6	**Lecce U19**	C	6-1	V	Vinta	Giuseppe Maria Manzo
7	**Sampdoria U19**	F	3-1	P	Persa	Domenico Mirabella
8	**Frosinone U19**	F	2-3	V	Vinta	Domenico Leone
9	**Bologna U19**	C	2-0	V	Vinta	Daniele Virgilio
10	**Lazio U19**	F	2-0	P	Persa	Mauro Gangi
11	**Fiorentina U19**	C	2-1	V	Vinta	Filippo Giaccaglia
12	**Verona U19**	F	3-3	N	Nulla	Marco Di Loreto
13	**Cagliari U19**	C	3-1	V	Vinta	Michele Delrio
14	**Atalanta U19**	F	1-1	N	Nulla	Fabio Rosario Luongo
15	**Empoli U19**	C	2-1	V	Vinta	Mattia Drigo
16	**Juventus U19**	C	2-0	V	Vinta	Marco Emmanuele
17	**Milan U19**	F	1-1	N	Nulla	Edoardo Gianquinto
18	**Roma U19**	F	1-3	V	Vinta	Maria Marotta
19	**Inter U19**	C	0-0	N	Nulla	Jules R. Andeng Tona Mbei
20	**Sassuolo U19**	F	6-3	P	Persa	Stefano Milone
21	**Lazio U19**	C	1-0	V	Vinta	Alberto Poli
22	**Cagliari U19**	F	3-2	P	Persa	Luca Cherchi
23	**Atalanta U19**	C	1-4	P	Persa	Andrea Zoppi
24	**Lecce U19**	F	1-0	P	Persa	Mauro Gangi
25	**Monza U19**	C	4-0	V	Vinta	Ermes Fabrizio Cavaliere
26	**Genoa U19**	C	4-3	V	Vinta	Emanuele Frascaro
27	**Empoli U19**	F	2-2	N	Nulla	Fabio Rosario Luongo
28	**Verona U19**	C	2-2	N	Nulla	Giuseppe Rispoli
29	**Fiorentina U19**	F	5-1	P	Persa	Andrea Calzavara
30	**Frosinone U19**	C	4-2	V	Vinta	Michele Delrio
31	**Juventus U19**	F	2-0	P	Persa	Alberto Ruben Arena
32	**Sampdoria U19**	C	0-1	P	Persa	Stefano Nicolini
33	**Bologna U19**	F	2-1	P	Persa	Erminio Cerbasi
36	**Milan U19**	C	3-3	N	Nulla	Samuele Andreano

ANNO DI FONDAZIONE

1903

COLORI SOCIALI
Giallo Blu

INDIRIZZO SEDE
Via Olanda 11,
37135 Verona,
045 8186111

IMPIANTO DI GIOCO
Sinergy Stadium
- Via Sogare 9/C -
37138 Verona

ORGANIGRAMMA

Responsabile settore giovanile Massimo Margiotta

STAFF TECNICO

Allenatore Paolo Sammarco
Allenatore in seconda Fabio Moro
Collaboratori tecnici Alessandro Montorio e Davide Fiorentini
Preparatori atletici Marco Provenzano
Preparatore dei portieri Valerio Filippi
Strenght conditioning Riccardo Saretta
Match analyst Giuseppe Foti
Team manager Lorenzo Salvadori
Dirigente addetto agli arbitri Daniele Aurenghi

STAFF MEDICO

Operatore sanitario Alessandro Parolo, Emanuele Lafratta e Yuri Tabarelli

E MAIL
info@hellas
verona.it

SITO INTERNET
www.
hellasverona.it

PAGINA FACEBOOK
hellas veronafc/

PROFILO INSTAGRAM
hellasveronafc/

LA ROSA DELLA SQUADRA

Nome	Cognome	Nato il	PR	RE	AM	ES	SF	SA	Ruolo
Richi	**Agbonifo**	08/01/2006	29	3	2	0	16	9	CEN
Junior	**Ajayi**	11/10/2004	21	4	1	0	4	11	ATT
Darius	**Bancila**	19/08/2007	2	0	0	0	2	0	CEN
Jayden	**Braaf**	31/08/2002	1	0	0	0	0	1	ATT
Nicolo	**Calabrese**	16/11/2004	18	1	8	0	0	3	DIF
Elia	**Caneva**	11/06/2006	8	0	0	0	6	2	DIF
Denis	**Cazzadori**	16/03/2004	15	4	1	0	1	6	ATT
Matheus	**Charlys**	19/02/2004	2	0	0	0	0	0	CEN
Mattia	**Chiesa**	16/07/2000	1	0	0	0	0	0	POR
Alphadjo	**Cisse**	22/10/2006	30	16	4	1	1	7	ATT
Christian	**Corradi**	21/02/2005	31	2	7	0	0	2	DIF
Samuele	**D'Agostino**	30/03/2004	26	5	5	0	2	11	CEN
Stefano	**Dalla Riva**	11/06/2005	31	1	7	0	8	16	CEN
Davide	**De Battisti**	21/03/2006	23	0	3	0	7	8	DIF
Edoardo	**De Franceschi**	21/05/2005	2	0	1	0	2	0	CEN
Michele	**De Rossi**	01/01/2007	1	0	0	0	1	0	CEN
Alessandro	**Dentale**	06/05/2004	23	6	1	0	10	13	ATT
Siren	**Diao**	21/01/2005	15	10	3	0	0	3	ATT
Mamedi	**Doucoure**	19/01/2007	7	0	1	0	3	2	DIF
Marco	**Fagoni**	06/03/2005	10	0	0	0	5	3	DIF
Thomas	**Henry**	20/09/1994	2	0	0	0	0	1	ATT
Valerio	**Minnocci**	29/04/2004	3	0	1	0	2	1	CEN
Karlson	**Nwanege**	28/04/2005	29	2	8	0	1	5	DIF
Nicola	**Patane**	25/03/2004	26	2	4	0	2	16	CEN
Alessandro	**Pavanati**	18/07/2006	17	0	1	0	11	6	CEN
Andrej	**Popovic**	25/04/2006	13	0	3	0	3	1	DIF
Manuel	**Ravasio**	07/07/2005	2	0	0	0	0	0	POR
Aiman	**Riahi**	21/01/2004	24	0	11	1	0	6	CEN
Mattia	**Rigo**	16/10/2004	15	0	2	1	2	6	DIF
William	**Silfver-Ramage**	27/02/2006	4	0	1	0	4	0	DIF
Alberto	**Soragni**	08/09/2006	1	0	0	0	1	0	ATT
Luca	**Szimionas**	03/09/2006	21	0	4	0	18	3	CEN
Giacomo	Toniolo	01/04/2004	31	0	2	0	0	0	POR
Francesco	**Valenti**	30/06/2005	6	0	0	0	6	0	ATT
Ciro	**Ventura**	11/10/2005	5	0	0	0	5	0	CEN
Ioan	**Vermesan**	18/10/2006	21	3	2	1	19	0	ATT

LEGENDA PR presenze - **RE** reti - **A** ammonizioni - **E** espulsioni - **SF** sostituzioni fatte - **SA** sostituzioni avute

IL COMMENTO DELLA STAGIONE

Il Verona fa registrare un piazzamento finale migliore rispetto al 13° posto del torneo precedente: la squadra scaligera termina infatti la regular season in 10ª posizione con un bilancio di 11 vittorie, 13 pari e 10 ko. La formazione di Paolo Sammarco, dopo una partenza nella norma (13° posto al 13° turno con 13 punti), sembra poter ambire a qualcosa di più di una salvezza tranquilla inanellando in chiusura di girone d'andata quattro successi di fila. In avvio di girone di ritorno arrivano però solo 2 punti in 5 gare e il Verona si deve accontentare di navigare con sicurezza a centroclassifica. A distinguersi in fase offensiva è il trequartista Alphadjo Cissè a referto 16 volte.

ANDAMENTO IN CAMPIONATO

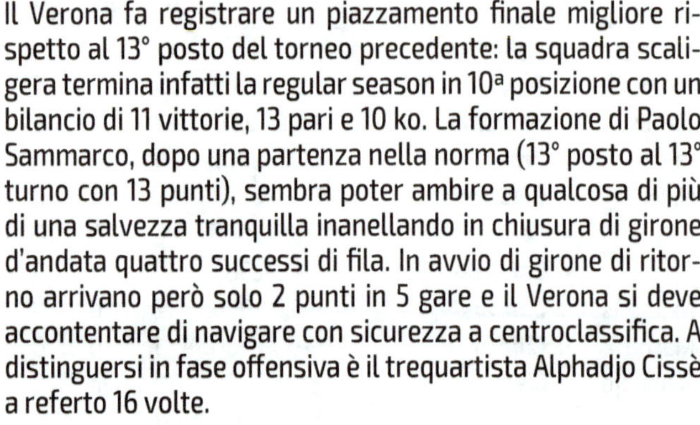

COMPORTAMENTO DELLA SQUADRA

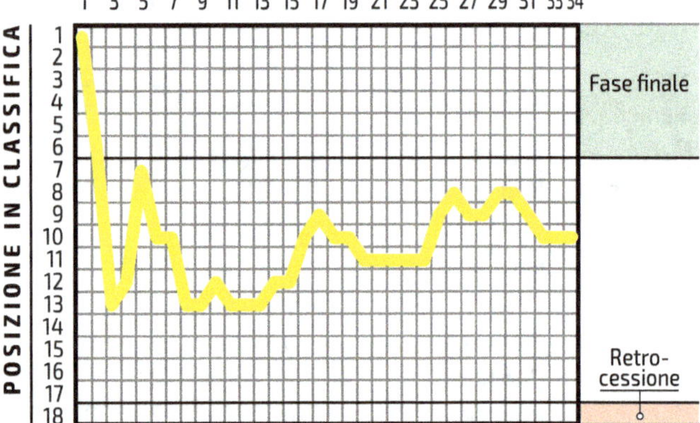

Statistiche		Classifica	Rank
		18 17 16 15 14 13 12 11 10 09 08 07 06 05 04 03 02 01	
Giocatori schierati	36		7
Giocatori in rete	13		10
Giocatori under 18	24		8
Giocatori over 30	0		4
Cartellini gialli	77		13
Cartellini rossi	4		3
Cambi effettuati	142		12

LA STAGIONE 2023/2024

	Avversario	Casa / Fuori	Risultato		Arbitro
1	**Lecce U19**	C	5-1	V	Gianluca Grasso
2	**Lazio U19**	F	2-1	P	Luca Cherchi
3	**Genoa U19**	F	3-0	P	Andrea Ancora
4	**Bologna U19**	C	1-1	N	Davide Gandino
5	**Juventus U19**	F	2-3	V	Mattia Drigo
6	**Empoli U19**	C	0-0	N	Bogdan Nicolae Sfira
7	**Cagliari U19**	F	1-1	N	Giorgio Bozzetto
8	**Atalanta U19**	C	0-1	P	Emanuele Ceriello
9	**Fiorentina U19**	F	2-2	N	Domenico Castellone
10	**Inter U19**	C	1-1	N	Gabriele Sacchi
11	**Roma U19**	F	1-0	P	Domenico Mirabella
12	**Torino U19**	C	3-3	N	Marco Di Loreto
13	**Frosinone U19**	F	1-1	N	Luca Cherchi
14	**Sassuolo U19**	C	1-0	V	Giuseppe Claudio Allegretta
15	**Milan U19**	F	2-3	V	Alessandro Silvestri
16	**Sampdoria U19**	C	3-1	V	Dario Di Francesco
17	**Monza U19**	F	2-3	V	Francesco Zago
18	**Lazio U19**	C	2-2	N	Aleksandar Djurdjevic
19	**Lecce U19**	F	2-1	P	Lucio Felice Angelillo
20	**Fiorentina U19**	C	1-1	N	Andrea Bordin
21	**Frosinone U19**	C	3-4	P	Emanuele Ceriello
22	**Sassuolo U19**	F	3-2	P	Luigi Catanoso
23	**Juventus U19**	C	2-0	V	Ermes Fabrizio Cavaliere
24	**Bologna U19**	F	2-2	N	Aleksander Djurdjevic
25	**Milan U19**	C	1-0	V	Edoardo Manedo Mazzoni
26	**Sampdoria U19**	F	1-2	V	Mauro Gangi
27	**Roma U19**	C	1-4	P	Filippo Colaninno
28	**Torino U19**	F	2-2	N	Giuseppe Rispoli
29	**Monza U19**	C	2-0	V	Marco Di Loreto
30	**Empoli U19**	F	2-2	N	Maria Marotta
31	**Genoa U19**	C	1-3	P	Mattia Caldera
32	**Inter U19**	F	3-3	N	Simone Gavini
33	**Atalanta U19**	F	1-2	V	Enrico Cappai
36	**Cagliari U19**	C	3-5	P	Gianluca Catanzaro

I
Num
eri

Giornate e Tabellini

1 GIORNATA

Inter U19	2
Empoli U19	0
Sassuolo U19	4
Sampdoria U19	3
Atalanta U19	1
Lazio U19	0
Monza U19	1
Milan U19	3
Verona U19	5
Lecce U19	1
Bologna U19	3
Frosinone U19	0
Juventus U19	3
Cagliari U19	1
Genoa U19	3
Torino U19	4
Roma U19	1
Fiorentina U19	0

Tabellini

25/08/2023 ore 18:00

INTER U19 - EMPOLI U19 2-0

Marcatori: 45+1' Akinsanmiro (I), 48' Spinacce (I)

INTER U19 (4-3-2-1): Calligaris; Aidoo, Stante (46' Maye), Stabile, Cocchi; Di Maggio (63' Zanchetta), Stankovic (63' Berenbruch), Kamate; Akinsanmiro, Quieto (46' Spinacce); Sarr (89' Owusu)

A disposizione: Tommasi, Raimondi, Motta, Guercio, Mazzola, Vedovati

Allenatore: Cristian Chivu

EMPOLI U19 (4-4-2): Seghetti; Barsi, Stassin (75' Dragoner), Indragoli, Mannelli; Vallarelli, Ignacchiti, Kaczmarski (87' Stoyanov), Barsotti; Corona (69' Sodero), Nabian (69' Bocci)

A disposizione: Vertua, Gaj, De Ferdinando, Tosto, Pauliuc, Bacciardi, Tatti

Allenatore: Alessandro Birindelli

ARBITRO: Valerio Crezzini

AMMONITI: 52' Barsi (E); 77' Ignacchiti (E); 89' Zanchetta (I)

ESPULSI: 86' Kamate (I)

25/08/2023 ore 18:00

SASSUOLO U19 - SAMPDORIA U19 4-3

Marcatori: 5' Ntanda Lukisa (Sam), 6' Caragea (Sas), 22' Baldari (Sas), 37' Conti (Sam), 44' Alesi (Sam), 53' Parlato (Sas), 72' Russo (Rig.) (Sas)

SASSUOLO U19 (4-3-1-2): Theiner; Parlato (68' Piantedosi), Loeffen, Cannavaro, Cinquegrano; Okojie (68' Neophytou), Lipani, Leone; Caragea (78' Pigati); Baldari (78' Rovatti), Russo

A disposizione: Scacchetti, Fontana, Ioannou, Corradini, Seminari, Knezovic, Petito

Allenatore: Emiliano Bigica

SAMPDORIA U19 (4-3-3): Scardigno; Porzi (73' Porcu), Lotjonen, Costantino, Langella; Chilafi (56' Pozzato), Valisena (89' Gomes Scarpino), Conti; Alesi (56' Ovalle Santos), Polli, Ntanda Lukisa (55' Sava)

A disposizione: Gentile, Pellizzaro, Garrone, D'Amore, Uberti, Chiesa

Allenatore: David Sassarini

ARBITRO: Giorgio Di Cicco

AMMONITI: 56' Russo (Sas); 62' Parlato (Sas); 82' Valisena (Sam)

ESPULSI: nessuno

26/08/2023 ore 11:00

ATALANTA U19 - LAZIO U19 1-0

Marcatori: 45' Comi (A)

ATALANTA U19 (4-3-1-2): Pardel; Ghezzi (78' Arrigoni), Comi, Guerini, Regonesi; Martinelli, Riccio, Manzoni (78' Obric); Bonanomi (78' Ragnoli Galli); Castiello (90+1' Fiogbe), Vlahovic (63' Armstrong)

A disposizione: Illipronti, Sala, Simonetto, Tavanti, Tornaghi

Allenatore: Giovanni Bosi

LAZIO U19 (4-2-3-1): Magro; Bedini, Ruggeri, Petta (88' Cappelli), Milani; Coulibaly (88' Bigotti), Nazzarro (73' Sulejmani); Di Tommaso (88' Urbano), Napolitano, Fernandes (62' Serra); Balde

A disposizione: Renzetti, Marini, Petrucci, Zazza, Tredicine

Allenatore: Stefano Sanderra

ARBITRO: Bogdan Nicolae Sfira

AMMONITI: 28' Regonesi (A); 51' Ghezzi (A); 53' Milani (L); 66' Ruggeri (L); 72' Coulibaly (L); 85' Serra (L); 87' Riccio (A)

ESPULSI: nessuno

26/08/2023 ore 16:50

MONZA U19 - MILAN U19 1-3

Marcatori: 18' Bonomi (Mi), 35' Ferraris (Mo), 46' Sia (Mi), 50' Sia (Mi)

MONZA U19 (3-4-1-2): Mazza; Ravelli (51' Bagnaschi), Brugarello, Graziano (77' Cagia); Marras, Dell'Acqua (46' Zoppi), Lupinetti, Colombo; Ferraris; Longhi (51' Goffi), Fernandes (77' Troise)

A disposizione: Ciardi, Capolupo, De Crescenzo, Berretta, Giubrone, Maussi Martins

Allenatore: Alessandro Lupi

MILAN U19 (4-3-1-2): Bartoccioni; Bakoune (46' Jimenez), Simic, Nsiala-Makengo, Bartesaghi; Stalmach (68' Perrucci), Zeroli, Eletu; Cuenca Martinez (74' Scotti); Bonomi (69' Camarda), Sia (85' Malaspina)

A disposizione: Raveyre, Parmiggiani, Magni, Paloschi, Mangioppi, Liberali

Allenatore: Ignazio Abate

ARBITRO: Samuele Andreano

AMMONITI: 32' Bakoune (Mi); 44' Lupinetti (Mo)

ESPULSI: nessuno

27/08/2023 ore 11:00

VERONA U19 - LECCE U19 5-1

Marcatori: 45+1' Pascalau (Aut.) (L), 59' Diao (V), 70' D'Agostino (V), 71' Jemo (L), 72' Dalla Riva (V), 90+10' Vermesan (V)

VERONA U19 (3-4-1-2): Toniolo; Nwanege, Calabrese, Corradi; Patane (85' Agbonifo), D'Agostino, Dalla Riva (90' Pavanati), Rigo; Cisse

(67' Szimionas); Diao (90' Valenti), Dentale (90' Vermesan)

A disposizione: Ravasio, Marchetti, De Battisti, Doucoure, Fagoni, Trevisan

Allenatore: Paolo Sammarco

LECCE U19 (4-3-3): Lampinen-Skaug; Munoz, Pascalau, Addo (74' Dell'Acqua), Casolungue Lopez; McJannet, Vulturar, Samek (67' Minerva); Daka (74' Agrimi), Bruhn (60' Jemo), Johnson (60' Vescan-Kodor)

A disposizione: Herceg, Davis, Zivanovic, Gromek, Borgo, Perricci

Allenatore: Federico Coppitelli

ARBITRO: Gianluca Grasso

AMMONITI: 6' Dalla Riva (V); 6' Pascalau (L); 37' Patane (V); 58' Diao (V); 72' Jemo (L)

ESPULSI: nessuno

27/08/2023 ore 16:30

BOLOGNA U19 - FROSINONE U19 3-0

Marcatori: 30' Byar (B), 67' Baroncioni (B), 75' Mangiameli (B)

BOLOGNA U19 (4-2-3-1): Bagnolini; Mercier (86' Schiavoni), Diop, Amey, Baroncioni; Rosetti, Byar; Mukelenge (46' Ravaglioli), Hodzic (65' Bynoe), Menegazzo (78' Idaro); Ebone (65' Mangiameli)

A disposizione: Happonen, Svoboda, Solda', Zilio, Ferrante, Cesari

Allenatore: Luca Vigiani

FROSINONE U19 (4-3-1-2): Romano T.; Amerighi, Lusuardi, Macej, Stefanelli (87' Romano A.); Romano R. (46' Boccia), Cisse (81' Molignano), Ferizaj; Milazzo; Mezsargs (87' Totti), Panic (81' Fiorito)

A disposizione: Di Giosia, Severino, Rocci, Crecco

Allenatore: Angelo Adamo Gregucci

ARBITRO: Domenico Mirabella

AMMONITI: 24' Romano R.

(F); 26' Baroncioni (B); 56' Cisse (F); 64' Hodzic (B); 85' Lusuardi (F)

ESPULSI: nessuno

27/08/2023 ore 16:30

JUVENTUS U19 - CAGLIARI U19 3-1

Marcatori: 20' Ripani (J), 33' Caddeo (C), 39' Pagnucco (J), 70' Savio (J)

JUVENTUS U19 (3-4-2-1): Vinarcik; Martinez Crous, Domanico, Gil Pulche; Turco (64' Savio), Owosu, Ripani, Pagnucco; Di Biase (13' Srdoc; 72' Florea), Vacca (64' Scienza); Anghele (65' Finocchiaro)

A disposizione: Fuscaldo, Bassino, Ngana, Firman, Biggi, Giorgi

Allenatore: Paolo Montero

CAGLIARI U19 (4-3-3): Iliev; Arba, Pintus, Catena, Idrissi (66' Casali); Malfitano (59' Mameli), Carboni, Caddeo (77' Deriu); Sulev Stoyanov (66' Vinciguerra), Achour (77' Ardau), Pulina

A disposizione: Renna, Cogoni, Franke, Conti

Allenatore: Fabio Pisacane

ARBITRO: Simone Galipo

AMMONITI: 11' Ripani (J); 14' Sulev Stoyanov (C); 63' Owosu (J)

ESPULSI: nessuno

28/08/2023 ore 16:30

GENOA U19 - TORINO U19 3-4

Marcatori: 22' Gabellini (T), 32' Savva (T), 44' Dellavalle (T), 47' Ciammaglichella (T), 60' Papadopoulos (G), 73' Omar Abdiskakur (G), 77' Omar Abdiskakur (G)

GENOA U19 (4-2-3-1): Calvani; Scaravilli, Algueche, Abdellaoui, Meconi (89' Tosi); Palella (87' Romano), Rossi (69' Arboscello); Fini, Papadopoulos, Omar Abdiskakur (87' Papastylianou); Bornosuzov

A disposizione: Consiglio, Barbini, Pittino, Bosia, Gonçalinho, Ghirardello, Pessolani

TORINO U19 (4-3-3): Abati; Dembele, Rettore, Dellavalle, Antolini; Ciammaglichella (80' Franzoni), Ruszel, Silva (63' Dalla Vecchia); Savva (53' Marchioro), Gabellini (63' Padula), Njie (80' Longoni)
A disposizione: Brezzo, Bianay Balcot, Mendes, Mahari, Acar, Ansah Yeboh
Allenatore: Giuseppe Scurto
ARBITRO: Abdoulaye Diop
AMMONITI: 39' Papadopoulos (G); 90+2' Arboscello (G)
ESPULSI: nessuno

28/08/2023 ore 16:30
ROMA U19 - FIORENTINA U19 1-0
Marcatori: 60' Costa Cesco (R)
ROMA U19 (3-4-3): Bellucci Marin; Keramitsis (73' Plaia), Chesti, Golic; Louakima (66' Ienco), Pisilli, Vetkal, Mannini; Costa Cesco (66' Guerrero), Misitano (66' Alessio), Cherubini
A disposizione: De Franceschi, Ivkovic, Graziani, Bah, Marazzotti, Bolzan, Mlakar
Allenatore: Federico Guidi
FIORENTINA U19 (3-4-2-1): Vannucchi; Sadotti, Biagetti, Elia; Vigiani (57' Fortini), Vitolo, Falconi, Denes (83' Spaggiari); Rubino (83' Guidobaldi), Presta (57' Caprini); Sene (71' Braschi)
A disposizione: Tognetti, Maggini, Kouadio, Pisani, Scuderi, Keita
Allenatore: Daniele Galloppa
ARBITRO: Giorgio Vergaro
AMMONITI: 40' Vigiani (F); 70' Sene (F); 79' Plaia (R); 90' Mannini (R); 90+4' Golic (R)
ESPULSI: nessuno

2

GIORNATA

Sampdoria U19	1
Atalanta U19	0
Frosinone U19	2
Monza U19	3
Milan U19	4
Bologna U19	1
Lazio U19	2
Verona U19	1
Cagliari U19	1
Inter U19	1
Empoli U19	3
Roma U19	0
Lecce U19	0
Juventus U19	3
Torino U19	1
Sassuolo U19	1
Fiorentina U19	1
Genoa U19	1

Tabellini

01/09/2023 ore 16:30
SAMPDORIA U19 - ATALANTA U19 1-0
Marcatori: 52' Alesi (S)
SAMPDORIA U19 (4-3-3): Tantalocchi; Porzi (76' Porcu), Lotjonen, Costantino, Langella; Uberti (64' Djalti), Valisena, Alesi (76' Pozzato); Chilafi, Polli (76' Gomes Scarpino), Ntanda Lukisa (87' Sava)
A disposizione: Gentile, Pellizzaro, D'Amore, Georgiadis, Kasza, Ovalle Santos
Allenatore: David Sassarini
ATALANTA U19 (4-3-1-2): Pardel; Ghezzi, Comi, Guerini, Armstrong (71' Simonetto); Martinelli (60' Vavassori), Riccio (71' Obric), Gariani (46' Manzoni); Bonanomi (71' Ragnoli Galli); Fiogbe, Vlahovic
A disposizione: Illipronti, Torriani, Chiggiato, Orlando, Jónsson, Arrigoni
Allenatore: Giovanni Bosi
ARBITRO: Dario Madonia
AMMONITI: 43' Gariani (A); 50' Alesi (S); 84' Simonetto (A); 88' Gomes Scarpino (S)
ESPULSI: nessuno

02/09/2023 ore 11:00
FROSINONE U19 - MONZA U19 2-3
Marcatori: 20' Lupinetti (M), 41' Mezsargs (F), 64' Ferizaj (Rig.) (F), 81' Ferraris (Rig.) (M), 85' Berretta (M)
FROSINONE U19 (4-3-1-2): Romano T.; Kamensek-Pahic, Severino, Macej, Stefanelli; Ferizaj, Cisse, Boccia (88' Fiorito); Milazzo (54' Stoyanov); Mezsargs (78' Panic), Voncina
A disposizione: Di Giosia, Rocci, Shkambaj, Amerighi, Romano R., Romano A., Molignano, Totti
Allenatore: Angelo Adamo Gregucci
MONZA U19 (3-4-1-2): Mazza; Graziano (70' Goffi), Brugarello, Cagia; Marras, Lupinetti (40' Berretta), Colombo, Zoppi (46' Dell'Acqua); Ferraris; Antunovic (85' Giubrone), Fernandes
A disposizione: Ciardi, Bagnaschi, Ravelli, De Crescenzo, Troise, Longhi, Nene
Allenatore:
ARBITRO: Enrico Gigliotti
AMMONITI: 9' Boccia (F); 19' Voncina (F); 23' Zoppi (M); 45+3' Ferraris (M); 61' Graziano (M); 90+3' Giubrone (M)
ESPULSI: nessuno

02/09/2023 ore 11:00
MILAN U19 - BOLOGNA U19 4-1
Marcatori: 13' Menegazzo (B), 47' Simic (M), 67' Sia (M), 77' Perrucci (M), 90' Perrucci (M)
MILAN U19 (4-3-3): Bartoccioni; Bakoune, Simic, Nsiala-Makengo, Bartesaghi (69' Magni); Malaspina, Eletu (69' Scotti), Zeroli; Cuenca Marti-

nez (69' Perrucci), Sia (75' Camarda), Bonomi (86' Liberali)
A disposizione: Raveyre, Parmiggiani, Jimenez, Paloschi, Mangioppi, Sala
Allenatore: Ignazio Abate
BOLOGNA U19 (4-2-3-1): Bagnolini; Mercier, Diop (75' Svoboda), Amey, Baroncioni; Rosetti, Byar; Bynoe (86' Idaro), Ravaglioli (60' Hodzic), Menegazzo (75' Mukelenge); Ebone (60' Mangiameli)
A disposizione: Pessina, Happonen, Carretti, Solda', Zilio, Schiavoni
Allenatore: Luca Vigiani
ARBITRO: Eugenio Scarpa
AMMONITI: 90+3' Baroncioni (B)
ESPULSI: nessuno

02/09/2023 ore 14:30
LAZIO U19 - VERONA U19 2-1
Marcatori: 27' Patane (V), 45' Sulejmani (L), 48' Di Tommaso (L)
LAZIO U19 (4-3-3): Magro; Bedini, Dutu, Ruggeri, Milani; Di Tommaso, Nazzarro, Napolitano (78' Cappelli); Balde (40' Sulejmani), Gonzalez, Fernandes (82' Petta)
A disposizione: Martinelli, Renzetti, Marini, Zazza, Serra, Tredicine, D'Alessandro, Urbano
Allenatore: Stefano Sanderra
VERONA U19 (3-4-1-2): Toniolo; Nwanege, Calabrese, Corradi (90+1' Valenti); Patane, D'Agostino (90+1' Pavanati), Dalla Riva (78' Agbonifo), Rigo; Cisse; Diao, Dentale (61' Vermesan)
A disposizione: Ravasio, Marchetti, De Battisti, Doucoure, Fagoni, Szimionas, Trevisan
Allenatore: Paolo Sammarco
ARBITRO: Luca Cherchi
AMMONITI: 36' Gonzalez (L); 36' Calabrese (V); 45+1' Nazzarro (L); 61' Napolitano (L); 66' D'Agostino (V); 90+5' Dutu (L)

ESPULSI: nessuno

02/09/2023 ore 16:30
CAGLIARI U19 - INTER U19 1-1
Marcatori: 31' Di Maggio (I), 61' Carboni (Rig.) (C)
CAGLIARI U19 (4-3-3): Iliev; Arba (76' Conti), Pintus, Catena, Idrissi; Balde, Carboni (76' Cogoni), Sulev Stoyanov (70' Caddeo); Konate (51' Casali), Mutandwa, Vinciguerra
A disposizione: Renna, Wodzicki, Franke, Deriu, Malfitano, Pulina, Achour
Allenatore: Fabio Pisacane
INTER U19 (4-3-3): Calligaris; Aidoo (78' Berenbruch), Stante, Maye (57' Guercio), Cocchi; Akinsanmiro, Stankovic, Di Maggio (70' Miconi); Sarr (46' Owusu), Spinacce, Quieto (70' Vedovati)
A disposizione: Raimondi, Mazzola, Motta, Ricordi, Zanchetta, Mosconi
Allenatore: Cristian Chivu
ARBITRO: Domenico Leone
AMMONITI: 35' Balde (C); 42' Maye (I); 48' Balde (C); 61' Stante (I); 77' Iliev (C)
ESPULSI: 48' Balde (C); 90' Stankovic (I)

03/09/2023 ore 11:00
EMPOLI U19 - ROMA U19 3-0
EMPOLI U19 (3-4-2-1): Seghetti; Stassin (66' Dragoner), Indragoli, Mannelli; Gaj (66' El Biache), Kaczmarski, Vallarelli, De Ferdinando (59' Barsi); Barsotti, Sodero (59' Corona); Nabian (59' Ansah Yeboh)
A disposizione: Vertua, Tosto, Pauliuc, Stoyanov, Bacciardi, Bocci
Allenatore: Alessandro Birindelli
ROMA U19 (3-4-2-1): Bellucci Marin; Chesti, Golic (26' Vetkal), Keramitsis (79' Plaia); Louakima (26' Costa Cesco; 79' Graziani), D'Alessio, Pisilli, Mannini (26' Ienco); Cherubini, Pagano; Misitano

A disposizione: Kehayov, Ivkovic, Guerrero, Bolzan, Alessio, Mlakar
Allenatore: Federico Guidi
ARBITRO: Andrea Calzavara
AMMONITI: 38' Ienco (R); 45+1' Costa Cesco (R); 75' Keramitsis (R); 81' Ienco (R); 89' Indragoli (E)
ESPULSI: 81' Ienco (R)

03/09/2023 ore 11:00
LECCE U19 - JUVENTUS U19 0-3
Marcatori: 67' Srdoc (J), 81' Anghele (J), 85' Scienza (J)
LECCE U19 (4-3-3): Lampinen-Skaug; Munoz, Pascalau, Addo, Adewale (83' Casolungue Lopez); McJannet, Vulturar, Samek (50' Gromek); Daka (71' Lukoki), Jemo (83' Vescan-Kodor), Johnson (71' Agrimi)
A disposizione: Herceg, Zivanovic, Dell'Acqua, Baxter, Borgo, Minerva
Allenatore: Federico Coppitelli
JUVENTUS U19 (3-4-2-1): Vinarcik; Martinez Crous, Gil Pulche, Domanico; Turco (83' Savio), Ripani, Owosu (63' Florea), Pagnucco; Anghele, Vacca (83' Scienza); Biggi (45' Srdoc)
A disposizione: Radu, Bassino, Scarpetta, Crapisto, Firman, Finocchiaro, Pugno
Allenatore: Paolo Montero
ARBITRO: Giuseppe Rispoli
AMMONITI: 13' Pascalau (L); 51' Vacca (J)
ESPULSI: nessuno

03/09/2023 ore 16:00
TORINO U19 - SASSUOLO U19 1-1
Marcatori: 2' Ciammaglichella (T), 36' Baldari (S)
TORINO U19 (4-3-3): Abati; Bianay Balcot, Rettore, Dellavalle, Antolini; Ciammaglichella (69' Franzoni), Ruszel, Silva (62' Dalla Vecchia); Savva (69' Longoni), Padula (82' Gabellini), Njie (82' Acar)
A disposizione: Brezzo,

Mendes, Keita, Muntu Wa Mungu, Mahari, Zaia
Allenatore: Giuseppe Scurto
SASSUOLO U19 (4-2-3-1): Theiner; Parlato (59' Seminari), Ioannou (59' Vezzosi), Cannavaro, Falasca; Leone (78' Caragea), Pigati; Cinquegrano, Knezovic (58' Anastasini), Baldari (90+1' Neophytou); Russo
A disposizione: Scacchetti, Piantedosi, Petrosino, Rovatti, Petito, Danciutiu
Allenatore: Emiliano Bigica
ARBITRO: Giorgio Bozzetto
AMMONITI: 28' Padula (T); 50' Cannavaro (S)
ESPULSI: nessuno

03/09/2023 ore 16:30
FIORENTINA U19 - GENOA U19 1-1
Marcatori: 53' Bornosuzov (Rig.) (G), 82' Caprini (F)
FIORENTINA U19 (4-2-3-1): Vannucchi; Vigiani (80' Spaggiari), Biagetti, Baroncelli, Scuderi (80' Braschi); Vitolo, Falconi (54' Harder); Fortini (53' Caprini), Rubino (70' Padilla), Denes; Sene
A disposizione: Caroti, Sadotti, Maggini, Elia, Ievoli, Guidobaldi
Allenatore: Daniele Galloppa
GENOA U19 (4-2-3-1): Calvani; Scaravilli, Pittino, Algueche, Meconi (73' Tosi); Arboscello, Palella (86' Sarpa); Fini, Papadopoulos (64' Papastylianou), Omar Abdiskakur (45' Romano); Bornosuzov (64' Ghirardello)
A disposizione: Consiglio, Abdellaoui, Barbini, Rossi, Gonçalinho, Thorsteinsson
Allenatore: Alessandro Agostini
ARBITRO: Francesco D'Eusanio
AMMONITI: 51' Baroncelli (F); 56' Arboscello (G); 67' Ghirardello (G); 68' Romano (G); 74' Ghirardello (G); 89' Denes (F)
ESPULSI: 74' Ghirardello (G)

3

Lecce U19	0
Lazio U19	0
Sassuolo U19	0
Milan U19	2
Atalanta U19	4
Cagliari U19	1
Inter U19	3
Fiorentina U19	1
Genoa U19	3
Verona U19	0
Monza U19	2
Torino U19	2
Bologna U19	1
Sampdoria U19	2
Roma U19	3
Frosinone U19	2
Juventus U19	2
Empoli U19	3

Tabellini

16/09/2023 ore 11:00
LECCE U19 - LAZIO U19 0-0
LECCE U19 (4-3-3): Lampinen-Skaug; Munoz, Pascalau, Smajlovic, Addo; McJannet, Vulturar, Minerva (80' Agrimi); Jemo (80' Samek), Vescan-Kodor (69' Helm), Lukoki (34' Daka)
A disposizione: Herceg, Casolungue Lopez, Zivanovic, Dell'Acqua, Gromek, Gueye, Borgo
Allenatore: Federico Coppitelli
LAZIO U19 (4-3-3): Magro; Bedini (87' Zazza), Ruggeri, Dutu, Petta; Napolitano (87' Nazzarro), Bordon, Di Tommaso; Gonzalez, Sulejmani (73' Yordanov), Fernandes (90+4' Cappelli)
A disposizione: Martinelli, Renzetti, Milani, Serra, Tredicine, D'Alessandro, Urbano

Allenatore: Stefano Sanderra
ARBITRO: Dario Madonia
AMMONITI: 50' Bordon (La); 54' Dutu (La); 72' Minerva (Le); 73' Daka (Le); 84' Bedini (La)
ESPULSI: nessuno

16/09/2023 ore 11:00
SASSUOLO U19 - MILAN U19 0-2
Marcatori: 36' Eletu (M), 88' Camarda (M)
SASSUOLO U19 (4-3-1-2): Theiner; Cinquegrano (46' Parlato), Ioannou, Cannavaro, Falasca; Abubakar (46' Seminari), Lipani (77' Knezovic), Leone; Caragea (46' Pigati); Baldari (66' Neophytou), Russo
A disposizione: Scacchetti, Piantedosi, Loeffen, Corradini, Lopes, Danciutiu
Allenatore: Emiliano Bigica
MILAN U19 (4-3-3): Bartoccioni; Bakoune, Simic, Nsiala-Makengo, Magni; Eletu (78' Perrucci), Malaspina, Zeroli; Cuenca Martinez (69' Scotti), Sia (69' Camarda), Bonomi (85' Sala)
A disposizione: Raveyre, Torriani, Parmiggiani, Jimenez, Nissen, Stalmach, Liberali
Allenatore: Ignazio Abate
ARBITRO: Gianluca Grasso
AMMONITI: 44' Bakoune (M); 63' Leone (S); 71' Camarda (M); 71' Bonomi (M); 90+1' Russo (S)
ESPULSI: nessuno

16/09/2023 ore 12:00
ATALANTA U19 - CAGLIARI U19 4-1
Marcatori: 30' Mutandwa (C), 50' Roaldsöy (A), 53' Bonanomi (A), 55' Vlahovic (A), 89' Vlahovic (A)
ATALANTA U19 (4-3-1-2): Pardel; Martinelli (81' Bordiga), Guerini, Comi, Regonesi (86' Obric); Roaldsöy (81' Gariani), Colombo, Manzoni; Bonanomi (81' Simonetto);

Fiogbe (67' Castiello), Vlaho-
vic
A disposizione: Sala, Tavan-
ti, Riccio, Armstrong, Orlan-
do, Ragnoli Galli
Allenatore: Giovanni Bosi
CAGLIARI U19 (4-3-3): Iliev;
Casali, Pintus, Catena, Arba
(59' Idrissi); Malfitano (59'
Marcolini), Carboni, Sulev
Stoyanov (75' Conti); Vinci-
guerra (75' Achour), Mutan-
dwa, Konate (59' Pulina)
A disposizione: Wodzicki,
Cogoni, Franke, Pasquale,
Caddeo
Allenatore: Fabio Pisacane
ARBITRO: Gioele Iacobellis
AMMONITI: 15' Vinciguerra
(C); 45' Konate (C); 47' Fiogbe
(A)
ESPULSI: nessuno

16/09/2023 ore 13:00

**INTER U19 - FIORENTINA
U19 3-1**
Marcatori: 8' Quieto (I), 16'
Sarr (Rig.) (I), 55' Berenbruch
(I), 87' Sene (F)
INTER U19 (4-3-3): Calliga-
ris, Aidoo (81' Motta), Stante,
Maye, Cocchi; Berenbruch,
Bovo (68' Zanchetta), Di
Maggio (59' Guercio); Kama-
te, Sarr (68' Spinacce), Quieto
(81' Diallo)
A disposizione: Tommasi,
Raimondi, Matjaz, Miconi, Ri-
cordi, Vedovati
Allenatore: Cristian Chivu
FIORENTINA U19 (3-4-2-1):
Vannucchi; Elia (45' Fortini),
Baroncelli, Biagetti; Vigiani
(59' Vitolo), Harder (71' Spag-
giari), Ievoli, Scuderi; Caprini
(82' Rubino), Padilla (59' Bra-
schi); Sene
A disposizione: Tognetti,
Sadotti, Maggini, Falconi, Mi-
gnani, Guidobaldi
Allenatore: Daniele Galloppa
ARBITRO: Bogdan Nicolae
Sfira
AMMONITI: 45' Baroncelli
(F); 83' Braschi (F)
ESPULSI: nessuno

17/09/2023 ore 11:00

**GENOA U19 - VERONA U19
3-0**
Marcatori: 54' Papadopou-
los (G), 76' Fini (G), 90' Omar
Abdiskakur (G)
GENOA U19 (4-3-3): Con-
siglio; Scaravilli, Pittino,
Algueche (53' Cisse), Meco-
ni; Arboscello (53' Kuavita),
Palella, Papadopoulos (83'
Rossi); Fini, Bornosuzov (83'
Papastylianou), Romano (71'
Omar Abdiskakur)
A disposizione: Boschi, Tosi,
Abdellaoui, Ferroni, Bosia,
Sarpa
Allenatore: Alessandro Ago-
stini
VERONA U19 (3-4-1-2): To-
niolo; Nwanege (77' Fagoni),
Calabrese, Corradi; Patane
(63' Valenti), D'Agostino
(90+2' Doucoure), Dalla Riva
(77' Szimionas), Rigo; Cisse;
Diao, Dentale (45' De Battisti)
A disposizione: Ravasio,
Ventura, Agbonifo, Trevisan,
Pavanati, Vermesan
Allenatore: Paolo Sammarco
ARBITRO: Andrea Ancora
AMMONITI: 44' Papadopou-
los (G); 44' Calabrese (V); 47'
Arboscello (G); 80' Palella
(G); 90+2' Scaravilli (G)
ESPULSI: 45' Rigo (V)

17/09/2023 ore 13:00

**MONZA U19 - TORINO U19
2-2**
Marcatori: 8' Rettore (T), 19'
Njie (T), 42' Ruszel (Aut.) (T),
73' Berretta (M)
MONZA U19 (4-3-1-2): Maz-
za; Zoppi, Cagia, Brugarello,
Ravelli (79' Marras); Giubro-
ne (61' Berretta), Colombo
(79' Arpino), Dell'Acqua (64'
Goffi); Ferraris; Antunovic,
Fernandes
A disposizione: Negri, Ba-
gnaschi, Capolupo, Troise,
Graziano, Maussi Martins,
Nene
Allenatore: Alessandro Lupi
TORINO U19 (4-3-3): Abati;
Bianay Balcot, Rettore, Del-
lavalle, Muntu Wa Mungu;
Dalla Vecchia, Ruszel, Silva

(74' Gabellini); Savva (86'
Marchioro), Padula (74' Lon-
goni), Njie (65' Franzoni)
A disposizione: Bellocci, De-
sole, Mendes, Mahari, Acar,
Galántai, Zaia
Allenatore: Giuseppe Scurto
ARBITRO: Giuseppe Vingo
AMMONITI: 28' Brugarello
(M); 64' Njie (T); 64' Cagia
(M); 88' Ferraris (M); 90+2'
Goffi (M)
ESPULSI: nessuno

17/09/2023 ore 15:00

**BOLOGNA U19 - SAMPDO-
RIA U19 1-2**
Marcatori: 8' Alesi (S), 34'
Diop (Rig.) (B), 90+3' Chilafi
(S)
BOLOGNA U19 (3-5-2): Ba-
gnolini; Svoboda, Diop, Mer-
cier; Byar, Rosetti, Bynoe,
Menegazzo (77' Ravaglioli),
Baroncioni; Mukelenge (67'
Hodzic), Mangiameli (87' To-
nin)
A disposizione: Pessina,
Happonen, Carretti, Nesi,
Schiavoni, Lai
Allenatore: Luca Vigiani
SAMPDORIA U19 (4-3-3):
Tantalocchi; Porzi, Costan-
tino, Buyla, Langella (54'
Porcu); Chilafi, Valisena (46'
D'Amore), Uberti (55' Conti);
Alesi, Polli, Ovalle Santos (55'
Dacourt)
A disposizione: Gentile, De-
vic, Ventre, Pozzato, Meloni,
Kasza, Gomes Scarpino
Allenatore: David Sassarini
ARBITRO: Marco Peletti
AMMONITI: 24' Buyla (S); 33'
Costantino (S); 90+4' Chilafi
(S)
ESPULSI: 90' Diop (B)

18/09/2023 ore 16:30

**ROMA U19 - FROSINONE
U19 3-2**
Marcatori: 13' Louakima (R),
22' Louakima (Aut.) (R), 48'
Misitano (R), 70' Cherubini
(R), 90' Amerighi (F)
ROMA U19 (3-4-3): Bellucci
Marin; Chesti, Golic, Keramit-
sis (67' Vetkal); Louakima,

D'Alessio, Pisilli (46' Pagano), Mannini; Costa Cesco (86' Graziani), Misitano (78' Bolzan), Cherubini (78' Alessio)

A disposizione: De Franceschi, Plaia, Ivkovic, Reale, Guerrero, Marazzotti

Allenatore: Federico Guidi

FROSINONE U19 (5-3-2): Avella; Kamensek-Pahic (46' Amerighi), Giunashvili, Macej, Lusuardi, Stefanelli (60' Dixon); Cisse (46' Ferizaj), Boccia (88' Totti), Milazzo; Mezsargs (78' Romano A.), Voncina

A disposizione: Lagonigro, Severino, Paura, Romano R., Molignano, Aromatico

Allenatore: Angelo Adamo Gregucci

ARBITRO: Marco Emmanuele

AMMONITI: 20' Cherubini (R); 21' Golic (R); 29' Milazzo (F); 37' Costa Cesco (R); 88' Boccia (F)

ESPULSI: nessuno

18/09/2023 ore 18:30

JUVENTUS U19 - EMPOLI U19 2-3

Marcatori: 29' Corona (E), 39' Corona (E), 41' Sodero (E), 45+1' Anghele (Rig.) (J), 51' Vacca (Rig.) (J)

JUVENTUS U19 (3-4-2-1): Vinarcik; Martinez Crous, Domanico (62' Finocchiaro), Gil Pulche; Turco (58' Savio), Ripani (46' Florea), Owosu, Pagnucco; Scienza (46' Vacca), Anghele; Srdoc (80' Pugno)

A disposizione: Radu, Bassino, Scarpetta, Ngana, Firman, Giorgi

Allenatore: Paolo Montero

EMPOLI U19 (3-4-2-1): Seghetti; Mannelli, Dragoner, Indragoli; Gaj, Kaczmarski, Bacci, Barsi; Sodero (62' Nabian), Vallarelli; Corona (90' Stassin)

A disposizione: Vertua, Majdandzic, De Ferdinando, Pauliuc, Stoyanov, Bacciardi, El Biache, Bocci, Ansah Yeboh

Allenatore: Alessandro Birindelli

ARBITRO: Luca Cherchi

AMMONITI: 18' Owosu (J); 44' Domanico (J); 50' Dragoner (E); 56' Turco (J); 71' Seghetti (E); 75' Anghele (J); 81' Pagnucco (J); 89' Vallarelli (E); 89' Owosu (J); 90+4' Bacci (E)

ESPULSI: 89' Owosu (J)

4

Monza U19	3
Genoa U19	3
Verona U19	1
Bologna U19	1
Lazio U19	1
Sassuolo U19	0
Sampdoria U19	2
Lecce U19	2
Milan U19	3
Juventus U19	0
Cagliari U19	1
Fiorentina U19	0
Empoli U19	1
Atalanta U19	1
Frosinone U19	1
Inter U19	2
Torino U19	1
Roma U19	1

Tabellini

22/09/2023 ore 16:00

MONZA U19 - GENOA U19 3-3

Marcatori: 22' Ferraris (M), 27' Papadopoulos (G), 31' Antunovic (M), 40' Papadopoulos (G), 80' Ferraris (M), 89' Sarpa (G)

MONZA U19 (4-3-1-2): Mazza; Zoppi (68' Kassama), Cagia, Brugarello, Ravelli (46' Goffi); Lupinetti (87' Arpino), Colombo, Dell'Acqua; Ferraris; Antunovic (77' Marras), Fernandes

A disposizione: Negri, Bagnaschi, De Crescenzo, Berretta, Graziano, Maussi Martins, Nene

Allenatore: Alessandro Lupi

GENOA U19 (4-2-3-1): Consiglio; Scaravilli (84' Abdellaoui), Pittino, Cisse, Sarpa; Kuavita (56' Arboscello), Palella (84' Papastylianou); Fini, Papadopoulos, Romano (56' Ghirardello); Bornosuzov (75' Omar Abdiskakur)

A disposizione: Bertini, Tosi, Ferroni, Bosia, Algueche, Rossi

Allenatore: Alessandro Agostini

ARBITRO: Marco Emmanuele

AMMONITI: 18' Ferraris (M); 32' Zoppi (M); 41' Ravelli (M); 64' Cisse (G); 66' Brugarello (M); 66' Kassama (M); 90+2' Colombo (M); 90+1' Papadopoulos (G); 90+3' Pittino (G)

ESPULSI: nessuno

22/09/2023 ore 18:00

VERONA U19 - BOLOGNA U19 1-1

Marcatori: 13' Diao (V), 71' Byar (B)

VERONA U19 (3-4-1-2): Toniolo; Nwanege, Calabrese, Corradi; Patane (83' Szimionas), D'Agostino (90+1' Ventura), Dalla Riva, De Battisti; Cisse; Diao, Vermesan

A disposizione: Ravasio, Marchetti, Doucoure, Caneva, Fagoni, Agbonifo, Trevisan, Pavanati, Valenti

Allenatore: Paolo Sammarco

BOLOGNA U19 (4-2-3-1): Bagnolini; Mercier, Svoboda (46' Ravaglioli), Hodzic (90+7' Nesi), Baroncioni; Rosetti, Bynoe (20' Carretti); Mukelenge, Byar, Menegazzo; Mangiameli (78' Tonin)

A disposizione: Pessina, De Falco, Idaro, Schiavoni, Lai, Cesari, Busato

Allenatore: Luca Vigiani

ARBITRO: Davide Gandino

AMMONITI: 23' Rosetti (B); 44' Vermesan (V); 45+1' Vermesan (V); 45+3' Svoboda (B); 54' D'Agostino (V); 75' Hodzic (B); 90+4' Calabrese (V)

ESPULSI: 45' Vermesan (V)

23/09/2023 ore 11:00

LAZIO U19 - SASSUOLO U19 1-0

Marcatori: 90+5' Dutu (L)

LAZIO U19 (4-3-3): Magro; Bedini, Ruggeri, Dutu, Milani; Napolitano (56' Yordanov), Bordon (90' Nazzarro), Di Tommaso; Gonzalez, Sulejmani (79' Cappelli), Serra

A disposizione: Martinelli, Renzetti, Petta, Marini, Zazza, Farcomeni, Bigotti, Urbano

Allenatore: Stefano Sanderra

SASSUOLO U19 (4-3-1-2): Scacchetti; Parlato, Loeffen (75' Ioannou), Cannavaro, Falasca; Seminari (89' Caragea), Lipani, Leone (76' Pigati); Knezovic (76' Piantedosi); Baldari (63' Cinquegrano), Russo

A disposizione: Zouaghi, Corradini, Okojie, Lopes, Rovatti, Neophytou

Allenatore: Emiliano Bigica

ARBITRO: Matteo Centi

AMMONITI: 11' Falasca (S); 22' Napolitano (L); 23' Gonzalez (L); 24' Leone (S); 24' Cannavaro (S); 61' Falasca (S); 68' Loeffen (S); 79' Bedini (L); 90+2' Piantedosi (S); 90+4' Parlato (S)

ESPULSI: 61' Falasca (S)

23/09/2023 ore 11:00

SAMPDORIA U19 - LECCE U19 2-2

Marcatori: 31' Daka (Rig.) (L), 41' Chilafi (S), 57' Polli (Rig.) (S), 90+2' Pascalau (L)

SAMPDORIA U19 (4-3-3): Scardigno; Porzi, D'Amore, Costantino, Langella; Conti (66' Uberti), Valisena (75' Ovalle Santos), Alesi (80' Lotjonen); Chilafi, Polli, Ntanda Lukisa (75' Buyla)

A disposizione: Gentile, De-

vic, Ventre, Balduzzi, Kasza, Dacourt, Gomes Scarpino

Allenatore: David Sassarini

LECCE U19 (4-3-3): Lampinen-Skaug; Munoz (76' Bruhn), Pascalau, Smajlovic, Addo (33' Casolungue Lopez); McJannet, Vulturar, Baxter (61' Minerva); Daka, Vescan-Kodor (76' Johnson), Jemo

A disposizione: Leone, Herceg, Zivanovic, Adewale, Dell'Acqua, Agrimi, Lukoki

Allenatore: Federico Coppitelli

ARBITRO: Dario Di Francesco

AMMONITI: 23' Munoz (L); 49' Casolungue Lopez (L); 52' Vulturar (L); 55' Vulturar (L); 59' Polli (S); 78' Buyla (S); 81' Casolungue Lopez (L); 90+3' Bruhn (L); 90+2' Dell'Acqua (L)

ESPULSI: 55' Vulturar (L); 72' Langella (S); 81' Casolungue Lopez (L)

23/09/2023 ore 13:00

MILAN U19 - JUVENTUS U19 3-0

Marcatori: 43' Bonomi (M), 44' Scotti (M), 45+1' Bonomi (M)

MILAN U19 (4-3-3): Bartoccioni; Bakoune (57' Nissen), Simic, Nsiala-Makengo, Magni; Malaspina (77' Camarda), Eletu (67' Perrucci), Zeroli; Scotti (57' Jimenez), Sia, Bonomi (57' Stalmach)

A disposizione: Raveyre, Torriani, Parmiggiani, Sala, Liberali, Traore

Allenatore: Ignazio Abate

JUVENTUS U19 (3-4-2-1): Vinarcik; Martinez Crous, Domanico (46' Bassino), Gil Pulche (54' Boufandar); Turco, Ripani, Florea (75' Biggi), Pagnucco; Anghele, Vacca (54' Finocchiaro); Pugno (67' Scienza)

A disposizione: Radu, Savio, Scarpetta, Ngana, Crapisto, Firman

Allenatore: Paolo Montero

ARBITRO: Gabriele Scatena

AMMONITI: 1' Nsiala-Ma-

kengo (M); 33' Scotti (M); 49' Nsiala-Makengo (M); 58' Ripani (J); 77' Ripani (J); 82' Anghele (J); 87' Bassino (J)

ESPULSI: 49' Nsiala-Makengo (M); 77' Ripani (J)

23/09/2023 ore 15:00

CAGLIARI U19 - FIORENTINA U19 1-0

Marcatori: 49' Vinciguerra (C)

CAGLIARI U19 (4-3-1-2): Iliev; Arba, Cogoni, Catena, Idrissi; Sulev Stoyanov (69' Caddeo), Marcolini, Conti (57' Balde); Carboni (27' Pulina); Mutandwa, Vinciguerra (69' Achour)

A disposizione: Wodzicki, Pintus, Franke, Pasquale, Casali, Malfitano, Konate

Allenatore: Michele Filippi

FIORENTINA U19 (4-3-1-2): Vannucchi; Vigiani, Biagetti, Baroncelli (46' Romani), Scuderi (53' Fortini); Vitolo, Ievoli (53' Rubino), Harder; Falconi (67' Denes); Braschi (76' Sene), Caprini

A disposizione: Tognetti, Maggini, Elia, Mignani, Guidobaldi, Padilla

Allenatore: Daniele Galloppa

ARBITRO: Mattia Ubaldi

AMMONITI: 30' Caprini (F); 51' Pulina (C); 54' Conti (C); 62' Falconi (F); 85' Iliev (C)

ESPULSI: nessuno

23/09/2023 ore 15:00

EMPOLI U19 - ATALANTA U19 1-1

Marcatori: 59' Vlahovic (A), 67' Corona (E)

EMPOLI U19 (3-4-2-1): Seghetti; Dragoner (46' Stassin), Indragoli, Mannelli; Barsi (52' De Ferdinando), Vallarelli, Kaczmarski, Gaj (72' Majdandzic); Sodero (46' Bacci), Nabian (72' Ansah Yeboh); Corona

A disposizione: Vertua, Pauliuc, Stoyanov, El Biache, Bocci, Benyahia-Tani

Allenatore: Alessandro Birindelli

ATALANTA U19 (4-3-1-2): Pardel; Ghezzi, Comi, Guerini (72' Fiogbe), Simonetto; Martinelli, Riccio (72' Vavassori), Manzoni; Bonanomi; Vlahovic (87' Capac), Castiello (72' Gariani)

A disposizione: Illipronti, Sala, Obric, Chiggiato, Tornaghi, Armstrong, Cassa

Allenatore: Giovanni Bosi

ARBITRO: Francesco Zago

AMMONITI: 20' Dragoner (E); 31' Comi (A); 36' Barsi (E); 66' Simonetto (A); 75' Gariani (A)

ESPULSI: nessuno

24/09/2023 ore 10:30

FROSINONE U19 - INTER U19 1-2

Marcatori: 13' Kamate (I), 54' Di Maggio (Rig.) (I), 67' Boccia (F)

FROSINONE U19 (4-3-3): Avella; Severino, Lusuardi, Macej (62' Paura), Giunashvili (46' Amerighi); Boccia, Cisse (68' Milazzo), Ferizaj (82' Cichero); Mezsargs (68' Aromatico), Voncina, Dixon

A disposizione: Lagonigro, Stefanelli, Romano A., Molignano, Totti, Antoci

Allenatore: Angelo Adamo Gregucci

INTER U19 (4-3-3): Raimondi; Aidoo (79' Guercio), Stante, Matjaz, Motta (68' Cocchi); Berenbruch, Bovo (79' Ricordi), Di Maggio; Kamate, Spinacce (68' Sarr), Quieto (68' Vedovati)

A disposizione: Calligaris, Maye, Miconi, Mazzola, De Pieri, Diallo

Allenatore: Cristian Chivu

ARBITRO: Fabio Rosario Luongo

AMMONITI: 44' Bovo (I); 45+1' Macej (F); 78' Matjaz (I); 79' Amerighi (F); 84' Paura (F); 90+2' Guercio (I); 90+2' Voncina (F)

ESPULSI: nessuno

24/09/2023 ore 15:00

TORINO U19 - ROMA U19 1-1

Marcatori: 26' Padula (T), 90+5' Keramitsis (R)

TORINO U19 (4-3-3): Abati; Bianay Balcot, Rettore, Dellavalle, Muntu Wa Mungu; Dalla Vecchia, Ruszel, Silva (64' Ciammaglichella); Savva (71' Franzoni), Padula (71' Longoni), Njie (80' Acar)

A disposizione: Bellocci, Mendes, Keita, Mahari, Gabellini, Zaia, Marchioro

Allenatore: Giuseppe Scurto

ROMA U19 (3-4-2-1): Bellucci Marin; Keramitsis, Chesti (46' Oliveras), Golic; Louakima, D'Alessio (46' Vetkal), Pisilli, Mannini (72' Marazzotti); Costa Cesco, Cherubini (69' Graziani); Misitano (46' Alessio)

A disposizione: Marcaccini, Plaia, Ienco, Ivkovic, Guerrero, Bolzan

Allenatore: Federico Guidi

ARBITRO: Roberto Lovison

AMMONITI: 0' D'Alessio (R); 20' Misitano (R); 45+2' Rettore (T); 66' Vetkal (R); 75' Keramitsis (R); 80' Njie (T); 86' Graziani (R); 90+3' Bianay Balcot (T); 90+2' Graziani (R)

ESPULSI: 90' Graziani (R)

5

GIORNATA

Inter U19	4
Torino U19	0
Genoa U19	1
Lazio U19	2
Lecce U19	1
Monza U19	1
Fiorentina U19	1
Milan U19	1
Roma U19	3
Sampdoria U19	1

Cagliari U19	1
Bologna U19	0
Empoli U19	4
Frosinone U19	0
Atalanta U19	2
Sassuolo U19	3
Juventus U19	2
Verona U19	3

Tabellini

29/09/2023 ore 16:00

INTER U19 - TORINO U19 4-0

Marcatori: 13' Di Maggio (Rig.) (I), 35' Kamate (I), 41' Kamate (I), 54' Berenbruch (I)

INTER U19 (4-3-3): Calligaris; Aidoo, Stante, Matjaz (78' Miconi), Motta (59' Maye); Berenbruch (74' De Pieri), Bovo, Di Maggio (74' Ricordi); Kamate, Spinacce, Quieto (60' Diallo)

A disposizione: Tommasi, Zamarian, Guercio, Vedovati, Mosconi

Allenatore: Cristian Chivu

TORINO U19 (4-3-3): Abati; Bianay Balcot, Rettore, Dellavalle (76' Mendes), Antolini; Ciammaglichella (59' Longoni), Ruszel (60' Dalla Vecchia), Silva (64' Acar); Savva, Padula (59' Franzoni), Njie

A disposizione: Bellocci, Desole, Muntu Wa Mungu, Mahari, Gabellini, Marchioro

Allenatore: Giuseppe Scurto

ARBITRO: Niccolo Turrini

AMMONITI: 44' Padula (T); 58' Ruszel (T)

ESPULSI: nessuno

30/09/2023 ore 11:00

GENOA U19 - LAZIO U19 1-2

Marcatori: 8' Sarpa (G), 27' Cisse (Aut.) (G), 52' Gonzalez (L)

GENOA U19 (4-2-3-1): Consiglio; Scaravilli, Pittino, Cisse, Sarpa (73' Tosi); Arboscello, Kuavita; Fini, Papadopoulos (78' Bornosuzov), Omar Abdiskakur; Ghirardello (64' Papastylianou)

A disposizione: Bertini, Abdellaoui, Ferroni, Barbini, Bosia, Algueche, Rossi, Natale
Allenatore: Alessandro Agostini
LAZIO U19 (4-3-3): Magro; Bedini, Ruggeri, Dutu, Milani (85' Petta); Napolitano, Bordon, Di Tommaso; Yordanov (70' Cappelli), Gonzalez (80' Sulejmani), Fernandes
A disposizione: Renzetti, Marini, Zazza, Nazzarro
Allenatore: Stefano Sanderra
ARBITRO: Lorenzo Maccarini
AMMONITI: 36' Arboscello (G); 41' Yordanov (L); 49' Omar Abdiskakur (G); 51' Pittino (G); 54' Napolitano (L); 74' Dutu (L); 78' Gonzalez (L); 90+2' Scaravilli (G)
ESPULSI: nessuno

30/09/2023 ore 11:00
LECCE U19 - MONZA U19 1-1
Marcatori: 27' Marras (M), 90+1' Jemo (L)
LECCE U19 (3-5-2): Lampinen-Skaug; Zivanovic (34' Addo), Pascalau, Smajlovic; Munoz (57' Minerva), McJannet, Samek (71' Baxter), Faticanti, Agrimi (79' Johnson); Bruhn (46' Jemo), Vescan-Kodor
A disposizione: Leone, Davis, Adewale, Daka, Gueddar, Lukoki
Allenatore: Federico Coppitelli
MONZA U19 (4-2-3-1): Mazza; Ravelli (46' Kassama), Cagia, Brugarello, Dell'Acqua; Lupinetti (89' Arpino), Colombo; Marras (74' Giubrone), Fernandes (79' Nene), Ferraris; Goffi (89' Maussi Martins)
A disposizione: Negri, Bagnaschi, De Crescenzo, Berretta, Graziano, Antunovic
Allenatore: Alessandro Lupi
ARBITRO: Felipe Salvatore Viapiana
AMMONITI: 16' Marras (M); 26' Ravelli (M); 83' Nene (M);

83' Mazza (M)
ESPULSI: nessuno

30/09/2023 ore 13:00
FIORENTINA U19 - MILAN U19 1-1
Marcatori: 43' Eletu (M), 67' Rubino (Rig.) (F)
FIORENTINA U19 (3-4-2-1): Martinelli; Romani (63' Elia), Baroncelli, Biagetti; Vigiani, Harder (32' Gudelevicius), Vitolo, Denes (63' Padilla); Braschi (68' Guidobaldi), Rubino; Caprini
A disposizione: Tognetti, Sadotti, Maggini, Fortini, Mignani, Scuderi, Spaggiari
Allenatore: Daniele Galloppa
MILAN U19 (4-3-3): Bartoccioni; Bakoune (59' Jimenez), Nissen, Simic, Magni; Stalmach (59' Perrucci), Eletu (81' Malaspina), Zeroli; Scotti, Camarda (71' Bonomi), Sia (81' Perina)
A disposizione: Raveyre, Torriani, Parmiggiani, Paloschi, Sala, Liberali
Allenatore: Ignazio Abate
ARBITRO: Ermes Fabrizio Cavaliere
AMMONITI: 21' Rubino (F); 29' Bakoune (M); 61' Eletu (M); 78' Biagetti (F); 82' Gudelevicius (F)
ESPULSI: nessuno

02/10/2023 ore 14:00
ROMA U19 - SAMPDORIA U19 3-1
Marcatori: 33' Lemina (S), 47' Keramitsis (R), 77' Marazzotti (R), 90+1' Cherubini (R)
ROMA U19 (4-3-2-1): Bellucci Marin; Louakima (70' Ivkovic), Golic, Keramitsis, Ienco; Pagano (61' Marazzotti), Vetkal, Pisilli (61' D'Alessio); Guerrero (46' Mannini), Cherubini; Misitano (46' Alessio)
A disposizione: Marcaccini, Plaia, Cichella, Reale, Bolzan, Mlakar
Allenatore: Federico Guidi
SAMPDORIA U19 (4-3-3): Scardigno; Porzi, Lotjonen,

Costantino, Porcu; Conti (61' Djalti), Valisena (61' Dacourt), Alesi; Chilafi (80' Gomes Scarpino), Polli (80' Devic), Lemina (54' Ntanda Lukisa)
A disposizione: Gentile, Pellizzaro, Buyla, Balduzzi, Uberti, Pozzato
Allenatore: David Sassarini
ARBITRO: Fabrizio Ramondino
AMMONITI: 73' Djalti (S); 82' Lotjonen (S)
ESPULSI: nessuno

01/10/2023 ore 13:00
CAGLIARI U19 - BOLOGNA U19 1-0
Marcatori: 79' Pulina (C)
CAGLIARI U19 (4-3-1-2): Iliev; Arba, Cogoni, Catena, Idrissi; Sulev Stoyanov (67' Caddeo), Conti (55' Balde; 89' Malfitano), Marcolini; Pulina (89' Ardau); Konate (56' Achour), Vinciguerra
A disposizione: Wodzicki, Pintus, Franke, Pasquale, Casali, Mutandwa
Allenatore: Fabio Pisacane
BOLOGNA U19 (4-2-3-1): Bagnolini; Carretti (84' Ravaglioli), Svoboda, Mercier, Baroncioni; Hodzic (84' Amey), Rosetti; Mukelenge (46' Cesari), Byar, Menegazzo (90+2' Busato); Mangiameli
A disposizione: Pessina, Barra, Nesi, Idaro, Schiavoni, Lai, Tonin
Allenatore: Luca Vigiani
ARBITRO: Simone Gavini
AMMONITI: 33' Baroncioni (B); 57' Balde (C)
ESPULSI: nessuno

01/10/2023 ore 13:00
EMPOLI U19 - FROSINONE U19 4-0
Marcatori: 17' Corona (E), 35' Corona (E), 47' Nabian (E), 49' Sodero (E)
EMPOLI U19 (4-3-1-2): Seghetti; Barsi, Stassin, Indragoli, Mannelli (73' Majdandzic); Vallarelli (27' De Ferdinando), Bacci (73' Stoyanov), Kaczmarski; So-

dero (73' Ansah Yeboh); Corona (60' Bocci), Nabian

A disposizione: Vertua, Gaj, Tosto, Dragoner, El Biache, Benyahia-Tani

Allenatore: Alessandro Birindelli

FROSINONE U19 (4-3-3): Avella; Kamensek-Pahic, Paura (86' Stefanelli), Macej (46' Severino), Giunashvili; Boccia, Cisse, Milazzo (80' Stoyanov); Mezsargs (67' Antoci), Voncina (46' Cichero), Dixon

A disposizione: Lagonigro, Amerighi, Romano R., Romano A., Molignano, Totti

Allenatore: Angelo Adamo Gregucci

ARBITRO: Filippo Giaccaglia

AMMONITI: 15' Giunashvili (F); 40' Stassin (E); 65' Sodero (E); 69' Bacci (E)

ESPULSI: nessuno

02/10/2023 ore 16:00

ATALANTA U19 - SASSUOLO U19 2-3

Marcatori: 21' Bonanomi (A), 28' Knezovic (S), 34' Cinquegrano (S), 50' Knezovic (S), 89' Manzoni (A)

ATALANTA U19 (4-3-1-2): Pardel; Martinelli, Guerini, Comi (46' Tornaghi), Simonetto (63' Obric); Manzoni, Riccio (63' Fiogbe), Colombo; Bonanomi (77' Cassa); Vavassori (46' Capac), Castiello

A disposizione: Sala, Chiggiato, Armstrong, Orlando, Gariani, Bevilacqua

Allenatore: Giovanni Bosi

SASSUOLO U19 (4-3-1-2): Theiner; Parlato, Loeffen (77' Corradini), Cannavaro, Cinquegrano; Leone, Pigati (70' Lopes), Lipani; Knezovic (69' Bruno); Neophytou (70' Baldari), Russo

A disposizione: Scacchetti, Piantedosi, Ioannou, Okojie, Petrosino, Rovatti, Caragea

Allenatore: Emiliano Bigica

ARBITRO: Gabriele Sacchi

AMMONITI: 79' Lopes (S)

ESPULSI: nessuno

02/10/2023 ore 18:00

JUVENTUS U19 - VERONA U19 2-3

Marcatori: 19' Anghele (J), 47' Calabrese (V), 54' Anghele (Rig.) (J), 57' Diao (V), 59' Nwanege (V)

JUVENTUS U19 (3-4-2-1): Vinarcik; Martinez Crous, Bassino, Gil Pulche; Turco (60' Savio), Owosu (60' Boufandar), Florea, Pagnucco (73' Firman); Finocchiaro (55' Vacca), Anghele; Pugno (73' Crapisto)

A disposizione: Zelezny Radoslaw, Domanico, Scarpetta, Grosso, Ngana, Giorgi

Allenatore: Paolo Montero

VERONA U19 (3-4-2-1): Toniolo; Nwanege, Calabrese, Corradi; Patane, D'Agostino (83' Ventura), Dalla Riva (74' Szimionas), Rigo (10' De Battisti); Pavanati (83' Valenti), Cisse; Diao

A disposizione: Ravasio, Doucoure, Fagoni, Agbonifo, Minnocci, Trevisan, Dentale

Allenatore: Paolo Sammarco

ARBITRO: Mattia Drigo

AMMONITI: 0' Florea (J); 44' Calabrese (V); 52' Diao (V); 59' Minnocci (V); 62' Savio (J)

ESPULSI: nessuno

6

Frosinone U19	0
Fiorentina U19	1
Sassuolo U19	3
Roma U19	2
Sampdoria U19	1
Inter U19	1
Verona U19	0
Empoli U19	0
Monza U19	2
Cagliari U19	4
Milan U19	3
Atalanta U19	1
Lazio U19	0
Juventus U19	0
Bologna U19	0
Genoa U19	1
Torino U19	6
Lecce U19	1

07/10/2023 ore 11:00

FROSINONE U19 - FIORENTINA U19 0-1

Marcatori: 85' Spaggiari (Fi)

FROSINONE U19 (4-3-1-2): Avella; Severino, Kamensek-Pahic, Paura, Giunashvili; Romano R. (78' Amerighi), Cisse (83' Antoci), Milazzo; Boccia; Dixon (50' Voncina), Mezsargs (78' Stefanelli)

A disposizione: Lagonigro, Rocci, Shkambaj, Molignano, Totti, Aromatico, Fiorito

Allenatore: Angelo Adamo Gregucci

FIORENTINA U19 (3-4-2-1): Tognetti; Sadotti, Biagetti (59' Maggini), Romani; Vigiani (59' Spaggiari), Gudelevicius (46' Harder), Vitolo, Denes; Rubino, Guidobaldi (59' Sene); Caprini (82' Braschi)

A disposizione: Leonardelli, Maggini, Elia, Fortini, Mignani, Scuderi, Padilla

Allenatore: Daniele Galloppa

ARBITRO: Andrea Zanotti

AMMONITI: 65' Maggini (Fi); 86' Harder (Fi)

ESPULSI: espulso l'allenatore Angelo Adamo Gregucci (Frosinone U19)

07/10/2023 ore 11:00

SASSUOLO U19 - ROMA U19 3-2

Marcatori: 4' Neophytou (S), 13' Mannini (R), 21' Russo (Rig.) (S), 40' Knezovic (S), 44' Graziani (R)

SASSUOLO U19 (4-3-3): Theiner; Cinquegrano, Lo-

effen (89' Corradini), Cannavaro, Falasca; Leone (76' Caragea), Pigati (89' Lopes), Lipani; Knezovic (64' Rovatti), Russo, Neophytou (64' Kumi)
A disposizione: Scacchetti, Piantedosi, Ioannou, Parlato, Petrosino, Baldari
Allenatore: Emiliano Bigica
ROMA U19 (4-3-3): Bellucci Marin; Keramitsis (83' Plaia), Golic, Ienco (83' Reale), D'Alessio; Graziani (63' Marazzotti), Vetkal, Mannini; Guerrero (70' Ivkovic), Misitano (70' Mlakar), Cherubini
A disposizione: Kehayov, Marcaccini, Feola, Cichella, Nardozi, Bolzan
Allenatore: Federico Guidi
ARBITRO: Andrea Zoppi
AMMONITI: 20' Bellucci Marin (R); 40' Keramitsis (R); 53' Russo (S); 69' Leone (S); 72' D'Alessio (R); 79' Cinquegrano (S); 79' Loeffen (S); 90+4' Corradini (S)
ESPULSI: nessuno

07/10/2023 ore 13:00
SAMPDORIA U19 - INTER U19 1-1
Marcatori: 63' Polli (S), 83' Sarr (Rig.) (I)
SAMPDORIA U19 (4-3-3): Scardigno; Porzi, Pellizzaro, Buyla, Langella; Conti, Valisena (80' Uberti), Alesi; Chilafi, Polli, Lemina (80' Ntanda Lukisa)
A disposizione: Gentile, Porcu, Costantino, Devic, Ventre, Cavallaro, Pozzato, Meloni, Leonardi
Allenatore: David Sassarini
INTER U19 (4-3-3): Calligaris; Aidoo, Stankovic, Maye, Cocchi (79' Motta); Akinsanmiro (89' Zuberek), Bovo, Di Maggio (79' Vedovati); Kamate (59' Berenbruch), Sarr, Quieto (79' Spinacce)
A disposizione: Raimondi, Stante, Guercio, Miconi, Mazzola, Ricordi
Allenatore: Cristian Chivu
ARBITRO: Michele Delrio
AMMONITI: 10' Langella (S);

24' Di Maggio (I); 61' Aidoo (I); 71' Valisena (S); 74' Sarr (I)
ESPULSI: nessuno

07/10/2023 ore 15:00
VERONA U19 - EMPOLI U19 0-0
VERONA U19 (3-4-1-2): Toniolo; Nwanege, Corradi, Doucoure; Patane (89' Agbonifo), D'Agostino, Dalla Riva (65' Dentale), De Battisti; Pavanati (83' Szimionas); Cisse, Diao (89' Vermesan)
A disposizione: Ravasio, Fagoni, Eyeh, Ventura, Minnocci, Trevisan, Valenti
Allenatore: Paolo Sammarco
EMPOLI U19 (3-4-2-1): Stubljar; Stassin (64' Dragoner), Indragoli, Mannelli; Gaj, Kaczmarski (58' Vallarelli), Bacci, Barsi; Sodero (58' Nabian), El Biache (46' Barsotti); Corona (84' Ansah Yeboh)
A disposizione: Seghetti, Majdandzic, Falcusan, Tosto, Stoyanov, Bocci
Allenatore: Alessandro Birindelli
ARBITRO: Bogdan Nicolae Sfira
AMMONITI: 31' Stassin (E); 33' Dalla Riva (V); 44' Mannelli (E); 45' Gaj (E); 79' Nwanege (V)
ESPULSI: nessuno

07/10/2023 ore 15:00
MONZA U19 - CAGLIARI U19 2-4
Marcatori: 7' Vinciguerra (C), 23' Vinciguerra (C), 34' Lupinetti (M), 57' Konate (Rig.) (C), 73' Lupinetti (M), 90+2' Achour (C)
MONZA U19 (4-2-3-1): Mazza; Kassama, Cagia (31' Zoppi; 66' Nene), Brugarello, Dell'Acqua; Lupinetti, Colombo; Marras, Fernandes, Ferraris; Goffi (64' Berretta)
A disposizione: Bifulco, Bagnaschi, Ravelli, Capolupo, Arpino, Giubrone, Graziano, Maussi Martins
Allenatore: Alessandro Lupi
CAGLIARI U19 (4-3-1-2):

Iliev; Arba, Cogoni, Catena, Idrissi; Caddeo (40' Balde), Marcolini, Malfitano (84' Conti); Pulina (69' Carboni); Konate (69' Mutandwa), Vinciguerra (84' Achour)
A disposizione: Wodzicki, Pintus, Franke, Pasquale, Casali, Sulev Stoyanov
Allenatore: Fabio Pisacane
ARBITRO: Emanuele Frascaro
AMMONITI: 21' Cagia (M); 36' Caddeo (C); 40' Zoppi (M); 57' Brugarello (M); 70' Balde (C); 90+3' Marras (M); 90+3' Mazza (M); 90+5' Dell'Acqua (M); 90+1' Conti (C)
ESPULSI: 80' Nene (M)

08/10/2023 ore 11:00
MILAN U19 - ATALANTA U19 3-1
Marcatori: 38' Vlahovic (A), 67' Eletu (M), 71' Zeroli (M), 89' Zeroli (M)
MILAN U19 (4-3-3): Bartoccioni; Bakoune, Simic, Nsiala-Makengo, Jimenez (72' Magni); Stalmach (58' Scotti), Eletu, Zeroli; Bonomi (81' Malaspina), Camarda (72' Traore), Perrucci (58' Sia)
A disposizione: Raveyre, Torriani, Parmiggiani, Nissen, Sala
Allenatore: Ignazio Abate
ATALANTA U19 (4-3-1-2): Pardel; Ghezzi, Guerini, Obric (74' Manzoni), Regonesi; Martinelli (74' Cassa), Colombo (81' Capac), Mendicino; Bonanomi (65' Bordiga); Castiello (64' Vavassori), Vlahovic
A disposizione: Sala, Tavanti, Tornaghi, Riccio, Gariani, Fiogbe
Allenatore: Giovanni Bosi
ARBITRO: Andrea Bordin
AMMONITI: 48' Zeroli (M); 57' Stalmach (M); 57' Guerini (A); 63' Obric (A); 73' Sia (M)
ESPULSI: nessuno

08/10/2023 ore 13:00
LAZIO U19 - JUVENTUS U19 0-0
LAZIO U19 (4-3-3): Magro;

Bedini, Ruggeri, Dutu, Milani; Napolitano, Bordon (76' Nazzarro), Di Tommaso (86' Cappelli); Yordanov (64' D'Agostini), Gonzalez, Fernandes (86' Serra)

A disposizione: Renzetti, Petta, Marini, Farcomeni, Tredicine, Sulejmani, Bigotti
Allenatore: Stefano Sanderra

JUVENTUS U19 (3-4-2-1): Vinarcik; Martinez Crous, Bassino, Gil Pulche; Turco (46' Savio), Florea, Ripani (54' Owosu), Pagnucco (80' Firman); Anghele, Vacca (65' Scienza); Pugno (65' Biggi)

A disposizione: Zelezny Radoslaw, Domanico, Boufandar, Ngana, Crapisto, Giorgi
Allenatore: Paolo Montero
ARBITRO: Valerio Crezzini
AMMONITI: 17' Bordon (L); 29' Turco (J); 33' Pugno (J); 41' Ripani (J); 68' Di Tommaso (L); 82' Anghele (J); 89' Ruggeri (L)
ESPULSI: nessuno

08/10/2023 ore 15:00
BOLOGNA U19 - GENOA U19 0-1
Marcatori: 40' Fini (Rig.) (G)
BOLOGNA U19 (4-2-3-1): Bagnolini; Mercier, Diop, Amey (73' Svoboda), Baroncioni; Hodzic, Rosetti (74' Ravaglioli); Cesari (56' Busato), Byar, Menegazzo; Mangiameli (64' Ebone)

A disposizione: Pessina, Carretti, Nesi, Idaro, Schiavoni, Lai, Tonin
Allenatore: Luca Vigiani
GENOA U19 (4-2-3-1): Consiglio; Scaravilli, Pittino, Cisse, Sarpa (60' Meconi); Arboscello (60' Kuavita), Palella; Fini, Papadopoulos (78' Rossi), Omar Abdiskakur (78' Abdellaoui); Papastylianou (71' Bornosuzov)

A disposizione: Bertini, Tosi, Ferroni, Bosia, Algueche, Ghirardello
Allenatore: Alessandro Agostini

ARBITRO: Edoardo Giaquinto
AMMONITI: 19' Sarpa (G); 69' Baroncioni (B); 70' Meconi (G)
ESPULSI: nessuno

08/10/2023 ore 15:00
TORINO U19 - LECCE U19 6-1
Marcatori: 6' Padula (Rig.) (T), 15' Dellavalle (Rig.) (T), 26' Padula (T), 39' Vulturar (L), 63' Savva (T), 66' Acar (T), 77' Ruszel (T)
TORINO U19 (4-3-3): Abati; Bianay Balcot, Rettore, Dellavalle, Antolini; Acar (68' Dalla Vecchia), Ruszel (83' Mahari), Silva; Savva (73' Longoni), Padula (73' Ciammaglichella), Njie (73' Gabellini)

A disposizione: Brezzo, Mendes, Bonadiman, Muntu Wa Mungu, Zaia, Franzoni
Allenatore: Giuseppe Scurto
LECCE U19 (3-5-2): Lampinen-Skaug; Munoz, Pascalau (50' Jemo), Smajlovic; Minerva (78' Casolungue Lopez), McJannet, Faticanti (64' Sangiorgio), Vulturar, Agrimi; Burnete, Vescan-Kodor (64' Zivanovic)

A disposizione: Leone, Herceg, Addo, Adewale, Gueye, Lukoki, Johnson
Allenatore: Federico Coppitelli
ARBITRO: Giuseppe Maria Manzo
AMMONITI: 53' Rettore (T); 69' Ruszel (T); 87' Bianay Balcot (T)
ESPULSI: nessuno

7

Lecce U19	2
Frosinone U19	2
Roma U19	0
Milan U19	0

Inter U19	4
Sassuolo U19	0
Fiorentina U19	1
Lazio U19	2
Juventus U19	3
Genoa U19	2
Cagliari U19	1
Verona U19	1
Empoli U19	2
Monza U19	2
Atalanta U19	2
Bologna U19	2
Sampdoria U19	3
Torino U19	1

21/10/2023 ore 11:00
LECCE U19 - FROSINONE U19 2-2
Marcatori: 32' Milazzo (F), 89' Faticanti (L), 90+3' Burnete (Rig.) (L), 90+7' Mezsargs (F)
LECCE U19 (4-3-3): Lampinen-Skaug; Munoz, Pascalau, Smajlovic, Kongslev (46' Addo); McJannet (70' Vulturar), Faticanti, Baxter (46' Gromek); Jemo (75' Helm), Burnete, Agrimi (59' Johnson)

A disposizione: Leone, Casolungue Lopez, Zivanovic, Adewale, Minerva, Vescan-Kodor
Allenatore: Federico Coppitelli
FROSINONE U19 (4-3-1-2): Avella; Amerighi (84' Severino), Kamensek-Pahic, Giunashvili, Paura (83' Stefanelli); Romano R. (71' Stoyanov), Cisse, Milazzo; Boccia; Cichero (56' Dixon), Mezsargs

A disposizione: Romano T., Lagonigro, Shkambaj, Evangelisti, Molignano, Totti, Antoci
Allenatore: Angelo Adamo Gregucci
ARBITRO: Abdoulaye Diop
AMMONITI: 25' Cisse (F); 32' Mezsargs (F); 74' Boccia (F); 78' Stefanelli (F); 78' Stoyanov (F); 90+3' Vescan-Kodor

(L); 90+4' Burnete (L); 90+7' Cisse (F)
ESPULSI: 90' Cisse (F)

21/10/2023 ore 11:00
ROMA U19 - MILAN U19 0-0
ROMA U19 (4-3-2-1): Bellucci Marin; D'Alessio, Plaia, Golic, Ienco (85' Oliveras); Mannini, Vetkal, Graziani (71' Cichella); Costa Cesco (85' Guerrero), Cherubini; Misitano (78' Bolzan)
A disposizione: Kehayov, Feola, Reale, Bah, Nardin, Marazzotti, Mlakar
Allenatore: Federico Guidi
MILAN U19 (4-3-3): Raveyre; Bakoune, Simic, Nsiala-Makengo, Magni; Malaspina, Eletu (82' Sala), Zeroli (82' Stalmach); Scotti (71' Camarda), Sia (81' Perrucci), Bonomi (63' Cuenca Martinez)
A disposizione: Torriani, Longoni, Parmiggiani, Pereira, Gaucho Estevan, Paloschi
Allenatore: Ignazio Abate
ARBITRO: Giuseppe Vingo
AMMONITI: 19' Bakoune (M); 42' Eletu (M); 46' Plaia (R); 80' Costa Cesco (R)
ESPULSI: nessuno

21/10/2023 ore 13:00
INTER U19 - SASSUOLO U19 4-0
Marcatori: 34' Cannavaro (Aut.) (S), 45+1' Sarr (I), 48' Akinsanmiro (I), 58' Kamate (I)
INTER U19 (4-3-3): Raimondi; Aidoo, Stante, Matjaz, Motta (75' Miconi); Berenbruch (61' Bovo), Stankovic, Akinsanmiro; Kamate (61' Vedovati), Sarr (61' Spinacce), Quieto (75' Diallo)
A disposizione: Tommasi, Nezirevic, Guercio, Mazzola, Alexiou, Ricordi
Allenatore: Cristian Chivu
SASSUOLO U19 (4-3-1-2): Scacchetti; Cinquegrano, Loeffen (46' Ioannou), Cannavaro, Falasca; Leone (76' Moriano), Pigati, Kumi (68'

Petrosino); Knezovic (53' Caragea); Neophytou (46' Baldari), Russo
A disposizione: Zouaghi, Piantedosi, Corradini, Parlato, Lopes, Rovatti
Allenatore: Emiliano Bigica
ARBITRO: Andrea Ancora
AMMONITI: 1' Neophytou (S); 32' Loeffen (S); 67' Akinsanmiro (I); 84' Cinquegrano (S)
ESPULSI: nessuno

21/10/2023 ore 15:00
FIORENTINA U19 - LAZIO U19 1-2
Marcatori: 13' Denes (F), 54' Ruggeri (L), 76' D'Agostini (L)
FIORENTINA U19 (3-4-2-1): Tognetti; Sadotti, Biagetti, Romani; Pierozzi, Amatucci, Harder (77' Gudelevicius), Denes (86' Spaggiari); Rubino (63' Vitolo), Padilla (63' Sene); Braschi (63' Caprini)
A disposizione: Leonardelli, Maggini, Elia, Mignani, Scuderi, Guidobaldi
Allenatore: Daniele Galloppa
LAZIO U19 (4-3-3): Magro; Bedini, Ruggeri, Dutu, Milani; Napolitano (83' Nazzarro), Bordon, Di Tommaso; Yordanov (21' D'Agostini; 83' Sulejmani), Gonzalez, Fernandes (70' Cappelli)
A disposizione: Renzetti, Petta, Marini, Zazza, Serra, Tredicine
Allenatore: Stefano Sanderra
ARBITRO: Fabio Rosario Luongo
AMMONITI: 16' Fernandes (L); 24' Di Tommaso (L); 43' Padilla (F); 69' Sene (F); 90+3' Vitolo (F)
ESPULSI: nessuno

22/10/2023 ore 10:30
JUVENTUS U19 - GENOA U19 3-2
Marcatori: 13' Ghirardello (G), 35' Martinez Crous (J), 45+1' Papadopoulos (G), 45+3' Ripani (J), 60' Pugno (J)
JUVENTUS U19 (3-4-2-1):

Vinarcik; Martinez Crous, Bassino, Gil Pulche; Turco (46' Savio), Florea, Ripani, Pagnucco; Vacca (82' Scienza), Ngana (69' Owosu); Pugno (69' Biggi)
A disposizione: Zelezny Radoslaw, Fuscaldo, Domanico, Scarpetta, Boufandar, Crapisto, Firman
Allenatore: Paolo Montero
GENOA U19 (4-2-3-1): Bertini; Sarpa, Pittino (46' Abdellaoui), Cisse, Meconi (68' Scaravilli); Arboscello (79' Thorsteinsson), Kuavita; Ghirardello, Papadopoulos, Papastylianou (58' Romano); Bornosuzov (58' Omar Abdiskakur)
A disposizione: Boschi, Tosi, Ferroni, Algueche, Rossi, Gonçalinho
Allenatore: Alessandro Agostini
ARBITRO: Andrea Calzavara
AMMONITI: 27' Pittino (G); 56' Abdellaoui (G); 59' Savio (J); 66' Kuavita (G); 74' Florea (J); 81' Pagnucco (J)
ESPULSI: nessuno

22/10/2023 ore 13:00
CAGLIARI U19 - VERONA U19 1-1
Marcatori: 29' Carboni (C), 57' Diao (Rig.) (V)
CAGLIARI U19 (4-3-1-2): Wodzicki; Arba, Cogoni, Catena, Idrissi; Conti (54' Malfitano), Marcolini, Sulev Stoyanov (66' Casali); Carboni (66' Balde); Konate (58' Pintus), Vinciguerra (55' Mutandwa)
A disposizione: Renna, Franke, Pulina, Achour
Allenatore: Fabio Pisacane
VERONA U19 (3-4-1-2): Toniolo; Nwanege, Calabrese, Corradi; Patane (80' Agbonifo), Szimionas (64' Pavanati), Dalla Riva (89' Ventura), Rigo (46' De Battisti); Cisse; Diao, Dentale (80' Vermesan)
A disposizione: Castagnini, Troselj, Doucoure, Fagoni, Trevisan, Valenti
Allenatore: Paolo Sammarco

ARBITRO: Giorgio Bozzetto
AMMONITI: 36' Vinciguerra (C); 43' Rigo (V); 51' Conti (C); 60' Szimionas (V)
ESPULSI: 56' Catena (C)

22/10/2023 ore 14:00
EMPOLI U19 - MONZA U19 2-2

Marcatori: 27' Ferraris (Rig.) (M), 48' Nabian (E), 63' Vallarelli (E), 70' Fernandes (M)
EMPOLI U19 (4-4-2): Stubljar; Barsi, Indragoli, Gaj (61' Majdandzic), Dragoner (46' Mannelli); Ansah Yeboh (46' Kaczmarski), Bacci (74' De Ferdinando), Vallarelli, Barsotti (61' Bacciardi); Corona, Nabian
A disposizione: Seghetti, Stassin, Tosto, El Biache, Bocci, Fini
Allenatore: Alessandro Birindelli
MONZA U19 (3-5-2): Mazza; Brugarello, Ravelli, Capolupo (90' Cagia); Colombo, Berretta, Dell'Acqua (66' Goffi), Lupinetti, Zoppi (65' Kassama); Ferraris (80' Marras), Antunovic (46' Fernandes)
A disposizione: Ciardi, Bagnaschi, Arpino, Giubrone, Graziano, Maussi Martins
Allenatore: Alessandro Lupi
ARBITRO: Giuseppe Rispoli
AMMONITI: 37' Barsotti (E); 79' Barsi (E); 85' Kassama (M); 90+4' Corona (E)
ESPULSI: nessuno

23/10/2023 ore 15:00
ATALANTA U19 - BOLOGNA U19 2-2

Marcatori: 24' Vlahovic (A), 46' Menegazzo (B), 61' Byar (B), 68' Bonanomi (A)
ATALANTA U19 (4-3-1-2): Pardel; Bordiga (74' Obric), Tavanti, Guerini, Muhameti; Martinelli (77' Armstrong), Colombo, Manzoni; Bonanomi (73' Cassa); Vlahovic, Vavassori (73' Fiogbe)
A disposizione: Sala, Comi, Tornaghi, Simonetto, Riccio, Jónsson, Capac

Allenatore: Giovanni Bosi
BOLOGNA U19 (4-2-3-1): Bagnolini; Mercier, Diop, Amey, Baroncioni; Hodzic (86' Svoboda), Rosetti; Idaro (65' Cesari), Byar, Menegazzo; Ebone (65' Mangiameli)
A disposizione: Happonen, Carretti, Nesi, Schiavoni, Lai, Busato, Ravaglioli, Mukelenge
Allenatore: Luca Vigiani
ARBITRO: Mattia Caldera
AMMONITI: 35' Manzoni (A); 37' Martinelli (A); 52' Amey (B); 66' Hodzic (B); 72' Baroncioni (B); 81' Obric (A)
ESPULSI: espulso l'allenatore Giovanni Bosi (Atalanta U19)

23/10/2023 ore 17:00
SAMPDORIA U19 - TORINO U19 3-1

Marcatori: 35' Ciammaglichella (T), 42' Polli (Rig.) (S), 51' Conti (Rig.) (S), 55' Leonardi (S)
SAMPDORIA U19 (4-3-3): Tantalocchi; Porzi (88' Porcu), Pellizzaro, Costantino, Langella; Conti (84' Djalti), Valisena, Alesi (84' Uberti); Lemina, Polli (55' Leonardi), Ntanda Lukisa (88' Devic)
A disposizione: Gentile, D'Amore, Georgiadis, Buyla, Pozzato, Chilafi
Allenatore: David Sassarini
TORINO U19 (4-3-3): Abati; Bianay Balcot, Rettore, Dellavalle, Antolini; Ciammaglichella (76' Gabellini), Ruszel (69' Dalla Vecchia), Silva (76' Acar); Savva (69' Longoni), Padula, Njie (58' Franzoni)
A disposizione: Brezzo, Bellocci, Mendes, Bonadiman, Perciun, Zaia
Allenatore: Giuseppe Scurto
ARBITRO: Domenico Mirabella
AMMONITI: 65' Ruszel (T); 70' Longoni (T); 76' Leonardi (S); 89' Ntanda Lukisa (S); 90+3' Djalti (S); 90+4' Lemina (S)
ESPULSI: nessuno

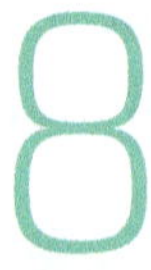

GIORNATA

Bologna U19	2
Inter U19	3
Frosinone U19	2
Torino U19	3
Genoa U19	4
Cagliari U19	0
Verona U19	0
Atalanta U19	1
Juventus U19	3
Fiorentina U19	0
Lazio U19	2
Empoli U19	2
Milan U19	2
Sampdoria U19	1
Monza U19	2
Roma U19	3
Sassuolo U19	2
Lecce U19	1

Tabellini

28/10/2023 ore 11:00
BOLOGNA U19 - INTER U19 2-3

Marcatori: 4' Kamate (I), 12' Mangiameli (B), 72' Stankovic (I), 89' Ravaglioli (B), 90+6' Berenbruch (I)
BOLOGNA U19 (4-2-3-1): Bagnolini; Mercier (80' Svoboda), Diop, Amey, Baroncioni; Hodzic (80' Busato), Rosetti; Idaro (64' Cesari), Byar, Menegazzo (80' Ravaglioli); Mangiameli (73' Ebone)
A disposizione: Happonen, Verardi, Carretti, Schiavoni, Lai, Tonin
Allenatore: Luca Vigiani
INTER U19 (4-3-3): Raimondi; Miconi (84' Nezirevic), Stante, Stabile (71' Matjaz), Motta; Akinsanmiro, Bovo (52' Stankovic), Di Maggio (53' Berenbruch); Kamate, Zuberek (53' Sarr), Quieto

A disposizione: Tommasi, Aidoo, Ricordi, Vedovati, Spinacce, Diallo
Allenatore: Cristian Chivu
ARBITRO: Andrea Zanotti
AMMONITI: 18' Bovo (I); 45+3' Amey (B); 77' Berenbruch (I); 79' Menegazzo (B); 90+3' Rosetti (B); 90+6' Tommasi (I)
ESPULSI: nessuno

29/10/2023 ore 11:00
FROSINONE U19 - TORINO U19 2-3
Marcatori: 14' Dellavalle (T), 30' Mezsargs (F), 49' Stoyanov (F), 90+3' Gabellini (T), 90' Ciammaglichella (T)
FROSINONE U19 (4-3-1-2): Avella; Amerighi, Kamensek-Pahic, Giunashvili, Paura; Stoyanov, Romano F., Milazzo (87' Evangelisti); Boccia; Dixon (72' Antoci), Mezsargs (90+1' Severino)
A disposizione: Lagonigro, Stefanelli, Shkambaj, Molignano, Totti, Aromatico, Fiorito
Allenatore: Angelo Adamo Gregucci
TORINO U19 (4-3-3): Abati; Bianay Balcot, Rettore (83' Gabellini), Dellavalle, Antolini; Acar (58' Ciammaglichella), Ruszel, Dalla Vecchia (69' Longoni); Savva, Padula, Franzoni (46' Njie)
A disposizione: Bellocci, Mendes, Keita, Muntu Wa Mungu, Perciun, Rossi, Zaia
Allenatore: Giuseppe Scurto
ARBITRO: Domenico Leone
AMMONITI: 61' Kamensek-Pahic (F); 75' Paura (F); 76' Avella (F); 80' Paura (F); 90+5' Giunashvili (F); 90+3' Evangelisti (F); 90+4' Gabellini (T); 90+6' Ciammaglichella (T)
ESPULSI: 80' Paura (F)

28/10/2023 ore 15:00
GENOA U19 - CAGLIARI U19 4-0
Marcatori: 8' Omar Abdiskakur (G), 21' Bornosuzov (G), 56' Fini (G), 73' Arboscello (G)
GENOA U19 (4-2-3-1): Calvani; Scaravilli, Cisse (78' Pittino), Abdellaoui, Sarpa (69' Meconi); Arboscello (77' Rossi), Kuavita; Fini, Papadopoulos, Omar Abdiskakur (67' Thorsteinsson); Bornosuzov (69' Papastylianou)
A disposizione: Consiglio, Tosi, Ferroni, Bosia, Gonçalinho, Romano
Allenatore: Alessandro Agostini
CAGLIARI U19 (4-3-1-2): Wodzicki; Arba, Pintus, Cogoni, Idrissi; Sulev Stoyanov (46' Pulina), Malfitano (38' Balde), Marcolini (85' Conti); Carboni (56' Pasquale); Konate (56' Mutandwa), Vinciguerra
A disposizione: Renna, Franke, Casali, Collu, Ardau, Achour
Allenatore: Fabio Pisacane
ARBITRO: Adolfo Baratta
AMMONITI: 20' Marcolini (C); 24' Idrissi (C); 65' Calvani (G); 90+3' Rossi (G)
ESPULSI: nessuno

28/10/2023 ore 15:00
VERONA U19 - ATALANTA U19 0-1
Marcatori: 24' Manzoni (A)
VERONA U19 (3-4-1-2): Toniolo; Nwanege, Calabrese (80' Dentale), Corradi; Patane, Pavanati (60' Agbonifo), Dalla Riva (69' Ventura), De Battisti (60' Rigo); Cisse; Diao, Henry
A disposizione: Castagnini, Fagoni, Riahi, Minnocci, Trevisan, Valenti, Vermesan
Allenatore: Paolo Sammarco
ATALANTA U19 (3-4-2-1): Pardel; Obric, Comi, Guerini; Chiggiato (85' Bordiga), Colombo (77' Martinelli), Riccio, Simonetto; Bonanomi (65' Tornaghi), Manzoni; Vlahovic (86' Jónsson)
A disposizione: Sala, Parilla, Cassa, Vavassori, Bevilacqua, Fiogbe, Capac
Allenatore: Giovanni Bosi

ARBITRO: Emanuele Ceriello
AMMONITI: 20' Diao (V); 38' Nwanege (V); 54' Comi (A); 60' Comi (A); 76' Calabrese (V); 90+5' Guerini (A)
ESPULSI: 60' Comi (A)

28/10/2023 ore 13:00
JUVENTUS U19 - FIORENTINA U19 3-0
Marcatori: 40' Vacca (J), 53' Anghele (J), 89' Scienza (J)
JUVENTUS U19 (3-4-2-1): Vinarcik; Martinez Crous, Bassino, Gil Pulche; Savio, Ngana (80' Owosu), Ripani, Pagnucco; Vacca (81' Grosso), Florea (76' Scienza); Anghele (70' Pugno)
A disposizione: Fuscaldo, Domanico, Turco, Boufandar, Firman, Biggi, Giorgi
Allenatore: Paolo Montero
FIORENTINA U19 (3-4-2-1): Vannucchi; Sadotti (80' Caprini), Biagetti, Elia; Spaggiari (66' Fortini), Harder (80' Gudelevicius), Vitolo, Denes (53' Scuderi); Padilla (53' Braschi), Rubino; Sene
A disposizione: Tognetti, Maggini, Kouadio, Mignani, Ievoli, Guidobaldi
Allenatore: Daniele Galloppa
ARBITRO: Antonino Costanza
AMMONITI: 27' Bassino (J); 40' Denes (F); 65' Sene (F); 86' Gudelevicius (F)
ESPULSI: nessuno

29/10/2023 ore 14:30
LAZIO U19 - EMPOLI U19 2-2
Marcatori: 12' Fernandes (L), 45+3' Gonzalez (L), 48' Nabian (E), 58' Corona (E)
LAZIO U19 (4-3-3): Magro; Bedini, Ruggeri, Dutu, Milani; Napolitano (76' Cappelli), Bordon, Di Tommaso; Gonzalez (53' Sulejmani), D'Agostini (39' Nazzarro), Fernandes (76' Yordanov)
A disposizione: Renzetti, Petta, Marini, Zazza, Serra, Tredicine, Bigotti
Allenatore: Stefano Sanderra

EMPOLI U19 (4-3-1-2): Stubljar; Barsi, Stassin (46' Falcusan), Indragoli, Mannelli (78' Majdandzic); Vallarelli, Kaczmarski (46' Ansah Yeboh), Bacci; Barsotti (88' Benyahia-Tani); Corona (71' Bocci), Nabian

A disposizione: Seghetti, Gaj, De Ferdinando, Dragoner, Bacciardi, Fini
Allenatore: Antonio Busce
ARBITRO: Carlo Rinaldi
AMMONITI: 21' Di Tommaso (L); 34' Bordon (L); 36' Bordon (L); 40' Stassin (E); 45+3' Barsi (E); 90+2' Magro (L)
ESPULSI: 36' Bordon (L)

29/10/2023 ore 11:00
MILAN U19 - SAMPDORIA U19 2-1
Marcatori: 12' Nsiala-Makengo (M), 76' Leonardi (S), 90+3' Simmelhack (M)
MILAN U19 (4-3-3): Bartoccioni; Bakoune, Simic, Nsiala-Makengo, Jimenez (67' Magni); Eletu (74' Bonomi), Malaspina, Zeroli (86' Skoczylas); Scotti, Sia (74' Simmelhack), Traore (74' Sala)
A disposizione: Raveyre, Parmiggiani, Perrucci, Paloschi, Vitali, Martinazzi
Allenatore: Ignazio Abate
SAMPDORIA U19 (4-3-3): Scardigno; Porzi, Pellizzaro, Costantino, Langella; Conti (67' Dacourt), Valisena, Alesi; Lemina, Leonardi, Pozzato (46' Ntanda Lukisa)
A disposizione: Gentile, Porcu, D'Amore, Georgiadis, Ventre, Meloni, Djalti, Chiesa, Polli
Allenatore: David Sassarini
ARBITRO: Marco Emmanuele
AMMONITI: 13' Eletu (M); 52' Jimenez (M); 82' Ntanda Lukisa (S); 88' Malaspina (M)
ESPULSI: nessuno

30/10/2023 ore 14:30
MONZA U19 - ROMA U19 2-3
Marcatori: 28' Cherubini (R),

44' Berretta (M), 54' Mlakar (R), 61' Mlakar (R), 86' Ferraris (M)
MONZA U19 (4-3-1-2): Mazza; Zoppi, Kassama, Brugarello, Capolupo; Lupinetti, Colombo (69' Marras), Dell'Acqua (62' Antunovic); Berretta; Ferraris, Fernandes
A disposizione: Ciardi, Bagnaschi, Ravelli, Cagia, Cattaneo, Arpino, Giubrone, Graziano, Zini
Allenatore: Alessandro Lupi
ROMA U19 (4-3-3): Bellucci Marin; D'Alessio, Keramitsis (81' Plaia), Golic, Ienco; Pagano, Vetkal, Pisilli; Costa Cesco (68' Mannini), Mlakar, Cherubini
A disposizione: Razumejevs, Cichella, Guerrero, Graziani, Bah, Nardin, Nardozi, Marazzotti, Bolzan
Allenatore: Federico Guidi
ARBITRO: Giuseppe Claudio Allegretta
AMMONITI: 65' Lupinetti (M); 75' D'Alessio (R); 90+1' Zoppi (M)
ESPULSI: nessuno

29/10/2023 ore 13:00
SASSUOLO U19 - LECCE U19 2-1
Marcatori: 43' Russo (S), 89' Vulturar (Rig.) (L), 90+6' Caragea (S)
SASSUOLO U19 (4-3-1-2): Theiner; Cinquegrano, Loeffen, Cannavaro, Falasca; Leone (90+3' Bruno), Lipani (64' Pigati), Kumi; Knezovic (70' Caragea); Neophytou (70' Moriano), Russo
A disposizione: Scacchetti, Piantedosi, Ioannou, Zaknic, Parlato, Lopes, Baldari
Allenatore: Emiliano Bigica
LECCE U19 (4-3-3): Lampinen-Skaug; Munoz, Pascalau, Pacia, Addo; McJannet, Faticanti (76' Vulturar), Gromek (46' Minerva); Corfitzen (36' Agrimi; 76' Vescan-Kodor), Helm (63' Jemo), Salomaa
A disposizione: Leone, Casolungue Lopez, Zivanovic,

Adewale, Kongslev, Baxter
Allenatore: Federico Coppitelli
ARBITRO: Samuele Andreano
AMMONITI: 4' Russo (S); 45+3' Knezovic (S); 90+6' Caragea (S); 90+2' Cinquegrano (S)
ESPULSI: espulso l'allenatore Federico Coppitelli (Lecce U19)

9

Atalanta U19	2
Monza U19	0
Empoli U19	2
Milan U19	1
Fiorentina U19	2
Verona U19	2
Inter U19	2
Genoa U19	0
Lecce U19	1
Cagliari U19	2
Roma U19	1
Juventus U19	2
Sampdoria U19	1
Lazio U19	2
Sassuolo U19	3
Frosinone U19	0
Torino U19	2
Bologna U19	0

Tabellini

05/11/2023 ore 15:00
ATALANTA U19 - MONZA U19 2-0
Marcatori: 41' Vlahovic (A), 47' Manzoni (A)
ATALANTA U19 (3-4-2-1): Pardel; Obric, Guerini, Varnier (63' Tornaghi); Chiggiato, Colombo (90+1' Martinelli), Manzoni, Simonetto; Bonanomi (63' Riccio), Vavassori (81' Castiello); Vlahovic

(90+1' Fiogbe)

A disposizione: Sala, Bordiga, Cassa, Ramaj, Jónsson, Capac

Allenatore: Giovanni Bosi

MONZA U19 (4-3-1-2): Mazza; Zoppi (70' Dell'Acqua), Ravelli, Kassama (46' Cagia), Capolupo; Lupinetti, Colombo (75' Zini), Giubrone (46' Marras); Berretta; Ferraris, Fernandes (66' Antunovic)

A disposizione: Ciardi, Bagnaschi, Brugarello, Arpino, Graziano, Maussi Martins

Allenatore: Alessandro Lupi

ARBITRO: Valerio Vogliacco

AMMONITI: 45+1' Kassama (M); 65' Zoppi (M); 73' Lupinetti (M)

ESPULSI: nessuno

04/11/2023 ore 13:00

EMPOLI U19 - MILAN U19 2-1

Marcatori: 17' Fini (E), 29' Corona (E), 81' Liberali (M)

EMPOLI U19 (4-4-2): Seghetti; Barsi, Indragoli (86' Stassin), Dragoner (86' Gaj), Mannelli; Fini (53' Falcusan), Kaczmarski (86' Bacciardi), Bacci, Vallarelli; Corona, Nabian (65' Barsotti)

A disposizione: Vertua, Tosto, Bocci, Ansah Yeboh, Benyahia-Tani

Allenatore: Alessandro Birindelli

MILAN U19 (4-3-3): Bartoccioni; Bakoune (40' Liberali), Parmiggiani, Nsiala-Makengo, Magni (71' Perrucci); Eletu (79' Cuenca Martinez), Malaspina, Zeroli; Scotti (40' Camarda), Sia, Traore (71' Bonomi)

A disposizione: Raveyre, Rugginenti, Cappelletti, Sala

Allenatore: Ignazio Abate

ARBITRO: Roberto Lovison

AMMONITI: 60' Mannelli (E); 74' Parmiggiani (M); 78' Corona (E)

ESPULSI: nessuno

06/11/2023 ore 16:30

FIORENTINA U19 - VERO-

NA U19 2-2

Marcatori: 4' Fortini (F), 10' Cisse (V), 66' Diao (V), 88' Sene (Rig.) (F)

FIORENTINA U19 (3-5-2): Vannucchi; Romani, Biagetti, Kouadio (80' Caprini); Vigiani (69' Maggini), Amatucci, Ievoli (60' Harder), Vitolo (69' Rubino), Fortini (80' Padilla); Braschi, Sene

A disposizione: Tognetti, Sadotti, Elia, Gudelevicius, Denes, Guidobaldi

Allenatore: Daniele Galloppa

VERONA U19 (3-4-1-2): Toniolo; Nwanege, Corradi, Fagoni (78' Doucoure); Patane (83' Minnocci), Dalla Riva (76' Ventura), Riahi (78' Pavanati), Rigo; Cisse; Diao, Henry (83' Dentale)

A disposizione: Castagnini, De Battisti, De Franceschi, Agbonifo, Valenti, Vermesan

Allenatore: Paolo Sammarco

ARBITRO: Domenico Castellone

AMMONITI: 23' Dalla Riva (V); 56' Kouadio (F); 87' Doucoure (V); 90+5' Padilla (F)

ESPULSI: nessuno

04/11/2023 ore 11:00

INTER U19 - GENOA U19 2-0

Marcatori: 79' Di Maggio (I), 82' Akinsanmiro (I)

INTER U19 (4-3-3): Calligaris; Aidoo, Stante, Matjaz, Cocchi; Berenbruch (78' Zuberek), Stankovic, Akinsanmiro; Sarr (78' Owusu), Spinacce (56' Di Maggio), Quieto (71' Diallo)

A disposizione: Raimondi, Nezirevic, Stabile, Motta, Guercio, Bovo, Ricordi

Allenatore: Cristian Chivu

GENOA U19 (4-2-3-1): Calvani; Scaravilli, Cisse, Abdellaoui, Sarpa (86' Meconi); Arboscello, Kuavita; Omar Abdiskakur, Papadopoulos, Romano; Bornosuzov (86' Papastylianou)

A disposizione: Consiglio, Tosi, Ferroni, Barbini, Pittino, Bosia, Rossi, Gonçalinho, Thorsteinsson

Allenatore: Alessandro Agostini

ARBITRO: Francesco Zago

AMMONITI: 16' Akinsanmiro (I); 31' Papadopoulos (G); 39' Bornosuzov (G); 44' Stante (I); 85' Omar Abdiskakur (G)

ESPULSI: nessuno

04/11/2023 ore 12:00

LECCE U19 - CAGLIARI U19 1-2

Marcatori: 17' Minerva (L), 18' Mutandwa (C), 63' Carboni (C)

LECCE U19 (4-3-3): Lampinen-Skaug; Munoz, Faticanti, Pacia, Kongslev (69' Addo); McJannet, Vulturar, Minerva (70' Jemo); Agrimi (51' Samek), Helm, Salomaa

A disposizione: Leone, Casolungue Lopez, Davis, Zivanovic, Russo, Gromek, Lukoki, Vescan-Kodor

Allenatore: Paolo Castelluzzo

CAGLIARI U19 (4-3-1-2): Wodzicki; Arba, Cogoni, Catena, Idrissi (89' Pintus); Sulev Stoyanov (76' Casali), Marcolini, Malfitano; Carboni; Konate (56' Vinciguerra), Mutandwa (89' Achour)

A disposizione: Iliev, Franke, Conti, Balde, Ardau, Pulina

Allenatore: Fabio Pisacane

ARBITRO: Giuseppe Vingo

AMMONITI: 8' Vulturar (L); 19' Idrissi (C); 57' Malfitano (C); 78' Addo (L)

ESPULSI: nessuno

05/11/2023 ore 10:45

ROMA U19 - JUVENTUS U19 1-2

Marcatori: 21' Cherubini (R), 77' Vacca (Rig.) (J), 82' Vacca (Rig.) (J)

ROMA U19 (4-3-3): Bellucci Marin; D'Alessio, Golic (85' Bolzan), Keramitsis, Oliveras (63' Ienco); Mannini (78' Graziani), Vetkal, Pisilli; Guerrero (46' Marazzotti; 78' Nardozi), Mlakar, Cherubini

Allenatore: Federico Guidi
JUVENTUS U19 (3-4-2-1): Vinarcik; Martinez Crous, Bassino, Gil Pulche; Savio (55' Turco), Ngana, Ripani, Pagnucco (55' Firman); Scienza (54' Grosso), Vacca; Pugno (70' Crapisto)

Allenatore: Paolo Montero
ARBITRO: Stefano Nicolini
AMMONITI: 30' Pagnucco (J); 35' Vacca (J); 36' Gil Pulche (J); 42' Oliveras (R); 69' Pugno (J); 76' Ienco (R); 82' Golic (R); 86' Ripani (J); 87' Ienco (R)
ESPULSI: 87' Ienco (R)

04/11/2023 ore 11:00
SAMPDORIA U19 - LAZIO U19 1-2
Marcatori: 15' Leonardi (S), 28' D'Agostini (L), 82' Fernandes (L)
SAMPDORIA U19 (4-3-3): Tantalocchi; Porzi, D'Amore, Costantino, Porcu; Conti, Valisena (85' Djalti), Alesi (74' Dacourt); Devic (62' Chilafi), Leonardi, Pozzato (74' Ntanda Lukisa)

Allenatore: David Sassarini
LAZIO U19 (4-3-3): Magro; Bedini, Ruggeri, Dutu, Milani; Napolitano (81' Yordanov), Nazzarro, Di Tommaso; Gonzalez, D'Agostini (81' Sulejmani), Fernandes (90+2' Cappelli)

Allenatore: Stefano Sanderra
ARBITRO: Edoardo Gianquinto
AMMONITI: 17' Di Tommaso (L); 28' Devic (S); 43' Costantino (S); 61' Ruggeri (L)
ESPULSI: 90' Costantino (S)

05/11/2023 ore 13:00
SASSUOLO U19 - FROSINONE U19 3-0
Marcatori: 18' Russo (S), 28' Cinquegrano (S), 87' Russo (S)
SASSUOLO U19 (4-3-1-2): Theiner; Cinquegrano (80' Piantedosi), Loeffen, Cannavaro, Falasca (46' Parlato); Leone (63' Caragea), Lopes, Kumi; Knezovic (56' Moriano); Neophytou (56' Bruno), Russo

Allenatore: Emiliano Bigica
FROSINONE U19 (4-3-1-2): Avella; Severino, Kamensek-Pahic, Lusuardi, Giunashvili; Molignano (46' Romano R.), Cisse (81' Totti), Stoyanov (66' Milazzo); Boccia (66' Voncina); Antoci (46' Dixon), Mezsargs

Allenatore: Angelo Adamo Gregucci
ARBITRO: Mattia Caldera
AMMONITI: 16' Falasca (S); 20' Lusuardi (F); 72' Lopes (S)
ESPULSI: nessuno

05/11/2023 ore 15:00
TORINO U19 - BOLOGNA U19 2-0
Marcatori: 26' Dellavalle (T), 57' Padula (T)
TORINO U19 (4-3-3): Abati; Bianay Balcot, Rettore, Dellavalle, Antolini; Ciammaglichella (77' Longoni), Ruszel, Dalla Vecchia; Savva (87' Franzoni), Padula (77' Gabellini), Njie (87' Acar)

Allenatore: Giuseppe Scurto
BOLOGNA U19 (4-2-3-1): Bagnolini; Mercier, Svoboda, Diop, Baroncioni; Hodzic (57' Amey), Rosetti; Cesari (57' Ravaglioli), Byar, Menegazzo (66' Carretti); Mangiameli (78' Ebone)

Allenatore: Luca Vigiani
ARBITRO: Daniele Virgilio
AMMONITI: 36' Rosetti (B); 45+2' Savva (T); 74' Ravaglioli (B); 84' Gabellini (T); 86' Carretti (B)
ESPULSI: nessuno

10

Bologna U19	1
Sassuolo U19	2
Cagliari U19	0
Roma U19	2
Fiorentina U19	1
Empoli U19	1
Genoa U19	2
Frosinone U19	0
Verona U19	1
Inter U19	1
Juventus U19	1
Atalanta U19	4
Lazio U19	2
Torino U19	0
Milan U19	2
Lecce U19	0
Monza U19	2
Sampdoria U19	0

12/11/2023 ore 14:00
BOLOGNA U19 - SASSUOLO U19 1-2
Marcatori: 67' Russo (S), 77' Russo (S), 89' Menegazzo (Rig.) (B)
BOLOGNA U19 (3-5-2): Gasperini; Svoboda, Amey, Diop; Carretti (73' Cesari), Menegazzo, Byar (75' Mercier), Ro-

setti, Baroncioni; Mangiameli (74' Ravaglioli), Tonin (46' Ebone)

A disposizione: Pessina, Hodzic, Idaro, Schiavoni, Lai, Busato, Mukelenge

Allenatore: Luca Vigiani

SASSUOLO U19 (4-3-2-1): Theiner; Cinquegrano, Loeffen, Cannavaro (83' Corradini), Falasca; Kumi, Lipani, Leone; Bruno (83' Knezovic), Caragea (70' Moriano); Russo (83' Baldari)

A disposizione: Scacchetti, Piantedosi, Ioannou, Parlato, Lopes, Pigati, Neophytou

Allenatore: Emiliano Bigica

ARBITRO: Adolfo Baratta

AMMONITI: 47' Baroncioni (B); 50' Cannavaro (S); 58' Rosetti (B); 80' Moriano (S)

ESPULSI: nessuno

12/11/2023 ore 11:00

CAGLIARI U19 - ROMA U19 0-2

Marcatori: 4' Cherubini (R), 32' Mlakar (R)

CAGLIARI U19 (4-3-1-2): Wodzicki; Arba, Cogoni, Catena, Idrissi; Sulev Stoyanov (60' Pulina), Marcolini, Malfitano (60' Achour); Carboni (69' Balde); Vinciguerra, Mutandwa (70' Konate)

A disposizione: Iliev, Renna, Pintus, Franke, Casali, Conti

Allenatore: Fabio Pisacane

ROMA U19 (4-3-3): Bellucci Marin; D'Alessio, Golic (46' Plaia), Keramitsis, Oliveras (78' Graziani); Mannini, Vetkal, Pisilli (84' Nardin); Costa Cesco (59' Nardozi), Mlakar (84' Marazzotti), Cherubini

A disposizione: Razumejevs, Cichella, Reale, Ivkovic, Bah, Bolzan

Allenatore: Federico Guidi

ARBITRO: Filippo Colaninno

AMMONITI: 22' Golic (R); 75' Oliveras (R); 80' Balde (C)

ESPULSI: nessuno

12/11/2023 ore 13:00

FIORENTINA U19 - EMPO-

LI U19 1-1

Marcatori: 67' Corona (Rig.) (E), 90+1' Sene (Rig.) (F)

FIORENTINA U19 (3-5-2): Vannucchi; Sadotti (85' Padilla), Kouadio, Romani; Vigiani (68' Spaggiari), Harder (76' Guidobaldi), Ievoli (68' Vitolo), Amatucci, Fortini; Rubino, Braschi (68' Sene)

A disposizione: Tognetti, Biagetti, Elia, Falconi, Scuderi, Denes

Allenatore: Daniele Galloppa

EMPOLI U19 (3-4-1-2): Stubljar; Stassin (60' Falcusan), Indragoli, Mannelli; Barsi, Bacci, Vallarelli, Fini; Barsotti (60' Bacciardi); Corona (89' Bocci), Nabian (60' Sodero)

A disposizione: Seghetti, Vertua, Gaj, Majdandzic, Tosto, Ansah Yeboh, Benyahia-Tani

Allenatore: Alessandro Birindelli

ARBITRO: Giorgio Di Cicco

AMMONITI: 45' Ievoli (F); 63' Bacciardi (E); 71' Bacci (E); 77' Sadotti (F); 90+2' Bacciardi (E)

ESPULSI: 90' Bacciardi (E)

11/11/2023 ore 14:00

GENOA U19 - FROSINONE U19 2-0

Marcatori: 66' Romano (G), 90+3' Fini (Rig.) (G)

GENOA U19 (4-3-3): Calvani; Scaravilli (35' Tosi), Pittino, Cisse, Sarpa; Arboscello, Kuavita, Papadopoulos; Fini, Omar Abdiskakur (59' Romano), Papastylianou (89' Ferroni)

A disposizione: Consiglio, Meconi, Bosia, Rossi, Gonçalinho, Thorsteinsson, Ghirardello

Allenatore: Alessandro Agostini

FROSINONE U19 (4-3-1-2): Lagonigro; Amerighi, Kamensek-Pahic, Lusuardi, Paura (87' Stefanelli); Romano R., Cisse, Milazzo; 78' Aromatico); Boccia; Panic (46' Voncina), Mezsargs (61' Stoyanov)

A disposizione: Romano T., Shkambaj, Evangelisti, Romano A., Molignano, Totti

Allenatore: Angelo Adamo Gregucci

ARBITRO: Gianluca Catanzaro

AMMONITI: 8' Paura (F); 57' Tosi (G); 74' Lusuardi (F); 77' Arboscello (G); 90+2' Papadopoulos (G); 90+3' Lusuardi (F)

ESPULSI: 90' Lusuardi (F)

12/11/2023 ore 16:00

VERONA U19 - INTER U19 1-1

Marcatori: 12' Kamate (I), 84' Diao (V)

VERONA U19 (3-4-1-2): Chiesa; Nwanege, Corradi, Doucoure (90+4' Fagoni); Patane (74' Agbonifo), Charlys, Riahi, Rigo (80' De Battisti); Cisse; Diao, Dentale (79' Vermesan)

A disposizione: Marchetti, Dalla Riva, Ventura, Szimionas, Minnocci, Trevisan, Pavanati

Allenatore: Paolo Sammarco

INTER U19 (4-3-3): Calligaris; Aidoo (65' Nezirevic), Stante, Matjaz, Cocchi; Akinsanmiro, Stankovic, Di Maggio (60' Berenbruch); Kamate (80' Diallo), Sarr (80' Zuberek), Quieto (60' Owusu)

A disposizione: Raimondi, Motta, Guercio, Mazzola, Ricordi, Spinacce

Allenatore: Cristian Chivu

ARBITRO: Gabriele Sacchi

AMMONITI: 17' Corradi (V); 63' Aidoo (I); 68' Nwanege (V)

ESPULSI: nessuno

11/11/2023 ore 13:00

JUVENTUS U19 - ATALANTA U19 1-4

Marcatori: 10' Vavassori (A), 33' Vlahovic (A), 60' Turco (J), 72' Vlahovic (A), 90' Manzoni (A)

JUVENTUS U19 (3-4-2-1): Vinarcik; Martinez Crous (46' Turco), Bassino, Gil Pulche; Savio, Ngana, Ripani, Pagnucco; Vacca (59' Grosso), Florea (46' Crapisto); Pugno (79' Biggi)

A disposizione: Fuscaldo, Domanico, Scarpetta, Owosu, Firman, Giorgi, Scienza

Allenatore: Paolo Montero

ATALANTA U19 (3-4-2-1): Pardel; Obric (52' Simonetto), Comi, Guerini (46' Tornaghi); Chiggiato, Colombo, Manzoni, Regonesi; Bonanomi (69' Riccio), Vavassori (69' Castiello); Vlahovic (81' Jónsson)

A disposizione: Sala, Bordiga, Armstrong, Cassa, Martinelli, Capac

Allenatore: Giovanni Bosi

ARBITRO: Emanuele Frascaro

AMMONITI: 28' Obric (A); 35' Comi (A); 84' Castiello (A)

ESPULSI: nessuno

11/11/2023 ore 11:00

LAZIO U19 - TORINO U19 2-0

Marcatori: 21' D'Agostini (L), 75' Gonzalez (L)

LAZIO U19 (4-3-3): Magro; Bedini, Ruggeri, Dutu, Milani; Napolitano (46' Yordanov), Bordon, Di Tommaso; Gonzalez (90+1' Sulejmani), D'Agostini (72' Cappelli), Fernandes (84' Nazzarro)

A disposizione: Renzetti, Petta, Marini, Zazza, Sardo, Serra, Tredicine

Allenatore: Stefano Sanderra

TORINO U19 (4-3-3): Bellocci; Bianay Balcot (72' Muntu Wa Mungu), Rettore (46' Mendes), Dellavalle, Antolini; Ciammaglichella, Ruszel, Dalla Vecchia (61' Franzoni); Savva, Padula (85' Gabellini), Njie (85' Longoni)

A disposizione: Cabella, Keita, Acar, Galántai, Zaia, Marchioro

Allenatore: Giuseppe Scurto

ARBITRO: Mauro Gangi

AMMONITI: 9' Rettore (T); 27' Napolitano (L); 54' Dalla Vecchia (T); 56' Savva (T); 65' Bianay Balcot (T); 89' Di Tommaso (L)

maso (L)

ESPULSI: nessuno

12/11/2023 ore 10:45

MILAN U19 - LECCE U19 2-0

Marcatori: 30' Sia (M), 62' Scotti (M)

MILAN U19 (4-3-3): Raveyre; Bakoune (80' Magni), Simic, Nsiala-Makengo, Jimenez; Stalmach (66' Sala), Malaspina, Zeroli; Scotti, Camarda (80' Liberali), Sia (90' Martinazzi)

A disposizione: Bartoccioni, Colzani, Parmiggiani, Paloschi, Bonomi

Allenatore: Ignazio Abate

LECCE U19 (4-3-3): Lampinen-Skaug; Munoz (88' Gromek), Faticanti, Pacia, Addo; McJannet (68' Minerva), Vulturar, Samek; Jemo (67' Vescan-Kodor), Helm (53' Agrimi), Salomaa

A disposizione: Leone, Casolungue Lopez, Kongslev, Davis, Zivanovic, Baxter, Lukoki

Allenatore: Paolo Castelluzzo

ARBITRO: Antonio Di Reda

AMMONITI: 20' Stalmach (M); 22' Addo (L); 78' Salomaa (L)

ESPULSI: nessuno

10/11/2023 ore 14:30

MONZA U19 - SAMPDORIA U19 2-0

Marcatori: 18' Antunovic (M), 66' Berretta (M)

MONZA U19 (4-3-1-2): Mazza; Ravelli, Cagia, Bagnaschi (75' Graziano), Capolupo; Lupinetti, Colombo, Berretta (82' Arpino); Marras (82' Giubrone); Antunovic, Fernandes (63' Nene)

A disposizione: Ciardi, Brugarello, Cattaneo, Maussi Martins, Zini

Allenatore: Alessandro Lupi

SAMPDORIA U19 (4-3-3): Scardigno; Porzi (38' Langella), Uberti, Buyla (46' D'Amore), Porcu; Conti (56' Alesi), Valisena, Dacourt (72' Ntan-

da Lukisa); Chilafi, Leonardi, Lemina (56' Pozzato)

A disposizione: Gentile, Pellizzaro, Devic, Balduzzi, Djalti, Polli

Allenatore: David Sassarini

ARBITRO: Lucio Felice Angelillo

AMMONITI: 18' Antunovic (M); 28' Porzi (S); 41' Bagnaschi (M); 77' Langella (S); 78' Berretta (M); 79' Colombo (M); 84' Leonardi (S); 86' Graziano (M); 88' Leonardi (S); 90+2' Uberti (S)

ESPULSI: 88' Leonardi (S)

11

GIORNATA

Atalanta U19	1
Inter U19	1
Empoli U19	0
Genoa U19	0
Frosinone U19	1
Lazio U19	1
Lecce U19	3
Bologna U19	2
Milan U19	2
Cagliari U19	4
Roma U19	1
Verona U19	0
Sampdoria U19	4
Juventus U19	0
Sassuolo U19	3
Monza U19	1
Torino U19	2
Fiorentina U19	1

Tabellini

25/11/2023 ore 13:00

ATALANTA U19 - INTER U19 1-1

Marcatori: 58' Sarr (I), 89' Vlahovic (A)

ATALANTA U19 (3-4-2-1): Pardel; Obric (66' Bonanomi),

Comi, Guerini; Bordiga (75'
Castiello), Colombo (67' Cassa),
Mendicino, Regonesi; Vavassori
(88' Capac), Manzoni;
Vlahovic

A disposizione: Sala, Simonetto,
Tornaghi, Ghezzi, Riccio,
Gariani, Martinelli

Allenatore: Giovanni Bosi

INTER U19 (4-3-3): Calligaris;
Aidoo (71' Miconi), Stante,
Matjaz, Cocchi; Akinsanmiro
(86' Zanchetta), Bovo,
Di Maggio (90+1' Mazzola);
Kamate (86' Zuberek), Sarr,
Quieto (71' Vedovati)

A disposizione: Raimondi,
Nezirevic, Guercio, Motta, Ricordi,
Diallo

Allenatore: Cristian Chivu

ARBITRO: Mattia Drigo

AMMONITI: 8' Bovo (I); 31'
Matjaz (I); 31' Bonanomi (A);
64' Aidoo (I); 72' Regonesi (A)

ESPULSI: nessuno

26/11/2023 ore 14:00

EMPOLI U19 - GENOA U19
0-0

EMPOLI U19 (3-4-1-2):
Stubljar; Mannelli, Falcusan
(46' Stoyanov), Indragoli (60'
Majdandzic); Gaj (77' Boli),
Bacci, Vallarelli, Fini (46'
Stassin); Sodero (79' Barsotti);
Corona, Nabian

A disposizione: Seghetti, De
Ferdinando, Tosto, El Biache,
Ansah Yeboh, Benyahia-Tani

Allenatore: Alessandro Birindelli

GENOA U19 (4-2-3-1): Calvani;
Scaravilli, Pittino, Cisse,
Tosi (73' Meconi); Palella (84'
Sarpa), Rossi; Omar Abdiskakur,
Romano (84' Kuavita),
Thorsteinsson (59' Ghirardello);
Papastylianou (69'
Ekhator)

A disposizione: Consiglio,
Ferroni, Barbini, Bosia,
Algueche, Gonçalinho

Allenatore: Alessandro Agostini

ARBITRO: Gabriele Restaldo

AMMONITI: 8' Tosi (G); 75'
Scaravilli (G)

ESPULSI: nessuno

25/11/2023 ore 13:00

FROSINONE U19 - LAZIO
U19 1-1

Marcatori: 2' Ferizaj (F), 44'
Bordon (L)

FROSINONE U19 (4-3-2-1):
Avella; Amerighi, Severino
(49' Romano A.), Kamensek-Pahic,
Paura; Milazzo, Cisse,
Romano R.; Boccia, Ferizaj;
Mezsargs (46' Cichero)

A disposizione: Lagonigro,
Stefanelli, Shkambaj, Molignano,
Stoyanov, Dixon, Aromatico,
Fiorito

Allenatore: Angelo Adamo
Gregucci

LAZIO U19 (4-3-3): Magro;
Zazza, Dutu, Petta, Milani;
Nazzarro (70' Sardo), Bordon,
Yordanov (88' Serra); Gonzalez,
D'Agostini (78' Sulejmani),
Fernandes (88' Cappelli)

A disposizione: Renzetti, Bedini,
Marini, Tredicine, Bigotti

Allenatore: Alessandro Calori

ARBITRO: Gianluca Grasso

AMMONITI: 14' Fernandes
(L); 21' Boccia (F); 27' Cisse
(F); 63' Romano A. (F); 69' Romano
R. (F)

ESPULSI: espulso l'allenatore
Angelo Adamo Gregucci
(Frosinone U19)

25/11/2023 ore 14:30

LECCE U19 - BOLOGNA U19
3-2

Marcatori: 1' Samek (L), 15'
Corfitzen (L), 23' Burnete (L),
36' Ebone (Rig.) (B), 43' Ebone
(B)

LECCE U19 (4-3-3): Borbei;
Minerva, Pacia, Davis,
Kongslev (46' Addo); McJannet,
Vulturar, Samek; Corfitzen
(89' Helm), Burnete,
Agrimi (80' Sangiorgio)

A disposizione: Lampinen-Skaug,
Leone, Munoz, Zivanovic,
Gromek, Lukoki, Jemo,
Vescan-Kodor

Allenatore: Federico Coppitelli

BOLOGNA U19 (4-3-1-2):
Gasperini; Mercier, Diop, De

Luca, Amey; Hodzic, Menegazzo,
Byar; Cesari (81' Lai);
Ebone (85' Oliviero), Tonin
(81' Mukelenge)

A disposizione: Happonen,
Barbaro, Gattor, Berushi, De
Stefano

Allenatore: Luca Vigiani

ARBITRO: Leonardo Mastrodomenico

AMMONITI: 1' Samek (L); 11'
Ebone (B); 34' Corfitzen (L);
83' Sangiorgio (L)

ESPULSI: 90' Lampinen-Skaug
(L)

25/11/2023 ore 11:00

MILAN U19 - CAGLIARI
U19 2-4

Marcatori: 59' Mutandwa
(C), 60' Konate (C), 64' Liberali
(M), 72' Vinciguerra (C),
77' Catena (Aut.) (C), 90+6'
Konate (C)

MILAN U19 (4-3-3): Bartoccioni;
Jimenez, Parmiggiani,
Nsiala-Makengo, Magni
(66' Bakoune); Stalmach
(75' Eletu), Malaspina (86'
Simmelhack), Zeroli; Cuenca
Martinez (75' Scotti), Sia, Liberali
(67' Martinazzi)

A disposizione: Torriani,
Gaucho Estevan, Paloschi,
Sala, Perina, Skoczylas

Allenatore: Ignazio Abate

CAGLIARI U19 (4-3-1-2):
Iliev; Arba, Cogoni (81' Pintus),
Catena, Idrissi; Sulev
Stoyanov (82' Deriu), Carboni,
Marcolini; Vinciguerra; Konate,
Mutandwa (82' Achour)

A disposizione: Renna, Franke,
Mellino, Casali, Conti, Balde,
Pulina

Allenatore: Fabio Pisacane

ARBITRO: Andrea Zoppi

AMMONITI: 45+1' Parmiggiani
(M); 50' Magni (M); 81' Mutandwa
(C); 88' Carboni (C);
88' Zeroli (M); 89' Vinciguerra
(C); 90+7' Konate (C)

ESPULSI: nessuno

27/11/2023 ore 14:00

ROMA U19 - VERONA U19
1-0

Marcatori: 67' Cherubini (R)

ROMA U19 (4-3-3): Bellucci Marin; D'Alessio, Plaia, Keramitsis, Ienco (59' Oliveras); Pagano (60' Graziani), Vetkal, Pisilli (59' Mannini); Costa Cesco, Mlakar (82' Bolzan), Cherubini

A disposizione: Razumejevs, Mirra, Cichella, Ivkovic, Guerrero, Bah, Marazzotti

Allenatore: Federico Guidi

VERONA U19 (3-4-1-2): Toniolo; Caneva (84' Minnocci), Calabrese, Corradi; Patane (71' Pavanati), Dalla Riva (79' De Franceschi), Riahi, Rigo (84' Agbonifo); Cisse; Diao, Braaf (72' Vermesan)

A disposizione: Marchetti, Albertini, Eyeh, Ventura, Trevisan, Dentale

Allenatore: Paolo Sammarco

ARBITRO: Domenico Mirabella

AMMONITI: 13' Costa Cesco (R); 20' Costa Cesco (R); 39' Ienco (R); 40' Calabrese (V); 40' D'Alessio (R); 41' Riahi (V); 45' Riahi (V); 76' Cherubini (R); 83' Pavanati (V); 89' De Franceschi (V)

ESPULSI: 20' Costa Cesco (R); 45' Riahi (V)

26/11/2023 ore 11:00

SAMPDORIA U19 - JUVENTUS U19 4-0

Marcatori: 42' Polli (Rig.) (S), 56' Conti (S), 64' D'Amore (S), 90+3' Lemina (S)

SAMPDORIA U19 (4-3-3): Scardigno; Porcu, Lotjonen (34' Pellizzaro), D'Amore, Langella; Conti (88' Pozzato), Valisena, Alesi (89' Lemina); Chilafi (38' Gomes Scarpino), Polli (88' Uberti), Ntanda Lukisa

A disposizione: Gentile, Devic, Ventre, Buyla, Balduzzi, Ovalle Santos

Allenatore: David Sassarini

JUVENTUS U19 (3-4-2-1): Fuscaldo; Savio, Bassino, Domanico; Turco (62' Grelaud), Ngana, Ripani (70' Mazur), Firman; Vacca, Florea (62' Crapisto); Pugno (55' Scienza)

A disposizione: Zelezny Radoslaw, Martinez Crous, Scarpetta, Gil Pulche, Grosso, Biggi, Giorgi

Allenatore: Paolo Montero

ARBITRO: Gioele Iacobellis

AMMONITI: 32' Vacca (J); 36' Alesi (S); 43' Gomes Scarpino (S); 73' D'Amore (S)

ESPULSI: 90' Vacca (J)

27/11/2023 ore 16:00

SASSUOLO U19 - MONZA U19 3-1

Marcatori: 18' Marras (M), 27' Russo (Rig.) (S), 34' Caragea (S), 41' Cinquegrano (S)

SASSUOLO U19 (4-3-1-2): Theiner; Cinquegrano, Loeffen, Cannavaro, Falasca (90' Piantedosi); Leone (80' Lopes), Lipani, Kumi; Bruno (80' Knezovic); Caragea (68' Neophytou), Russo (90' Baldari)

A disposizione: Scacchetti, Di Bitonto, Ioannou, Parlato, Petrosino, Rovatti

Allenatore: Emiliano Bigica

MONZA U19 (4-3-1-2): Mazza; Zoppi (46' Cagia), Ravelli (72' Dell'Acqua), Kassama, Capolupo (46' Fernandes); Lupinetti, Colombo, Berretta (83' Giubrone); Marras; Ferraris (83' Nene), Antunovic

A disposizione: Ciardi, Bagnaschi, Brugarello, Arpino, Graziano, Maussi Martins

Allenatore: Alessandro Lupi

ARBITRO: Andrea Zanotti

AMMONITI: 9' Kassama (M); 26' Zoppi (M); 29' Berretta (M); 32' Leone (S)

ESPULSI: nessuno

26/11/2023 ore 13:00

TORINO U19 - FIORENTINA U19 2-1

Marcatori: 27' Ruszel (T), 58' Sene (Rig.) (F), 70' Gabellini (T)

TORINO U19 (4-3-2-1): Bellocci; Dellavalle, Rettore, Mendes, Bianay Balcot; Dalla Vecchia, Ruszel, Silva (53' Njie); Longoni, Ciammaglichella; Padula (29' Gabellini)

A disposizione: Cabella, Desole, Bonadiman, Muntu Wa Mungu, Acar, Perciun, Di Paolo, Franzoni

Allenatore: Giuseppe Scurto

FIORENTINA U19 (3-4-1-2): Martinelli (38' Vannucchi); Romani, Biagetti, Comuzzo; Vigiani (75' Puzzoli), Amatucci (75' Ievoli), Harder, Fortini; Rubino (63' Padilla); Braschi (63' Caprini), Sene

A disposizione: Sadotti, Elia, Vitolo, Gudelevicius, Scuderi, Spaggiari

Allenatore: Daniele Galloppa

ARBITRO: Filippo Giaccaglia

AMMONITI: 20' Ruszel (T); 68' Dellavalle (T); 69' Amatucci (F); 71' Dalla Vecchia (T); 84' Njie (T)

ESPULSI: nessuno

12

GIORNATA	
Atalanta U19	3
Lecce U19	3
Bologna U19	4
Monza U19	3
Cagliari U19	1
Empoli U19	1
Fiorentina U19	0
Sassuolo U19	1
Genoa U19	1
Sampdoria U19	0
Verona U19	3
Torino U19	3
Inter U19	1
Roma U19	1
Juventus U19	5
Frosinone U19	2
Lazio U19	1
Milan U19	0

02/12/2023 ore 14:30

ATALANTA U19 - LECCE U19 3-3
Marcatori: 2' McJannet (L), 8' Agrimi (L), 55' Vlahovic (Rig.) (A), 60' Vlahovic (Rig.) (A), 72' Burnete (Rig.) (L), 77' Vlahovic (A)
ATALANTA U19 (3-4-2-1): Pardel; Obric (46' Tornaghi), Comi, Guerini (76' Gariani); Chiggiato (46' Cassa; 76' Capac), Colombo, Manzoni, Simonetto (46' Castiello); Bonanomi, Vavassori; Vlahovic
A disposizione: Sala, Ghezzi, Riccio, Armstrong, Fiogbe, Jónsson
Allenatore: Giovanni Bosi
LECCE U19 (4-3-3): Borbei; Minerva, Pacia, Davis, Kongslev (61' Munoz); McJannet, Vulturar, Samek (90' Gromek); Corfitzen (81' Helm), Burnete, Agrimi (81' Adewale)
A disposizione: Leone, Herceg, Zivanovic, Borgo, Lukoki, Jemo, Vescan-Kodor
Allenatore: Federico Coppitelli
ARBITRO: Cristiano Ursini
AMMONITI: 17' McJannet (L); 30' Bonanomi (A); 43' Obric (A); 52' Comi (A); 68' Agrimi (L); 70' Pardel (A)
ESPULSI: 83' Minerva (L)

04/12/2023 ore 14:30

BOLOGNA U19 - MONZA U19 4-3
Marcatori: 20' Byar (B), 31' Antunovic (M), 42' Amey (B), 47' Tonin (B), 49' Ebone (B), 65' Brugarello (M), 85' Colombo (M)
BOLOGNA U19 (4-3-1-2): Pessina; Mercier (56' Hodzic), De Luca, Amey, Baroncioni; Byar, Rosetti, Diop; Menegazzo; Ebone (70' Cesari), Tonin (60' Ravaglioli)
A disposizione: Gasperini, Happonen, Carretti, Zilio, Barbaro, Idaro, Busato, Mangiameli

Allenatore: Luca Vigiani
MONZA U19 (3-5-2): Mazza; Kassama, Brugarello, Cagia (53' Colombo); Marras, Berretta (86' Nene), Giubrone, Lupinetti, Dell'Acqua (46' Zoppi); Ferraris, Antunovic
A disposizione: Ciardi, Bagnaschi, Ravelli, Capolupo, De Crescenzo, Graziano, Maussi Martins, Fernandes
Allenatore: Oscar Brevi
ARBITRO: Michele Delrio
AMMONITI: 39' Giubrone (M); 76' Cesari (B); 78' Zoppi (M); 80' Ravaglioli (B); 90+5' Colombo (M)
ESPULSI: nessuno

02/12/2023 ore 12:30

CAGLIARI U19 - EMPOLI U19 1-1
Marcatori: 10' Konate (C), 90+4' Vallarelli (E)
CAGLIARI U19 (4-3-3): Iliev; Arba, Cogoni, Catena, Idrissi; Carboni (90+2' Malfitano), Marcolini, Sulev Stoyanov (85' Deriu); Desogus (65' Achour), Konate, Vinciguerra
A disposizione: Renna, Pintus, Franke, Casali, Conti, Balde, Pulina, Trepy
Allenatore: Fabio Pisacane
EMPOLI U19 (4-3-1-2): Stubljar; Boli, Stassin, Indragoli, Mannelli (87' Barsotti); Vallarelli, Bacci (67' El Biache), Bacciardi; Sodero (87' Fini); Corona, Nabian (60' Ansah Yeboh)
A disposizione: Seghetti, Gaj, Majdandzic, Falcusan, Tosto, Stoyanov, Kaczmarski
Allenatore: Alessandro Birindelli
ARBITRO: Alessandro Silvestri
AMMONITI: 34' Desogus (C); 40' Marcolini (C); 71' El Biache (E); 90+6' Vallarelli (E)
ESPULSI: nessuno

02/12/2023 ore 15:00

FIORENTINA U19 - SASSUOLO U19 0-1
Marcatori: 7' Russo (S)
FIORENTINA U19 (4-3-3): Tognetti; Vigiani (86' Puzzoli), Comuzzo, Elia (67' Scuderi), Fortini, Ievoli, Gudelevicius, Vitolo (46' Biagetti); Rubino, Braschi (46' Caprini), Padilla (67' Sene)
A disposizione: Dolfi, Sadotti, Maggini, Mignani, Spaggiari, Guidobaldi
Allenatore: Daniele Galloppa
SASSUOLO U19 (4-3-1-2): Theiner; Cinquegrano, Loeffen, Cannavaro, Falasca; Leone, Lipani, Kumi (86' Lopes); Bruno; Caragea (77' Neophytou), Russo (86' Baldari)
A disposizione: Scacchetti, Piantedosi, Ioannou, Corradini, Parlato, Knezovic, Pigati, Petrosino
Allenatore: Emiliano Bigica
ARBITRO: Valerio Pezzopane
AMMONITI: 14' Vitolo (F); 37' Fortini (F); 64' Biagetti (F); 82' Bruno (S); 90+1' Ievoli (F)
ESPULSI: espulso l'allenatore Daniele Galloppa (Fiorentina U19)

01/12/2023 ore 15:15

GENOA U19 - SAMPDORIA U19 1-0
Marcatori: 39' Ghirardello (G)
GENOA U19 (4-2-3-1): Calvani; Scaravilli, Pittino, Cisse, Sarpa; Kuavita, Palella (74' Arboscello); Omar Abdiskakur (56' Thorsteinsson), Papadopoulos, Romano; Ghirardello (82' Ekhator)
A disposizione: Bertini, Tosi, Abdellaoui, Meconi, Barbini, Bosia, Algueche, Gonçalinho
Allenatore: Alessandro Agostini
SAMPDORIA U19 (4-3-3): Scardigno; Porcu (55' Porzi), Pellizzaro (55' Costantino), D'Amore, Langella; Conti, Valisena, Alesi (77' Pozzato); Gomes Scarpino (55' Lemina), Polli (55' Leonardi), Ntanda Lukisa
A disposizione: Gentile, Lotjonen, Georgiadis, Uberti, Chiesa, Ovalle Santos
Allenatore: David Sassarini

ARBITRO: Emanuele Frascaro

AMMONITI: 12' Omar Abdiskakur (G); 14' Kuavita (G); 34' Papadopoulos (G); 50' Pellizzaro (S); 70' Scaravilli (G); 73' Langella (S); 75' Arboscello (G); 86' Scaravilli (G); 88' Romano (G); 89' Conti (S)

ESPULSI: 86' Scaravilli (G)

02/12/2023 ore 13:00

VERONA U19 - TORINO U19 3-3

Marcatori: 1' Diao (V), 3' Longoni (T), 4' Cisse (V), 47' Ciammaglichella (T), 49' Ciammaglichella (T), 60' Patane (V)

VERONA U19 (3-4-1-2): Toniolo; Minnocci (63' Caneva), Corradi, De Battisti; Patane (88' D'Agostino), Dalla Riva (46' De Franceschi), Szimionas (63' Agbonifo), Rigo; Cisse; Diao, Dentale (88' Ajayi)

A disposizione: Marchetti, Albertini, Eyeh, Trevisan, Pavanati, Vermesan

Allenatore: Paolo Sammarco

TORINO U19 (4-3-3): Bellocci; Dellavalle, Rettore (46' Antolini), Mendes, Bianay Balcot; Acar (46' Njie), Ruszel, Silva (81' Dalla Vecchia); Longoni (46' Savva), Gabellini (62' Franzoni), Ciammaglichella

A disposizione: Cabella, Bonadiman, Keita, Muntu Wa Mungu, Perciun, Marchioro

Allenatore: Giuseppe Scurto

ARBITRO: Marco Di Loreto

AMMONITI: 30' Dalla Riva (V); 38' Szimionas (V); 90+4' Bianay Balcot (T)

ESPULSI: nessuno

03/12/2023 ore 11:00

INTER U19 - ROMA U19 1-1

Marcatori: 8' Pagano (R), 40' Berenbruch (I)

INTER U19 (4-3-3): Calligaris; Aidoo, Stante, Matjaz, Cocchi; Berenbruch, Stankovic, Akinsanmiro (89' Spinacce); Kamate (76' Di Maggio), Zuberek (61' Sarr), Diallo (61' Quieto)

A disposizione: Raimondi, Nezirevic, Motta, Guercio, Alexiou, Bovo, Ricordi

Allenatore: Cristian Chivu

ROMA U19 (4-3-3): Bellucci Marin; D'Alessio, Plaia (85' Ienco), Keramitsis, Oliveras; Pagano, Vetkal, Pisilli; Mannini, Mlakar (85' Bolzan), Cherubini

A disposizione: Razumejevs, De Franceschi, Cichella, Ivkovic, Guerrero, Graziani, Nardin, Nardozi, Marazzotti

Allenatore: Federico Guidi

ARBITRO: Valerio Crezzini

AMMONITI: 35' Matjaz (I); 36' D'Alessio (R); 62' Keramitsis (R); 71' Kamate (I); 78' Berenbruch (I); 80' Cocchi (I)

ESPULSI: nessuno

02/12/2023 ore 11:00

JUVENTUS U19 - FROSINONE U19 5-2

Marcatori: 10' Pugno (J), 15' Turco (J), 18' Boccia (Rig.) (F), 29' Savio (J), 36' Finocchiaro (J), 69' Pugno (J), 77' Boccia (F)

JUVENTUS U19 (3-4-2-1): Fuscaldo; Savio, Gil Pulche, Martinez Crous; Turco (46' Bassino), Ngana, Ripani (76' Boufandar), Pagnucco (57' Firman); Crapisto (57' Scienza), Finocchiaro (46' Florea); Pugno

A disposizione: Zelezny Radoslaw, Scarpetta, Grosso, Owosu, Biggi, Giorgi

Allenatore: Paolo Montero

FROSINONE U19 (4-3-2-1): Avella; Amerighi (67' Dixon), Macej, Kamensek-Pahic, Paura; Milazzo (82' Molignano), Cisse, Romano R.; Boccia, Ferizaj; Cichero (67' Mezsargs)

A disposizione: Romano T., Lagonigro, Stefanelli, Severino, Shkambaj, Voncina, Fiorito

Allenatore: Giorgio Gorgone

ARBITRO: Giuseppe Claudio Allegretta

AMMONITI: 17' Finocchiaro (J); 68' Cisse (F)

ESPULSI: nessuno

02/12/2023 ore 13:00

LAZIO U19 - MILAN U19 1-0

Marcatori: 17' Gonzalez (L)

LAZIO U19 (4-3-3): Magro; Zazza, Dutu, Petta, Milani; Yordanov (82' Cappelli), Bordon, Di Tommaso; Gonzalez (50' Sardo), D'Agostini (90+2' Cuzzarella), Fernandes (90+2' Sulejmani)

A disposizione: Renzetti, Bedini, Marini, Ferrari, Nazzarro, Tredicine, Bigotti

Allenatore: Stefano Sanderra

MILAN U19 (4-3-3): Bartoccioni; Bakoune (73' Pereira), Paloschi, Nsiala-Makengo, Magni; Stalmach (65' Eletu), Malaspina (65' Bonomi), Zeroli; Cuenca Martinez (86' Sala), Sia, Scotti (73' Liberali)

A disposizione: Raveyre, Torriani, Parmiggiani, Nissen, Skoczylas, Martinazzi

Allenatore: Ignazio Abate

ARBITRO: Antonino Costanza

AMMONITI: 63' Scotti (M); 63' Di Tommaso (L); 90' Zeroli (M)

ESPULSI: nessuno

13

GIORNATA

Bologna U19	2
Lazio U19	1
Frosinone U19	1
Verona U19	1
Lecce U19	2
Empoli U19	0
Milan U19	2
Genoa U19	1
Monza U19	1
Inter U19	1
Roma U19	3
Atalanta U19	2

Sampdoria U19	1
Fiorentina U19	4
Sassuolo U19	1
Juventus U19	1
Torino U19	3
Cagliari U19	1

10/12/2023 ore 11:00
BOLOGNA U19 - LAZIO U19 2-1
Marcatori: 49' Ebone (B), 85' Ravaglioli (B), 87' Sardo (L)
BOLOGNA U19 (4-3-1-2): Pessina; Amey, De Luca, Diop (84' Carretti), Baroncioni; Byar, Rosetti, Menegazzo; Cesari (84' Ravaglioli); Ebone (84' Mangiameli), Tonin (69' Hodzic)
A disposizione: Gasperini, Zilio, Idaro, Busato, Mukelenge
Allenatore: Luca Vigiani
LAZIO U19 (4-3-3): Magro; Bedini (57' Zazza), Ruggeri (90+2' Cuzzarella), Dutu, Milani; Yordanov (57' Napolitano), Bordon, Sardo; Gonzalez, D'Agostini (74' Sulejmani), Fernandes
A disposizione: Martinelli, Renzetti, Petta, Tredicine, Bigotti
Allenatore: Stefano Sanderra
ARBITRO: Andrea Zanotti
AMMONITI: 54' Fernandes (L); 61' Amey (B); 89' Byar (B); 90' Gonzalez (L); 90+3' Cuzzarella (L)
ESPULSI: nessuno

09/12/2023 ore 11:00
FROSINONE U19 - VERONA U19 1-1
Marcatori: 27' Mezsargs (F), 43' Diao (V)
FROSINONE U19 (3-5-2): Avella; Paura, Kamensek-Pahic, Macej (46' Amerighi); Romano R., Boccia, Ferizaj, Cisse, Stefanelli (72' Dixon); Mezsargs (77' Shkambaj), Cichero (51' Voncina)
A disposizione: Romano T., Lagonigro, Rocci, Molignano, Fiorito
Allenatore: Lorenzo Pittiglio
VERONA U19 (3-5-2): Toniolo; De Battisti, Calabrese, Corradi; Patane, Dalla Riva, Cisse, Riahi (65' D'Agostino), Rigo (85' Agbonifo); Diao (66' Vermesan), Dentale (85' Ajayi)
A disposizione: Marchetti, Nwanege, Fagoni, De Franceschi, Szimionas, Minnocci, Pavanati
Allenatore: Paolo Sammarco
ARBITRO: Luca Cherchi
AMMONITI: 22' Cisse (V); 23' Corradi (V); 64' Patane (V); 77' Voncina (F); 78' Boccia (F); 88' Cisse (F)
ESPULSI: nessuno

10/12/2023 ore 13:00
LECCE U19 - EMPOLI U19 2-0
Marcatori: 40' McJannet (L), 63' McJannet (L)
LECCE U19 (4-3-3): Borbei; Russo (30' Davis), Pascalau, Pacia, Addo; McJannet, Vulturar, Samek; Corfitzen (89' Munoz), Burnete, Agrimi (84' Kongslev)
A disposizione: Leone, Adewale, Baxter, Gromek, Borgo, Lukoki, Jemo, Vescan-Kodor
Allenatore: Federico Coppitelli
EMPOLI U19 (4-3-2-1): Stubljar; Gaj, Stassin (82' Falcusan), Indragoli, Mannelli (56' Barsi); Vallarelli, Bacci, Barsotti (56' Bocci); Sodero (75' Mboumbou), El Biache (82' Kaczmarski); Corona
A disposizione: Seghetti, Majdandzic, De Ferdinando, Tosto, Stoyanov, Bacciardi
Allenatore: Alessandro Birindelli
ARBITRO: Simone Gavini
AMMONITI: 35' Corona (E); 53' Barsotti (E); 71' Pascalau (L); 77' Vallarelli (E); 81' Borbei (L); 87' Burnete (L)
ESPULSI: nessuno

09/12/2023 ore 13:00
MILAN U19 - GENOA U19 2-1
Marcatori: 54' Omar Abdiskakur (G), 80' Camarda (M), 90+3' Cuenca Martinez (M)
MILAN U19 (4-2-3-1): Raveyre; Magni, Paloschi (77' Parmiggiani), Nsiala-Makengo, Jimenez (77' Bakoune); Malaspina (66' Bonomi), Stalmach (17' Sala); Scotti (66' Liberali), Cuenca Martinez, Sia; Camarda
A disposizione: Bartoccioni, Nissen, De Bonis, Perina, Skoczylas, Martinazzi
Allenatore: Ignazio Abate
GENOA U19 (4-2-3-1): Consiglio; Bosia (46' Tosi), Algueche, Abdellaoui, Sarpa; Arboscello, Gonçalinho (70' Rossi); Thorsteinsson (46' Omar Abdiskakur; 86' Venturino), Papadopoulos, Romano; Ekhator (79' Ghirardello)
A disposizione: Calvani, Ferroni, Meconi, Barbini, Cisse, Pittino
Allenatore: Alessandro Agostini
ARBITRO: Marco Emmanuele
AMMONITI: 26' Bosia (G); 29' Malaspina (M); 56' Gonçalinho (G); 65' Magni (M); 83' Sarpa (G); 85' Papadopoulos (G)
ESPULSI: nessuno

09/12/2023 ore 11:00
MONZA U19 - INTER U19 1-1
Marcatori: 27' Stankovic (I), 35' Antunovic (M)
MONZA U19 (4-5-1): Mazza; Bagnaschi, Kassama, Brugarello, Capolupo; Marras, Dell'Acqua (63' Arpino), Lupinetti, Colombo (78' Cattaneo), Zoppi; Antunovic (73' Fernandes)
A disposizione: Ciardi, Ravelli, Cagia, Berretta, Graziano, Maussi Martins, Zini, Nene
Allenatore: Alessandro Lupi
INTER U19 (4-3-3): Raimondi; Nezirevic (76' Motta), Guercio, Matjaz (28' Alexiou),

Cocchi; Berenbruch (57' Di Maggio), Stankovic, Akinsanmiro; De Pieri (57' Quieto), Zuberek (57' Spinacce), Sarr

A disposizione: Tommasi, Stante, Mazzola, Bovo, Ricordi, Diallo
Allenatore: Cristian Chivu
ARBITRO: Matteo Canci
AMMONITI: 50' Dell'Acqua (M); 52' Zuberek (I); 88' Capolupo (M)
ESPULSI: nessuno

<u>11/12/2023 ore 14:30</u>
ROMA U19 - ATALANTA U19 3-2
Marcatori: 16' Manzoni (A), 21' Costa Cesco (R), 32' Mlakar (R), 72' Cherubini (R), 90+4' Vlahovic (A)
ROMA U19 (4-3-3): Bellucci Marin; Louakima (73' Golic), Plaia, Keramitsis, Oliveras (81' Ienco); Graziani (64' Ivkovic), Vetkal, Mannini; Costa Cesco (81' Marazzotti), Mlakar, Cherubini

A disposizione: Razumejevs, Cichella, Guerrero, Bah, Nardin, Romano, Nardozi
Allenatore: Federico Guidi
ATALANTA U19 (3-5-2): Pardel; Regonesi, Comi, Tornaghi; Guerini (87' Fiogbe), Mendicino, Manzoni, Colombo (79' Gariani; 90+5' Ghezzi), Capac (46' Vavassori); Castiello (79' Bonanomi), Vlahovic

A disposizione: Illipronti, Sala, Obric, Simonetto, Tavanti, Jónsson
Allenatore: Marco Fioretto
ARBITRO: Silvia Gasperotti
AMMONITI: 28' Costa Cesco (R); 49' Cherubini (R); 84' Manzoni (A); 90+4' Keramitsis (R)
ESPULSI: nessuno

<u>10/12/2023 ore 14:30</u>
SAMPDORIA U19 - FIORENTINA U19 1-4
Marcatori: 32' Caprini (F), 38' Caprini (F), 57' Biagetti (F), 81' Rubino (F), 90+2' Uberti (S)
SAMPDORIA U19 (4-3-3):

Scardigno; Porzi (46' Georgiadis), D'Amore, Costantino, Langella; Conti (75' Pozzato), Valisena (46' Uberti), Alesi; Gomes Scarpino (46' Lemina), Polli (46' Leonardi), Ntanda Lukisa

A disposizione: Gentile, Porcu, Pellizzaro, Buyla, Chiesa, Ovalle Santos
Allenatore: David Sassarini
FIORENTINA U19 (3-4-2-1): Tognetti; Elia, Biagetti, Comuzzo (86' Baroncelli); Vigiani (74' Maggini), Amatucci, Ievoli, Fortini (86' Scuderi); Padilla (60' Spaggiari), Rubino; Caprini (74' Sene)

A disposizione: Lopez, Vitolo, Gudelevicius, Romani, Braschi, Guidobaldi
Allenatore: Daniele Galloppa
ARBITRO: Giuseppe Maria Manzo
AMMONITI: 28' Valisena (S); 35' Conti (S); 74' Georgiadis (S)
ESPULSI: nessuno

<u>10/12/2023 ore 11:00</u>
SASSUOLO U19 - JUVENTUS U19 1-1
Marcatori: 47' Pagnucco (Rig.) (J), 54' Russo (Rig.) (S)
SASSUOLO U19 (4-3-1-2): Theiner; Cinquegrano, Loeffen, Cannavaro, Falasca (89' Piantedosi); Leone, Pigati (63' Knezovic), Kumi; Bruno; Caragea (74' Rovatti), Russo

A disposizione: Scacchetti, Di Bitonto, Ioannou, Parlato, Lopes, Petrosino, Baldari, Neophytou
Allenatore: Emiliano Bigica
JUVENTUS U19 (3-4-2-1): Fuscaldo; Savio, Gil Pulche, Martinez Crous; Turco, Florea, Ngana, Pagnucco; Crapisto (62' Bassino), Finocchiaro (30' Scienza); Pugno (74' Owosu)

A disposizione: Zelezny Radoslaw, Scarpetta, Grosso, Biggi, Giorgi
Allenatore: Paolo Montero
ARBITRO: Mattia Nigro
AMMONITI: 52' Cannavaro

(S); 57' Florea (J); 79' Falasca (S)
ESPULSI: 53' Martinez Crous (J)

<u>10/12/2023 ore 15:00</u>
TORINO U19 - CAGLIARI U19 3-1
Marcatori: 32' Savva (T), 36' Carboni (Rig.) (C), 42' Franzoni (T), 55' Dellavalle (Rig.) (T)
TORINO U19 (4-3-3): Bellocci; Dellavalle, Rettore (46' Bianay Balcot), Mendes, Antolini; Ciammaglichella, Ruszel, Dalla Vecchia; Savva, Franzoni (74' Silva), Njie (79' Gabellini)

A disposizione: Cabella, Bonadiman, Keita, Muntu Wa Mungu, Acar, Perciun, Longoni, Marchioro
Allenatore: Giuseppe Scurto
CAGLIARI U19 (4-3-1-2): Iliev; Arba, Cogoni, Catena (59' Pintus), Idrissi (81' Deriu); Sulev Stoyanov (61' Pulina), Marcolini (81' Malfitano), Carboni; Vinciguerra; Mutandwa (81' Achour), Konate

A disposizione: Renna, Franke, Casali, Conti, Balde
Allenatore: Fabio Pisacane
ARBITRO: Michele Delrio
AMMONITI: 58' Mutandwa (C); 77' Iliev (C); 77' Njie (T); 84' Ruszel (T)
ESPULSI: nessuno

14

GIORNATA	
Atalanta U19	1
Torino U19	1
Cagliari U19	4
Frosinone U19	2
Empoli U19	3
Sampdoria U19	0
Fiorentina U19	0
Lecce U19	2

Genoa U19	1
Roma U19	2
Verona U19	1
Sassuolo U19	0
Inter U19	1
Milan U19	1
Juventus U19	1
Bologna U19	2
Lazio U19	1
Monza U19	1

16/12/2023 ore 13:00

ATALANTA U19 - TORINO U19 1-1

Marcatori: 72' Vlahovic (A), 77' Dellavalle (Rig.) (T)

ATALANTA U19 (3-4-2-1): Pardel; Obric, Comi, Guerini (83' Capac); Ghezzi (74' Tornaghi), Colombo, Manzoni, Simonetto (83' Castiello); Bonanomi, Vavassori (83' Armstrong); Vlahovic

A disposizione: Sala, Bordiga, Tavanti, Parilla, Fiogbe, Jónsson, Martinelli

Allenatore: Giovanni Bosi

TORINO U19 (4-3-3): Bellocci; Bianay Balcot, Mendes, Dellavalle, Antolini; Ciammaglichella (90+1' Perciun), Dalla Vecchia, Silva (66' Longoni); Savva, Franzoni (66' Gabellini), Njie (81' Dell'Aquila)

A disposizione: Cabella, Rettore, Keita, Muntu Wa Mungu, Mahari, Acar, Marchioro

Allenatore: Giuseppe Scurto

ARBITRO: Fabio Rosario Luongo

AMMONITI: 24' Colombo (A); 42' Antolini (T); 76' Guerini (A)

ESPULSI: nessuno

16/12/2023 ore 13:00

CAGLIARI U19 - FROSINONE U19 4-2

Marcatori: 34' Marcolini (C), 62' Mezsargs (F), 67' Achour (Rig.) (C), 75' Achour (C), 81' Idrissi (C), 90' Mezsargs (F)

CAGLIARI U19 (4-3-1-2): Iliev; Arba, Cogoni, Catena, Idrissi; Sulev Stoyanov (55' Carboni), Marcolini, Malfitano; Vinciguerra; Achour (77' Conti), Konate (77' Mutandwa)

A disposizione: Renna, Pintus, Franke, Casali, Deriu, Balde, Pulina

Allenatore: Fabio Pisacane

FROSINONE U19 (3-4-3): Avella; Severino, Giunashvili, Paura; Amerighi (78' Shkambaj), Ferizaj, Molignano (70' Stefanelli), Romano R.; Mezsargs, Cichero (78' Voncina), Dixon

A disposizione: Romano T., Lagonigro, Rocci, Rizzo, Pone, Fiorito

Allenatore: Angelo Adamo Gregucci

ARBITRO: Gabriele Restaldo

AMMONITI: 31' Molignano (F); 65' Giunashvili (F); 65' Konate (C); 89' Mutandwa (C)

ESPULSI: nessuno

15/12/2023 ore 14:30

EMPOLI U19 - SAMPDORIA U19 3-0

Marcatori: 16' Corona (E), 21' Sodero (E), 59' Corona (E)

EMPOLI U19 (4-3-2-1): Stubljar; Boli (84' Gaj), Mannelli, Indragoli, Barsi (84' Majdandzic); Bacci (85' Bacciardi), Kaczmarski (72' Bonassi), Vallarelli; Sodero, El Biache; Corona (78' Popov)

A disposizione: Seghetti, Stassin, Tosto, Stoyanov, Bocci, Fini

Allenatore: Alessandro Birindelli

SAMPDORIA U19 (4-3-3): Scardigno; Porcu, Pellizzaro (57' D'Amore), Costantino, Langella; Conti, Uberti, Alesi (46' Valisena); Pozzato, Polli (46' Gomes Scarpino), Leonardi (73' Dacourt)

A disposizione: Gentile, Lotjonen, Georgiadis, Ventre, Meloni, Chiesa, Ovalle Santos

Allenatore: David Sassarini

ARBITRO: Gabriele Totaro

AMMONITI: 77' Boli (E)

ESPULSI: 7' Uberti (S)

16/12/2023 ore 11:00

FIORENTINA U19 - LECCE U19 0-2

Marcatori: 71' McJannet (L), 74' Agrimi (L)

FIORENTINA U19 (3-4-2-1): Tognetti; Elia, Biagetti (90+2' Baroncelli), Comuzzo; Vigiani (64' Maggini; 72' Spaggiari), Ievoli, Vitolo (90+1' Gudelevicius), Fortini; Padilla (64' Braschi), Rubino; Caprini

A disposizione: Dolfi, Romani, Mignani, Scuderi, Denes, Guidobaldi

Allenatore: Daniele Galloppa

LECCE U19 (4-3-3): Borbei; Minerva, Pascalau, Pacia, Addo; McJannet, Vulturar, Samek; Corfitzen (83' Munoz), Burnete, Agrimi

A disposizione: Lampinen-Skaug, Leone, Kongslev, Davis, Zivanovic, Gromek, Borgo, Lukoki, Jemo, Vescan-Kodor

Allenatore: Federico Coppitelli

ARBITRO: Jules Roland Andeng Tona Mbei

AMMONITI: 20' Burnete (L); 25' McJannet (L); 46' Vulturar (L); 48' Biagetti (F); 54' Elia (F); 67' Pacia (L); 90+4' Rubino (F); 90+4' Samek (L)

ESPULSI: nessuno

17/12/2023 ore 14:00

GENOA U19 - ROMA U19 1-2

Marcatori: 15' Mlakar (R), 45+1' Gonçalinho (G), 81' Marazzotti (R)

GENOA U19 (4-2-3-1): Calvani; Scaravilli, Cisse, Abdellaoui (81' Pittino), Sarpa; Arboscello, Gonçalinho (84' Thorsteinsson); Omar Abdiskakur, Papadopoulos, Romano; Ekhator (81' Bornosuzov)

A disposizione: Bertini, Ceppi, Tosi, Ferroni, Meconi, Algueche, Rossi, Natale

Allenatore: Alessandro Agostini

ROMA U19 (4-3-3): Bellucci

Marin; Louakima, Golic, Plaia, Oliveras; D'Alessio, Cichella, Graziani (50' Ienco); Mannini, Marazzotti (84' Bah), Mlakar

A disposizione: Razumejevs, De Franceschi, Mirra, Guerrero, Nardin, Della Rocca, Levak, Romano, Nardozi

Allenatore: Federico Guidi

ARBITRO: Antonio Di Reda

AMMONITI: 10' Papadopoulos (G); 34' Louakima (R); 45' Plaia (R); 51' Cichella (R); 58' Arboscello (G); 73' Sarpa (G); 90+3' Bellucci Marin (R)

ESPULSI: nessuno

16/12/2023 ore 15:00

VERONA U19 - SASSUOLO U19 1-0

Marcatori: 79' Diao (V)

VERONA U19 (3-5-2): Toniolo; Nwanege, Calabrese, Corradi; Patane (71' Agbonifo), Charlys, D'Agostino (88' Dalla Riva), Riahi (46' Ajayi), De Battisti (71' Rigo); Cisse, Diao

A disposizione: Marchetti, De Franceschi, Szimionas, Minnocci, Pavanati, Dentale, Vermesan

Allenatore: Paolo Sammarco

SASSUOLO U19 (4-3-1-2): Theiner; Cinquegrano (89' Rovatti), Di Bitonto, Cannavaro, Piantedosi (89' Neophytou); Leone (89' Caragea), Pigati (70' Knezovic), Kumi; Bruno; Baldari (29' Vezzosi), Russo

A disposizione: Scacchetti, Ioannou, Ferrandino, Parlato, Lopes, Petrosino

Allenatore: Emiliano Bigica

ARBITRO: Giuseppe Claudio Allegretta

AMMONITI: 24' Di Bitonto (S); 27' Di Bitonto (S); 40' Riahi (V); 50' De Battisti (V); 65' Pigati (S); 87' Agbonifo (V)

ESPULSI: 27' Di Bitonto (S)

17/12/2023 ore 11:00

INTER U19 - MILAN U19 1-1

Marcatori: 19' Cuenca Martinez (M), 63' Di Maggio (I)

INTER U19 (4-3-3): Calligaris; Aidoo, Stante, Matjaz, Cocchi (79' Motta); Akinsanmiro (56' Spinacce), Stankovic, Di Maggio; Kamate (89' Bovo), Sarr, Quieto (79' Vedovati)

A disposizione: Raimondi, Nezirevic, Guercio, Maye, Mazzola, Ricordi, Diallo

Allenatore: Cristian Chivu

MILAN U19 (4-2-3-1): Raveyre; Bakoune, Parmiggiani, Malaspina, Magni; Stalmach, Zeroli; Scotti, Cuenca Martinez (85' Sala), Traore (72' Bonomi); Camarda (60' Sia)

A disposizione: Torriani, Bartoccioni, Pereira, Tezzele, Eletu, Liberali, Martinazzi, Simmelhack

Allenatore: Ignazio Abate

ARBITRO: Andrea Bordin

AMMONITI: 7' Bakoune (M); 35' Akinsanmiro (I); 45+1' Stante (I); 46' Bakoune (M); 64' Matjaz (I); 77' Raveyre (M); 80' Magni (M)

ESPULSI: 46' Bakoune (M)

16/12/2023 ore 13:00

JUVENTUS U19 - BOLOGNA U19 1-2

Marcatori: 14' Ebone (B), 65' Scienza (J), 90+4' Tonin (B)

JUVENTUS U19 (3-4-2-1): Crespi; Savio, Bassino, Gil Pulche; Turco (76' Domanico), Ngana, Ripani, Pagnucco; Crapisto (62' Scienza), Florea (82' Grosso); Pugno

A disposizione: Fuscaldo, Scarpetta, Boufandar, Owosu, Firman, Biggi, Giorgi

Allenatore: Paolo Montero

BOLOGNA U19 (4-3-2-1): Pessina; Amey, Diop (46' Mercier), De Luca, Baroncioni; Byar, Rosetti, Hodzic (63' Tonin); Cesari (76' Carretti), Menegazzo; Ebone (63' Mangiameli)

A disposizione: Gasperini, Zilio, Idaro, Schiavoni, Busato, Ravaglioli, Mukelenge

Allenatore: Luca Vigiani

ARBITRO: Lorenzo Maccarini

AMMONITI: 39' Baroncioni (B); 42' Ngana (J); 53' Gil Pulche (J); 59' Hodzic (B); 77' Mercier (B); 84' Domanico (J); 90+4' Ravaglioli (B)

ESPULSI: nessuno

17/12/2023 ore 11:00

LAZIO U19 - MONZA U19 1-1

Marcatori: 57' Milani (L), 90+5' Colombo (M)

LAZIO U19 (4-3-3): Magro; Zazza, Dutu, Petta, Milani; Di Tommaso (78' Napolitano), Nazzarro (79' Bordon), Sardo; Gonzalez (84' D'Agostini), Sulejmani (46' Cuzzarella), Fernandes (90+1' Cappelli)

A disposizione: Martinelli, Renzetti, Bedini, Tredicine, Bigotti

Allenatore: Stefano Sanderra

MONZA U19 (4-3-3): Mazza; Bagnaschi (76' Dell'Acqua), Kassama, Brugarello, Capolupo; Berretta, Colombo, Lupinetti (76' Fernandes); Zoppi, Antunovic (88' Nene), Ferraris

A disposizione: Ciardi, Ravelli, Cagia, Arpino, Graziano, Marras, Zini

Allenatore: Alessandro Lupi

ARBITRO: Alfredo Iannello

AMMONITI: 9' Antunovic (M); 23' Zazza (L); 49' Kassama (M); 73' Bagnaschi (M); 90+5' Mazza (M)

ESPULSI: 90' Berretta (M)

15

Bologna U19	0
Fiorentina U19	3
Frosinone U19	1
Atalanta U19	3
Lazio U19	1
Roma U19	0
Lecce U19	1
Inter U19	4

Milan U19	2
Verona U19	3
Monza U19	3
Juventus U19	3
Sampdoria U19	1
Cagliari U19	0
Sassuolo U19	1
Genoa U19	3
Torino U19	2
Empoli U19	1

23/12/2023 ore 13:00

BOLOGNA U19 - FIORENTINA U19 0-3

Marcatori: 24' Rubino (F), 49' Caprini (F), 59' Rubino (F)

BOLOGNA U19 (4-3-1-2): Pessina; Amey, Diop, De Luca (67' Svoboda), Baroncioni; Rosetti (74' Mukelenge), Menegazzo, Byar (88' Idaro); Cesari; Ebone (67' Mangiameli), Tonin (46' Hodzic)

A disposizione: Gasperini, Happonen, Carretti, Mercier, Busato, Ravaglioli

Allenatore: Luca Vigiani

FIORENTINA U19 (3-4-1-2): Tognetti; Elia, Biagetti, Comuzzo (71' Baroncelli); Vigiani, Gudelevicius (70' Mignani), Ievoli (84' Guidobaldi), Fortini; Rubino (63' Braschi); Caprini (64' Harder), Sene

A disposizione: Dolfi, Vitolo, Romani, Scuderi, Spaggiari, Padilla

Allenatore: Daniele Galloppa

ARBITRO: Samuele Andreano

AMMONITI: 32' Comuzzo (F); 51' Rosetti (B); 66' Gudelevicius (F); 80' Hodzic (B); 81' Mignani (F); 82' Diop (B); 82' Amey (B)

ESPULSI: 27' Cesari (B)

22/12/2023 ore 12:30

FROSINONE U19 - ATALANTA U19 1-3

Marcatori: 27' Boccia (F), 62' Vavassori (A), 81' Vavassori (A), 90+4' Capac (A)

FROSINONE U19 (3-5-2): Avella; Severino, Giunashvili, Paura; Amerighi (77' Shkambaj), Boccia, Ferizaj, Romano R. (82' Molignano), Stefanelli; Dixon, Mezsargs (60' Cichero)

A disposizione: Romano T., Lagonigro, Rocci, Rizzo, Voncina, Aromatico, Fiorito

Allenatore: Angelo Adamo Gregucci

ATALANTA U19 (3-4-2-1): Pardel; Obric (46' Tornaghi), Comi, Guerini; Martinelli (46' Castiello), Colombo, Manzoni, Ghezzi (74' Capac); Bonanomi (46' Armstrong), Vavassori; Vlahovic (83' Tavanti)

A disposizione: Sala, Torriani, Bordiga, Parilla, Fiogbe, Jónsson

Allenatore: Giovanni Bosi

ARBITRO: Maria Marotta

AMMONITI: 19' Obric (A); 73' Stefanelli (F); 80' Castiello (A); 85' Comi (A)

ESPULSI: nessuno

22/12/2023 ore 14:30

LAZIO U19 - ROMA U19 1-0

Marcatori: 74' Gonzalez (Rig.) (L)

LAZIO U19 (4-3-3): Magro; Bedini (55' Zazza), Ruggeri, Dutu, Milani; Di Tommaso, Bordon, Sardo; Yordanov (55' Napolitano), Gonzalez (89' Sulejmani), Fernandes (90' Petta)

A disposizione: Renzetti, Marini, Nazzarro, Gelli, Bigotti, Cappelli, Cuzzarella

Allenatore: Alessandro Calori

ROMA U19 (4-3-3): Bellucci Marin; Louakima (80' D'Alessio), Plaia (86' Ienco), Keramitsis, Oliveras; Mannini, Vetkal, Pisilli; Costa Cesco (80' Marazzotti), Mlakar (75' Misitano), Cherubini

A disposizione: Razumejevs, Cichella, Ivkovic, Guerrero, Graziani, Bah, Nardin

Allenatore: Federico Guidi

ARBITRO: Mario Perri

AMMONITI: 41' Keramitsis (R); 57' Mlakar (R); 58' Ruggeri (L); 73' Bellucci Marin (R); 83' Vetkal (R)

ESPULSI: nessuno

22/12/2023 ore 12:30

LECCE U19 - INTER U19 1-4

Marcatori: 30' Stankovic (I), 47' Pascalau (L), 50' Kamate (I), 55' Di Maggio (I), 80' Akinsanmiro (I)

LECCE U19 (4-3-3): Borbei; Minerva, Pascalau, Pacia (69' Esposito), Addo; McJannet, Vulturar (86' Gromek), Samek; Corfitzen (69' Helm), Burnete, Agrimi

A disposizione: Lampinen-Skaug, Leone, Kongslev, Davis, Zivanovic, Borgo, Sangiorgio, Jemo

Allenatore: Federico Coppitelli

INTER U19 (4-3-3): Calligaris; Aidoo, Stante, Matjaz, Cocchi; Akinsanmiro, Stankovic (84' Bovo), Di Maggio (89' Ricordi); Kamate (83' Vedovati), Spinacce (83' Diallo), Quieto (63' Berenbruch)

A disposizione: Tommasi, Raimondi, Motta, Guercio, Alexiou, Miconi

Allenatore: Cristian Chivu

ARBITRO: Giuseppe Claudio Allegretta

AMMONITI: 12' Vulturar (L); 44' Stante (I); 62' Corfitzen (L); 64' Burnete (L); 68' Pacia (L); 87' Di Maggio (I)

ESPULSI: nessuno

22/12/2023 ore 16:30

MILAN U19 - VERONA U19 2-3

Marcatori: 18' Diao (V), 30' Agbonifo (V), 64' Traore (M), 85' Simmelhack (M), 90+5' Dentale (V)

MILAN U19 (4-1-4-1): Raveyre; Gaucho Estevan (46' Perina), Parmiggiani, Malaspina, Magni (76' Paloschi); Sala; Scotti, Cuenca Martinez, Bonomi (46' Camarda), Traore (76' Simmelhack); Sia (82' Liberali)

A disposizione: Colzani, Torriani, Pereira, Tezzele, Martinazzi

Allenatore: Ignazio Abate
VERONA U19 (3-5-2): Toniolo; Nwanege, Calabrese, Corradi; Patane (29' Agbonifo), D'Agostino (80' Dalla Riva), Cisse (87' Szimionas), Riahi, Rigo; Diao, Ajayi (81' Dentale)
A disposizione: Marchetti, Castagnini, De Battisti, Doucoure, Fagoni, Pavanati, Vermesan
Allenatore: Paolo Sammarco
ARBITRO: Alessandro Silvestri
AMMONITI: 32' Cisse (V); 71' Magni (M); 88' Calabrese (V); 90+6' Dentale (V)
ESPULSI: nessuno

23/12/2023 ore 11:00

MONZA U19 - JUVENTUS U19 3-3
Marcatori: 7' Antunovic (M), 18' Ferraris (M), 45+1' Ferraris (M), 48' Pagnucco (Rig.) (J), 82' Vacca (J), 90+3' Owosu (J)
MONZA U19 (4-3-3): Mazza; Ravelli, Brugarello, Bagnaschi, Capolupo (68' Zoppi); Dell'Acqua, Colombo, Lupinetti (73' Arpino); Marras, Antunovic (68' Fernandes), Ferraris (86' Nene)
A disposizione: Ciardi, Bifulco, De Crescenzo, Cagia, Cattaneo, Graziano, Zini
Allenatore: Alessandro Lupi
JUVENTUS U19 (3-4-2-1): Fuscaldo (16' Zelezny Radoslaw); Savio, Gil Pulche, Martinez Crous; Turco, Ngana (54' Owosu), Ripani (66' Grosso), Pagnucco; Crapisto, Florea; Scienza (54' Vacca)
A disposizione: Domanico, Bassino, Scarpetta, Boufandar, Firman, Giorgi, Leone
Allenatore: Paolo Montero
ARBITRO: Valerio Pezzopane
AMMONITI: 20' Colombo (M); 43' Ngana (J); 43' Ferraris (M); 48' Capolupo (M); 51' Scienza (J); 67' Turco (J); 78' Arpino (M); 78' Savio (J)
ESPULSI: nessuno

23/12/2023 ore 13:00

SAMPDORIA U19 - CA-

GLIARI U19 1-0
Marcatori: 19' Conti (S)
SAMPDORIA U19 (4-3-3): Scardigno; Porzi (46' Georgiadis), Lotjonen, Costantino (39' D'Amore), Langella (90+1' Porcu); Conti, Valisena, Alesi; Gomes Scarpino (83' Leonardi), Polli, Ovalle Santos (84' Pellizzaro)
A disposizione: Gentile, Ventre, Pozzato, Meloni, Dacourt, Chiesa
Allenatore: David Sassarini
CAGLIARI U19 (4-3-1-2): Iliev; Arba (46' Casali), Cogoni, Catena, Idrissi; Sulev Stoyanov (61' Pulina), Conti (60' Konate), Malfitano; Carboni; Vinciguerra, Mutandwa
A disposizione: Renna, Pintus, Franke, Deriu, Balde, Marcolini, Achour
Allenatore: Fabio Pisacane
ARBITRO: Davide Gandino
AMMONITI: 26' Porzi (S); 29' Idrissi (C); 35' Costantino (S); 45+2' Conti (S); 81' Ovalle Santos (S); 82' Casali (C)
ESPULSI: nessuno

23/12/2023 ore 15:00

SASSUOLO U19 - GENOA U19 1-3
Marcatori: 12' Fini (G), 63' Romano (G), 83' Caragea (S), 90+6' Papadopoulos (G)
SASSUOLO U19 (4-3-1-2): Theiner; Cinquegrano (86' Neophytou), Loeffen, Cannavaro (46' Vezzosi; 49' Ioannou), Falasca; Lipani, Pigati (46' Knezovic), Leone; Bruno; Russo, Alvarez (46' Caragea)
A disposizione: Scacchetti, Piantedosi, Parlato, Lopes, Petrosino, Rovatti
Allenatore: Emiliano Bigica
GENOA U19 (4-2-3-1): Calvani; Scaravilli, Pittino, Cisse, Tosi (56' Sarpa); Arboscello, Gonçalinho (74' Rossi); Fini, Papadopoulos, Romano (78' Abdellaoui); Bornosuzov (56' Ekhator)
A disposizione: Bertini, Ferroni, Meconi, Thorsteinsson, Natale, Nurendini, Omar Ab-

diskakur
Allenatore: Alessandro Agostini
ARBITRO: Matteo Centi
AMMONITI: 39' Fini (G); 51' Ioannou (S); 62' Cinquegrano (S); 67' Romano (G); 75' Ekhator (G); 75' Loeffen (S); 81' Arboscello (G)
ESPULSI: 84' Russo (S); 84' Sarpa (G)

22/12/2023 ore 16:30

TORINO U19 - EMPOLI U19 2-1
Marcatori: 21' Ciammaglichella (T), 43' Indragoli (E), 64' Muntu Wa Mungu (T)
TORINO U19 (4-3-3): Abati; Bianay Balcot (68' Marchioro), Mendes, Dellavalle, Antolini (15' Muntu Wa Mungu); Ciammaglichella (69' Dell'Aquila), Ruszel, Silva (68' Dalla Vecchia); Savva, Franzoni (84' Gabellini), Njie
A disposizione: Bellocci, Rettore, Keita, Acar, Perciun, Longoni
Allenatore: Giuseppe Scurto
EMPOLI U19 (4-2-3-1): Stubljar; Boli, Mannelli, Indragoli, Barsi; Bacci (82' Popov), Vallarelli; Gaj (46' Kaczmarski), Nabian (72' Sodero), El Biache; Corona
A disposizione: Seghetti, Majdandzic, Falcusan, Stassin, Stoyanov, Bacciardi, Bonassi, Fini
Allenatore: Antonio Busce
ARBITRO: Mattia Drigo
AMMONITI: 28' Gaj (E); 41' Mendes (T); 48' Franzoni (T); 56' Mannelli (E); 85' Popov (E)
ESPULSI: nessuno

16

Cagliari U19	2
Sassuolo U19	1

Empoli U19	1
Bologna U19	2
Fiorentina U19	2
Monza U19	2
Frosinone U19	0
Milan U19	2
Genoa U19	0
Atalanta U19	2
Verona U19	3
Sampdoria U19	1
Inter U19	6
Lazio U19	2
Roma U19	2
Lecce U19	1
Torino U19	2
Juventus U19	0

Tabellini

06/01/2024 ore 12:30

CAGLIARI U19 - SASSUOLO U19 2-1

Marcatori: 31' Catena (Aut.) (C), 81' Achour (C), 87' Corradini (Aut.) (S)

CAGLIARI U19 (4-3-1-2): Iliev; Arba, Cogoni, Catena, Idrissi; Sulev Stoyanov (76' Ardau), Marcolini, Malfitano (61' Balde); Carboni (76' Konate); Mutandwa, Vinciguerra (76' Achour)

A disposizione: Renna, Wodzicki, Pintus, Franke, Mellino, Conti, Deriu

Allenatore: Fabio Pisacane

SASSUOLO U19 (4-3-1-2): Theiner; Cinquegrano, Loeffen, Cannavaro (77' Corradini), Falasca (90'+1' Piantedosi); Lopes, Leone, Kumi; Bruno (87' Knezovic); Baldari (87' Rovatti), Neophytou (77' Chiricallo)

A disposizione: Scacchetti, Di Bitonto, Ferrandino, Okojie, Ravaioli, Petrosino

Allenatore: Emiliano Bigica

ARBITRO: Simone Gauzolino

AMMONITI: 28' Cannavaro (S); 43' Kumi (S); 43' Idrissi (C); 57' Falasca (S); 71' Carboni (C); 79' Mutandwa (C)

ESPULSI: nessuno

07/01/2024 ore 14:30

EMPOLI U19 - BOLOGNA U19 1-2

Marcatori: 15' Ravaglioli (B), 42' Ravaglioli (B), 50' Corona (Rig.) (E)

EMPOLI U19 (4-3-1-2): Seghetti; Gaj, Stassin, Dragoner, Majdandzic (84' Fini); Vallarelli, Kaczmarski, Bacci; El Biache (68' Popov); Corona, Nabian (84' Ansah Yeboh)

A disposizione: Vertua, Falcusan, Tosto, Pauliuc, Stoyanov, Bacciardi, Forciniti, Bonassi

Allenatore: Alessandro Birindelli

BOLOGNA U19 (4-3-1-2): Pessina; Carretti, Svoboda, De Luca, Baroncioni; Lai, Diop, Byar; Menegazzo; Ravaglioli (71' Ebone), Tonin (85' Idaro)

A disposizione: Gasperini, Happonen, Mercier, Brighi, Berushi, Mukelenge, De Stefano

Allenatore: Luca Vigiani

ARBITRO: Andrea Ancora

AMMONITI: 4' De Luca (B); 20' Svoboda (B); 48' Pessina (B); 50' Baroncioni (B); 75' Majdandzic (E); 76' Bacci (E); 90'+3' Ebone (B)

ESPULSI: nessuno

06/01/2024 ore 14:30

FIORENTINA U19 - MONZA U19 2-2

Marcatori: 11' Harder (F), 19' Fernandes (M), 46' Rubino (F), 52' Antunovic (M)

FIORENTINA U19 (3-4-1-2): Tognetti; Elia, Biagetti (73' Padilla), Comuzzo; Vigiani, Gudelevicius (73' Ievoli), Harder, Fortini; Rubino; Caprini, Sene (61' Braschi)

A disposizione: Dolfi, Baroncelli, Sadotti, Kouadio, Vitolo, Romani, Mignani, Scuderi

Allenatore: Daniele Galloppa

MONZA U19 (4-3-3): Mazza; Bagnaschi, Kassama (82' Graziano), Brugarello, Capolupo; Dell'Acqua (69' Arpino), Colombo, Lupinetti (61' Diene); Marras, Antunovic, Fernandes

A disposizione: Ciardi, Ravelli, Cagia, Zoppi, Giubrone, Zini, Nene

Allenatore: Alessandro Lupi

ARBITRO: Erminio Cerbasi

AMMONITI: 36' Kassama (M); 53' Brugarello (M); 83' Ievoli (F); 90' Marras (M)

ESPULSI: nessuno

06/01/2024 ore 12:30

FROSINONE U19 - MILAN U19 0-2

Marcatori: 30' Sia (M), 90+5' Palmisani (Aut.) (F)

FROSINONE U19 (3-5-2): Palmisani; Zaknic, Paura (70' Amerighi), Severino; Bouabre (81' Shkambaj), Boccia, Ferizaj, Romano R., Stefanelli; Mezsargs (75' Dixon), Selvini

A disposizione: Romano T., Lagonigro, Milazzo, Molignano, Voncina, Totti, Fiorito

Allenatore: Angelo Adamo Gregucci

MILAN U19 (4-2-3-1): Raveyre; Scotti, Parmiggiani, Nsiala-Makengo, Bakoune (79' Bonomi); Eletu, Malaspina; Cuenca Martinez, Liberali (63' Stalmach), Sia (79' Sala); Camarda (63' Simmelhack)

A disposizione: Torriani, Colzani, Cappelletti, Tezzele, Perina

Allenatore: Ignazio Abate

ARBITRO: Valerio Pezzopane

AMMONITI: 49' Boccia (F); 89' Stalmach (M)

ESPULSI: 66' Stefanelli (F)

08/01/2024 ore 14:00

GENOA U19 - ATALANTA U19 0-2

Marcatori: 23' Colombo (A), 90' Vlahovic (A)

GENOA U19 (4-2-3-1): Calvani; Scaravilli, Cisse, Abdellaoui, Tosi (83' Ahanor); Arboscello, Gonçalinho (82' Nurendini); Fini, Papadopoulos (65' Ghirardello), Romano; Ekhator (56' Omar Abdiskakur)

A disposizione: Boschi, Con-

siglio, Ferroni, Barbini, Rossi, Natale
Allenatore: Alessandro Agostini

ATALANTA U19 (3-4-2-1): Pardel; Tornaghi, Comi, Guerini; Ghezzi, Martinelli (83' Castiello), Colombo, Armstrong; Bonanomi (89' Capac), Vavassori (83' Manzoni); Vlahovic
A disposizione: Sala, Zanchi, Tavanti, Ramaj, Fiogbe, Ragnoli Galli, Jónsson, Arrigoni
Allenatore: Giovanni Bosi
ARBITRO: Samuele Andreano
AMMONITI: 38' Scaravilli (G); 89' Arboscello (G)
ESPULSI: nessuno

08/01/2024 ore 16:00
VERONA U19 - SAMPDORIA U19 3-1
Marcatori: 4' Ajayi (Aut.) (V), 36' Cisse (Rig.) (V), 38' Cisse (V), 45+4' Ajayi (V)
VERONA U19 (3-4-1-2): Toniolo; Nwanege (74' Fagoni), Calabrese, Corradi; Agbonifo (74' De Battisti), Dalla Riva, Riahi (82' Szimionas), Rigo; Cisse; Ajayi (64' Pavanati), Dentale (84' Vermesan)
A disposizione: Marchetti, Doucoure, Caneva, Ventura, D'Agostino
Allenatore: Paolo Sammarco
SAMPDORIA U19 (4-3-3): Tantalocchi; Georgiadis (46' Porzi), Lotjonen, Costantino (78' D'Amore), Langella; Conti, Uberti, Alesi (45+1' Dacourt); Pozzato (75' Gomes Scarpino), Polli (46' Leonardi), Ovalle Santos
A disposizione: Scardigno, Porcu, Pellizzaro, Valisena, Meloni, Djalti
Allenatore: David Sassarini
ARBITRO: Dario Di Francesco
AMMONITI: 43' Riahi (V); 45+3' Nwanege (V); 76' Uberti (S); 85' Rigo (V); 90+3' Cisse (V); 90+3' Dacourt (S)
ESPULSI: nessuno

06/01/2024 ore 14:30
INTER U19 - LAZIO U19 6-2

Marcatori: 5' Stankovic (I), 6' Di Maggio (I), 13' Napolitano (L), 19' Berenbruch (I), 57' Stabile (I), 63' Sulejmani (L), 69' Stankovic (I), 73' Zuberek (I)
INTER U19 (4-3-3): Calligaris; Aidoo, Stante, Stabile (58' Matjaz), Cocchi; Berenbruch, Stankovic, Di Maggio (58' Akinsanmiro); Kamate (66' Bovo), Sarr (58' Zuberek), Quieto
A disposizione: Raimondi, Nezirevic, Motta, Alexiou, Ricordi, Vedovati, Spinacce
Allenatore: Cristian Chivu
LAZIO U19 (4-3-3): Magro; Ruggeri (77' Bedini), Zazza, Dutu, Milani; Di Tommaso (64' Yordanov), Bordon (46' Nazzarro), Sardo; Cuzzarella, Gonzalez (56' Sulejmani), Napolitano (77' Bigotti)
A disposizione: Renzetti, Petta, Tredicine, Cappelli
Allenatore: Stefano Sanderra
ARBITRO: Eugenio Scarpa
AMMONITI: 40' Zazza (L); 52' Stabile (I); 53' Di Maggio (I); 56' Sulejmani (L)
ESPULSI: nessuno

06/01/2024 ore 12:30
ROMA U19 - LECCE U19 2-1
Marcatori: 44' Louakima (R), 60' Misitano (R), 89' Burnete (Rig.) (L)
ROMA U19 (4-3-3): Bellucci Marin; Louakima (72' D'Alessio), Plaia, Keramitsis, Oliveras (78' Golic); Graziani (78' Cichella), Ivkovic (72' Ienco), Mannini; Costa Cesco, Mlakar (59' Misitano), Cherubini
A disposizione: Razumejevs, Guerrero, Bah, Nardin, Romano, Marazzotti
Allenatore: Federico Guidi
LECCE U19 (3-5-2): Borbei; Pascalau, Esposito, Pacia (76' Minerva); Agrimi, McJannet, Samek (75' Davis), Vulturar, Daka (90' Jemo); Helm (64' Vescan-Kodor), Burnete
A disposizione: Lampinen-Skaug, Leone, Zivanovic, Kongslev, Gromek

Allenatore: Federico Coppitelli
ARBITRO: Giuseppe Rispoli
AMMONITI: 18' Louakima (R); 30' Pacia (L); 90+3' Plaia (R); 90+2' Ienco (R)
ESPULSI: nessuno

06/01/2024 ore 16:30
TORINO U19 - JUVENTUS U19 2-0
Marcatori: 70' Franzoni (T), 78' Franzoni (T)
TORINO U19 (4-3-3): Abati; Bianay Balcot (85' Longoni), Mendes, Dellavalle, Muntu Wa Mungu; Ciammaglichella, Ruszel, Silva (72' Dalla Vecchia); Savva (85' Marchioro), Gabellini (63' Franzoni), Njie
A disposizione: Bellocci, Rettore, Bonadiman, Keita, Acar, Perciun, Dell'Aquila
Allenatore: Giuseppe Scurto
JUVENTUS U19 (3-4-2-1): Fuscaldo; Savio, Bassino, Gil Pulche; Turco (69' Firman), Ngana (68' Owosu), Ripani, Pagnucco; Crapisto (62' Scienza), Florea (78' Finocchiaro); Pugno
A disposizione: Zelezny Radoslaw, Martinez Crous, Nobile, Domanico, Boufandar, Grosso, Biggi
Allenatore: Paolo Montero
ARBITRO: Marco Emmanuele
AMMONITI: 26' Ngana (J); 41' Florea (J); 61' Pugno (J); 70' Fuscaldo (J); 78' Bellocci (T); 80' Muntu Wa Mungu (T); 88' Dalla Vecchia (T)
ESPULSI: nessuno

17

Atalanta U19	1
Fiorentina U19	2
Bologna U19	0
Roma U19	2

Juventus U19	**1**
Inter U19	**0**
Lazio U19	**1**
Cagliari U19	**3**
Lecce U19	**3**
Genoa U19	**2**
Milan U19	**1**
Torino U19	**1**
Monza U19	**2**
Verona U19	**3**
Sampdoria U19	**3**
Frosinone U19	**1**
Sassuolo U19	**4**
Empoli U19	**1**

Tabellini

14/01/2024 ore 14:30

ATALANTA U19 - FIORENTINA U19 1-2

Marcatori: 20' Vlahovic (A), 55' Baroncelli (F), 90+1' Rubino (F)

ATALANTA U19 (3-4-2-1): Pardel; Tornaghi, Comi, Guerini; Ghezzi (72' Capac), Colombo, Manzoni, Armstrong; Bonanomi (80' Castiello), Vavassori (82' Chiggiato); Vlahovic

A disposizione: Sala, Zanchi, Obric, Tavanti, Fiogbe, Jónsson, Martinelli

Allenatore: Giovanni Bosi

FIORENTINA U19 (4-2-3-1): Tognetti; Kouadio (46' Biagetti), Romani, Baroncelli, Fortini; Harder (88' Vitolo), Ievoli (65' Gudelevicius); Sene (88' Ofoma), Rubino, Caprini; Braschi (65' Padilla)

A disposizione: Dolfi, Sadotti, Mignani, Scuderi, Denes, Spaggiari

Allenatore: Daniele Galloppa

ARBITRO: Francesco D'Eusanio

AMMONITI: 13' Kouadio (F); 62' Braschi (F); 72' Guerini (A); 81' Guerini (A); 83' Biagetti (F); 90+1' Rubino (F)

ESPULSI: 81' Guerini (A)

15/01/2024 ore 13:00

BOLOGNA U19 - ROMA U19 0-2

Marcatori: 4' Bah (R), 52' Mlakar (R)

BOLOGNA U19 (4-3-1-2): Pessina; Carretti, Svoboda, De Luca (77' Mangiameli), Baroncioni (84' Mukelenge); Rosetti, Hodzic, Byar; Cesari; Ebone, Ravaglioli (68' Tonin)

A disposizione: Gasperini, Mercier, Brighi, Menegazzo, Idaro, Lai, Berushi

Allenatore: Luca Vigiani

ROMA U19 (4-3-1-2): Bellucci Marin; Mannini, Plaia, Keramitsis, Oliveras; Graziani (59' Golic), Vetkal, D'Alessio; Bah; Marazzotti, Mlakar (59' Misitano)

A disposizione: Razumejevs, Kehayov, Ienco, Chesti, Zefi, Ivkovic, Levak, Nardozi

Allenatore: Federico Guidi

ARBITRO: Edoardo Manedo Mazzoni

AMMONITI: 11' D'Alessio (R); 32' Marazzotti (R); 45' Carretti (B); 55' Marazzotti (R); 86' Rosetti (B)

ESPULSI: 55' Marazzotti (R)

14/01/2024 ore 11:00

JUVENTUS U19 - INTER U19 1-0

Marcatori: 60' Scienza (J)

JUVENTUS U19 (3-4-2-1): Radu; Savio, Bassino (46' Domanico), Gil Pulche; Turco, Ngana (55' Owosu), Ripani, Pagnucco; Crapisto (55' Scienza), Florea; Pugno (74' Biggi)

A disposizione: Zelezny Radoslaw, Martinez Crous, Boufandar, Grosso, Firman, Giorgi, Finocchiaro

Allenatore: Paolo Montero

INTER U19 (4-3-3): Calligaris; Aidoo (54' Miconi), Stante, Stabile, Cocchi; Akinsanmiro, Stankovic (84' Zanchetta), Di Maggio; Kamate (68' Diallo), Sarr (54' Spinacce), Quieto (54' Berenbruch)

A disposizione: Raimondi, Guercio, Matjaz, Mazzola, Alexiou, Ricordi

Allenatore: Cristian Chivu

ARBITRO: Roberto Lovison

AMMONITI: 26' Bassino (J); 48' Savio (J)

ESPULSI: nessuno

14/01/2024 ore 11:00

LAZIO U19 - CAGLIARI U19 1-3

Marcatori: 9' Carboni (C), 52' Gonzalez (L), 63' Achour (C), 74' Balde (C)

LAZIO U19 (4-3-3): Magro; Bedini (66' Gelli), Ruggeri, Dutu, Milani; Di Tommaso (82' Bigotti), Bordon (66' Nazzarro), Sardo; Gonzalez, Sulejmani, Napolitano (67' Zazza)

A disposizione: Renzetti, Petta, Yordanov, Serra, Tredicine, Cappelli, Cuzzarella

Allenatore: Stefano Sanderra

CAGLIARI U19 (4-3-1-2): Iliev; Arba, Cogoni, Catena (65' Pintus), Idrissi; Sulev Stoyanov (78' Ardau), Marcolini (59' Balde), Malfitano; Carboni; Achour, Konate (65' Trepy)

A disposizione: Wodzicki, Franke, Casali, Pulina

Allenatore: Fabio Pisacane

ARBITRO: Mattia Drigo

AMMONITI: 16' Marcolini (C); 33' Bedini (L); 45' Sardo (L); 45' Catena (C); 48' Nazzarro (L); 49' Sardo (L); 68' Ruggeri (L)

ESPULSI: 49' Sardo (L)

13/01/2024 ore 11:00

LECCE U19 - GENOA U19 3-2

Marcatori: 17' Ekhator (G), 48' Corfitzen (L), 50' Romano (Rig.) (G), 60' Corfitzen (L), 90+1' Corfitzen (L)

LECCE U19 (3-5-2): Borbei; Pascalau (46' Addo), Esposito, Pacia; Agrimi, McJannet, Minerva (90+3' Davis), Vulturar (46' Samek), Daka; Corfitzen, Burnete

A disposizione: Lampinen-Skaug, Leone, Reinhardt, Zivanovic, Dell'Acqua, Helm, Jemo, Vescan-Kodor

Allenatore: Federico Coppitelli

GENOA U19 (4-2-3-1): Calvani; Scaravilli, Cisse, Abdellaoui, Tosi (76' Ahanor); Arboscello, Gonçalinho; Ghirardello (71' Barbini), Omar Abdiskakur (88' Rossi), Romano; Ekhator (76' Papastylianou)
A disposizione: Bertini, Ceppi, Ferroni, Bosia, Natale
Allenatore: Alessandro Agostini
ARBITRO: Marco Di Loreto
AMMONITI: 25' Abdellaoui (G); 56' Cisse (G); 70' Minerva (L); 86' Cisse (G)
ESPULSI: 86' Cisse (G); 90' Ghirardello (G)

14/01/2024 ore 13:00
MILAN U19 - TORINO U19 1-1
Marcatori: 68' Ciammaglichella (T), 84' Bonomi (M)
MILAN U19 (4-2-3-1): Raveyre; Bakoune (81' Liberali), Parmiggiani, Pellegrino (81' Simmelhack), Nsiala-Makengo; Eletu, Stalmach (61' Malaspina); Cuenca Martinez (58' Scotti), Bonomi, Sia; Camarda
A disposizione: Bartoccioni, Colzani, Cappelletti, Tezzele, Paloschi, Sala, Perina
Allenatore: Ignazio Abate
TORINO U19 (4-4-2): Abati; Bianay Balcot, Mendes, Dellavalle (20' Marchioro), Muntu Wa Mungu; Savva (87' Rettore), Dalla Vecchia, Ruszel (15' Silva), Njie; Dell'Aquila (46' Ciammaglichella), Gabellini (87' Longoni)
A disposizione: Bellocci, Bonadiman, Keita, Acar, Perciun, Franzoni
Allenatore: Giuseppe Scurto
ARBITRO: Edoardo Gianquinto
AMMONITI: 71' Savva (T)
ESPULSI: 75' Silva (T)

13/01/2024 ore 13:00
MONZA U19 - VERONA U19 2-3
Marcatori: 15' Ajayi (V), 27' Marras (M), 45+3' Agbonifo (V), 45+4' Colombo (M), 65' Cisse (V)
MONZA U19 (3-5-2): Mazza; Lupinetti, Brugarello, Kassama; Marras, Diene (77' Fernandes), Berretta, Colombo, Capolupo; Ferraris, Antunovic
A disposizione: Ciardi, Bagnaschi, Ravelli, Cagia, Dell'Acqua, Arpino, Zoppi, Graziano, Maussi Martins, Nene
Allenatore: Alessandro Lupi
VERONA U19 (3-5-2): Toniolo; Nwanege (56' De Battisti), Calabrese, Corradi; Agbonifo (87' Caneva), Dalla Riva, Cisse (87' Vermesan), Riahi, Rigo (56' Fagoni); Ajayi, Dentale (57' Pavanati)
A disposizione: Marchetti, Castagnini, Doucoure, Ventura, Szimionas
Allenatore: Paolo Sammarco
ARBITRO: Francesco Zago
AMMONITI: 41' Antunovic (M); 45+7' Riahi (V); 55' Marras (M); 79' Calabrese (V)
ESPULSI: nessuno

13/01/2024 ore 11:00
SAMPDORIA U19 - FROSINONE U19 3-1
Marcatori: 25' Selvini (F), 42' Pozzato (S), 67' Ovalle Santos (S), 88' Gomes Scarpino (S)
SAMPDORIA U19 (4-3-3): Scardigno; Porzi (90+2' Balduzzi), D'Amore, Costantino, Langella (78' Porcu); Uberti, Valisena (78' Djalti), Pozzato; Gomes Scarpino (90+2' Chiesa), Polli (90+2' Ventre), Ovalle Santos
A disposizione: Gentile, Pellizzaro, Georgiadis, Malanca, Meloni, Dacourt
Allenatore: David Sassarini
FROSINONE U19 (3-5-2): Palmisani; Zaknic, Ioannou, Severino; Bouabre (79' Amerighi), Boccia (79' Dixon), Ferizaj (56' Molignano), Cichella (82' Milazzo), Romano R.; Selvini, Luna
A disposizione: Romano T., Lagonigro, Shkambaj, Paura, Romano A., Totti, Fiorito
Allenatore: Lorenzo Pittiglio
ARBITRO: Giorgio Bozzetto
AMMONITI: 34' Cichella (F)
ESPULSI: 31' Zaknic (F)

15/01/2024 ore 15:00
SASSUOLO U19 - EMPOLI U19 4-1
Marcatori: 9' Corona (E), 29' Corradini (S), 34' Kumi (S), 39' Falasca (S), 62' Bruno (S)
SASSUOLO U19 (4-3-1-2): Theiner; Cinquegrano, Loeffen, Corradini, Falasca (85' Piantedosi); Leone (85' Knezovic), Lopes (89' Pigati), Kumi; Bruno; Baldari (46' Vedovati), Alvarez (64' Chiricallo)
A disposizione: Scacchetti, Di Bitonto, Parlato, Okojie, Rovatti, Caragea
Allenatore: Emiliano Bigica
EMPOLI U19 (3-4-1-2): Seghetti; Tosto (67' Stassin), Dragoner, Indragoli; Bonassi (58' Gaj), Bacci (75' Stoyanov), Vallarelli, Majdandzic; Sodero (58' El Biache); Corona (67' Popov), Nabian
A disposizione: Vertua, Falcusan, Bacciardi, Kaczmarski, Ansah Yeboh, Fini
Allenatore: Alessandro Birindelli
ARBITRO: Cristiano Ursini
AMMONITI: 40' Lopes (S); 54' Loeffen (S); 72' Dragoner (E); 79' Stoyanov (E); 80' Leone (S)
ESPULSI: nessuno

18

Atalanta U19	1
Milan U19	0
Cagliari U19	1
Monza U19	2
Empoli U19	0
Fiorentina U19	3

Frosinone U19	2
Sassuolo U19	0
Genoa U19	1
Bologna U19	0
Verona U19	2
Lazio U19	2
Inter U19	1
Sampdoria U19	0
Juventus U19	1
Lecce U19	0
Roma U19	1
Torino U19	3

Tabellini

20/01/2024 ore 13:00

ATALANTA U19 - MILAN U19 1-0

Marcatori: 19' Bonanomi (A)

ATALANTA U19 (3-4-2-1): Pardel; Tornaghi, Comi, Tavanti (86' Obric); Ghezzi (78' Chiggiato), Colombo, Manzoni, Armstrong; Bonanomi (78' Martinelli), Vavassori (78' Fiogbe); Vlahovic

A disposizione: Sala, Riccio, Cassa, Ramaj, Ragnoli Galli, Jónsson, Capac

Allenatore: Giovanni Bosi

MILAN U19 (4-2-3-1): Raveyre; Bakoune, Pellegrino, Nsiala-Makengo, Bartesaghi; Eletu (72' Sala), Malaspina; Scotti (62' Liberali), Cuenca Martinez (72' Simmelhack), Bonomi; Camarda

A disposizione: Torriani, Bartoccioni, Parmiggiani, Pereira, Cappelletti, Tezzele

Allenatore: Ignazio Abate

ARBITRO: Stefano Nicolini

AMMONITI: 21' Bonanomi (A); 41' Vlahovic (A); 64' Pellegrino (M); 79' Sala (M); 88' Obric (A)

ESPULSI: nessuno

21/01/2024 ore 15:00

CAGLIARI U19 - MONZA U19 1-2

Marcatori: 16' Marras (M), 21' Carboni (C), 46' Antunovic (M)

CAGLIARI U19 (4-3-1-2): Iliev; Arba, Cogoni, Catena (46' Pintus), Idrissi; Sulev Stoyanov (74' Ardau), Marcolini, Malfitano (56' Balde); Carboni (84' Pulina); Achour, Konate (46' Trepy)

A disposizione: Renna, Wodzicki, Franke, Casali, Conti, Deriu

Allenatore: Fabio Pisacane

MONZA U19 (3-5-2): Ciardi; Lupinetti, Kassama, Ravelli; Marras (84' Bagnaschi), Berretta (75' Diene), Dell'Acqua, Colombo, Capolupo; Antunovic (86' Nene), Fernandes (70' Brugarello)

A disposizione: Bifulco, Cattaneo, Giubrone, Graziano, Ballabio, Maussi Martins, Zini

Allenatore: Alessandro Lupi

ARBITRO: Gabriele Scatena

AMMONITI: 7' Catena (C); 18' Kassama (M); 69' Kassama (M); 77' Colombo (M); 85' Antunovic (M)

ESPULSI: 69' Kassama (M)

20/01/2024 ore 11:00

EMPOLI U19 - FIORENTINA U19 0-3

Marcatori: 61' Ievoli (F), 82' Stassin (Aut.) (E), 86' Rubino (F)

EMPOLI U19 (3-5-2): Seghetti; Tosto, Dragoner (79' Ansah Yeboh), Stassin; Gaj, Kaczmarski, Bacci, Vallarelli, Fini (79' Majdandzic); Sodero (46' Nabian), El Biache (79' Popov)

A disposizione: Vertua, Falcusan, Pauliuc, Stoyanov, Bacciardi, Forciniti, Bonassi

Allenatore: Alessandro Birindelli

FIORENTINA U19 (3-4-1-2): Tognetti; Romani, Baroncelli, Biagetti (67' Kouadio); Fortini, Harder (46' Vitolo), Ievoli, Spaggiari (67' Scuderi); Rubino (88' Mignani); Braschi (66' Gudelevicius), Sene

A disposizione: Leonardelli, Sadotti, Maggini, Denes, Ofoma, Padilla

Allenatore: Daniele Galloppa

ARBITRO: Gabriele Sacchi

AMMONITI: 16' Dragoner (E); 23' Braschi (F); 34' Biagetti (F); 59' Tosto (E); 64' Bacci (E); 71' Kouadio (F)

ESPULSI: nessuno

21/01/2024 ore 11:00

FROSINONE U19 - SASSUOLO U19 2-0

Marcatori: 43' Boccia (F), 62' Cichella (F)

FROSINONE U19 (3-5-2): Palmisani; Cesari (90+3' Shkambaj), Ioannou, Severino; Bouabre (86' Amerighi), Boccia, Molignano (73' Milazzo), Cichella, Romano R.; Luna, Selvini

A disposizione: Lagonigro, Stefanelli, Romano A., Cichero, Fiorito, Antoci

Allenatore: Angelo Adamo Gregucci

SASSUOLO U19 (4-3-1-2): Theiner; Cinquegrano (55' Parlato), Corradini, Cannavaro, Falasca; Kumi (80' Neophytou), Lopes (55' Knezovic), Lipani; Bruno; Vedovati (61' Caragea), Russo

A disposizione: Scacchetti, Piantedosi, Di Bitonto, Ferrandino, Okojie, Pigati, Rovatti

Allenatore: Emiliano Bigica

ARBITRO: Domenico Castellone

AMMONITI: 57' Vedovati (S); 58' Luna (F); 65' Kumi (S); 84' Palmisani (F); 96' Bruno (S)

ESPULSI: nessuno

20/01/2024 ore 14:30

GENOA U19 - BOLOGNA U19 1-0

Marcatori: 25' Omar Abdiskakur (G)

GENOA U19 (4-3-3): Calvani; Scaravilli, Pittino, Abdellaoui, Tosi; Arboscello, Rossi, Gonçalinho; Omar Abdiskakur (83' Barbini), Ekhator (77' Papastylianou), Romano

A disposizione: Boschi, Consiglio, Ferroni, Ahanor, Algueche, Carbone, Grossi, Natale

Allenatore: Alessandro Agostini

BOLOGNA U19 (4-3-1-2): Pessina; Carretti (46' De Luca), Svoboda, Amey, Baroncioni; Rosetti, Diop, Byar (90+2' Mangiameli); Cesari (70' Ravaglioli); Ebone, Tonin (55' Nezirevic)

A disposizione: Gasperini, Mercier, Menegazzo, Hodzic, Idaro, Lai, Mukelenge

Allenatore: Luca Vigiani

ARBITRO: Mattia Nigro

AMMONITI: 26' Omar Abdiskakur (G); 32' Amey (B); 56' Rosetti (B); 73' Scaravilli (G); 76' Diop (B); 85' Rosetti (B)

ESPULSI: 85' Rosetti (B)

20/01/2024 ore 13:00

VERONA U19 - LAZIO U19 2-2

Marcatori: 9' Dentale (V), 22' Corradi (V), 23' Milani (L), 49' Sulejmani (Rig.) (L)

VERONA U19 (3-4-1-2): Toniolo; Fagoni, Corradi, Doucoure; Agbonifo (70' Dalla Riva), D'Agostino, Riahi, De Battisti (80' Szimionas); Pavanati (80' Caneva); Ajayi (89' Soragni), Dentale (81' Vermesan)

A disposizione: Marchetti, Troselj, Nwanege, Bellavigna, Eyeh, Ventura

Allenatore: Paolo Sammarco

LAZIO U19 (4-3-3): Magro; Bedini, Dutu, Petta, Milani; Coulibaly, Bordon, Di Tommaso; Napolitano (61' Cappelli), Sulejmani (85' Bigotti), Cuzzarella (89' Serra)

A disposizione: Martinelli, Bosi, Marini, Zazza, Nazzarro, Gelli, Tredicine

Allenatore: Stefano Sanderra

ARBITRO: Aleksandar Djurdjevic

AMMONITI: 11' Riahi (V); 16' Corradi (V); 75' Toniolo (V)

ESPULSI: nessuno

20/01/2024 ore 11:00

INTER U19 - SAMPDORIA U19 1-0

Marcatori: 16' Quieto (I)

INTER U19 (4-3-3): Calligaris (26' Raimondi); Aidoo, Stante, Matjaz, Cocchi; Berenbruch (69' Akinsanmiro), Zanchetta, Di Maggio; Kamate (79' Spinacce), Sarr (79' Mosconi), Quieto

A disposizione: Tommasi, Maye, Miconi, Mazzola, Alexiou, Owusu, Diallo

Allenatore: Cristian Chivu

SAMPDORIA U19 (5-4-1): Scardigno; Porzi (26' Georgiadis), Costantino (88' Djalti), D'Amore, Pellizzaro, Langella; Gomes Scarpino (71' Polli), Conti (71' Pozzato), Uberti, Ovalle Santos; Leonardi (71' Chilafi)

A disposizione: Gentile, Devic, Balduzzi, Valisena, Chiesa

Allenatore: David Sassarini

ARBITRO: Gianluca Renzi

AMMONITI: 35' Berenbruch (I); 42' Gomes Scarpino (S); 64' Kamate (I); 90+2' Uberti (S)

ESPULSI: nessuno

21/01/2024 ore 11:00

JUVENTUS U19 - LECCE U19 1-0

Marcatori: 47' Pagnucco (Rig.) (J)

JUVENTUS U19 (3-4-2-1): Radu; Savio, Bassino, Gil Pulche; Turco (85' Firman), Ngana, Ripani, Pagnucco; Crapisto (74' Scienza), Florea; Pugno (85' Biggi)

A disposizione: Zelezny Radoslaw, Martinez Crous, Nobile, Domanico, Boufandar, Grosso, Owosu, Finocchiaro

Allenatore: Paolo Montero

LECCE U19 (3-5-2): Borbei; Addo (76' Helm), Esposito, Pacia; Agrimi, McJannet, Samek (76' Pascalau), Vulturar, Daka (84' Minerva); Corfitzen, Burnete

A disposizione: Lampinen-Skaug, Leone, Reinhardt, Davis, Zivanovic, Dell'Acqua, Jemo, Vescan-Kodor

Allenatore: Federico Coppitelli

ARBITRO: Michele Delrio

AMMONITI: 26' Ripani (J); 28' Esposito (L); 82' Pagnucco (J); 90+4' Pascalau (L); 90+4' Ngana (J); 90+6' Helm (L); 90+6' Florea (J)

ESPULSI: nessuno

21/01/2024 ore 13:00

ROMA U19 - TORINO U19 1-3

Marcatori: 20' Njie (T), 28' Perciun (T), 59' Pisilli (R), 69' Dell'Aquila (T)

ROMA U19 (4-3-3): Bellucci Marin; D'Alessio (71' Golic), Plaia, Keramitsis, Oliveras (78' Romano); Pagano, Vetkal (71' Bah), Pisilli; Costa Cesco (79' Ienco), Misitano (66' Mlakar), Mannini

A disposizione: Kehayov, De Franceschi, Chesti, Zefi, Graziani, Nardozi

Allenatore: Federico Guidi

TORINO U19 (4-3-3): Abati; Marchioro, Bianay Balcot, Mendes, Muntu Wa Mungu; Ciammaglichella (57' Savva), Dalla Vecchia, Perciun; Dell'Aquila (76' Longoni), Gabellini (81' Franzoni), Njie

A disposizione: Bellocci, Proietti, Rettore, Bonadiman, Keita, Mahari, Acar, Di Paolo

Allenatore: Giuseppe Scurto

ARBITRO: Maria Marotta

AMMONITI: 45+1' Keramitsis (R); 54' Costa Cesco (R); 57' Ciammaglichella (T); 74' Keramitsis (R); 83' Bianay Balcot (T); 85' Abati (T)

ESPULSI: 74' Keramitsis (R)

19

GIORNATA

Bologna U19	1
Cagliari U19	1
Empoli U19	1
Juventus U19	0

Fiorentina U19	1
Frosinone U19	1
Lazio U19	1
Genoa U19	0
Lecce U19	2
Verona U19	1
Milan U19	0
Roma U19	0
Monza U19	2
Atalanta U19	2
Sampdoria U19	2
Sassuolo U19	2
Torino U19	0
Inter U19	0

Tabellini

27/01/2024 ore 13:00

BOLOGNA U19 - CAGLIARI U19 1-1

Marcatori: 45+1' Achour (C), 48' Ebone (Rig.) (B)

BOLOGNA U19 (4-3-1-2): Gasperini; Nezirevic, Svoboda, Amey, Baroncioni; Lai, Hodzic (90+4' Cesari), Diop; Byar; Ebone (81' Mangiarmeli), Ravaglioli (81' Tonin)

A disposizione: Pessina, Mercier, De Luca, Menegazzo, Idaro, Bynoe, Mukelenge

Allenatore: Luca Vigiani

CAGLIARI U19 (4-3-1-2): Wodzicki; Arba, Cogoni, Catena, Idrissi; Balde (70' Conti), Marcolini (81' Malfitano), Carboni (70' Sulev Stoyanov); Konate; Achour, Mutandwa

A disposizione: Iliev, Pintus, Franke, Deriu, Ardau, Pulina, Trepy

Allenatore: Fabio Pisacane

ARBITRO: Luca De Angeli

AMMONITI: 8' Balde (C); 21' Nezirevic (B); 38' Baroncioni (B); 86' Catena (C); 89' Arba (C); 90+2' Diop (B)

ESPULSI: nessuno

28/01/2024 ore 11:00

EMPOLI U19 - JUVENTUS U19 1-0

Marcatori: 81' El Biache (E)

EMPOLI U19 (3-4-1-2): Seghetti; Tosto (46' Pauliuc), Dragoner, Indragoli; Gaj, Kaczmarski, Vallarelli, Fini; Sodero (57' Bacciardi); Corona, Nabian (71' El Biache)

A disposizione: Vertua, Majdandzic, Falcusan, Stassin, Stoyanov, Forciniti, Bonassi, Ansah Yeboh

Allenatore: Alessandro Birindelli

JUVENTUS U19 (3-4-2-1): Vinarcik; Savio, Gil Pulche, Martinez Crous; Turco, Ngana, Ripani (42' Owosu), Pagnucco; Scienza (81' Grosso), Finocchiaro (74' Crapisto); Pugno (81' Srdoc)

A disposizione: Zelezny Radoslaw, Boufandar, Firman, Biggi

Allenatore: Paolo Montero

ARBITRO: Abdoulaye Diop

AMMONITI: 45+1' Owosu (J); 54' Pagnucco (J); 70' Ngana (J); 73' Vallarelli (E); 78' Corona (E); 87' Kaczmarski (E)

ESPULSI: nessuno

27/01/2024 ore 15:00

FIORENTINA U19 - FROSINONE U19 1-1

Marcatori: 27' Selvini (Rig.) (Fr), 72' Sene (Rig.) (Fi)

FIORENTINA U19 (3-5-2): Tognetti; Romani, Baroncelli, Kouadio (46' Rubino); Fortini, Gudelevicius (46' Ievoli; 68' Mignani), Harder, Vitolo (46' Braschi), Scuderi (61' Maggini); Padilla, Sene

A disposizione: Leonardelli, Sadotti, Cuomo, Denes, Spaggiari, Puzzoli

Allenatore: Daniele Galloppa

FROSINONE U19 (3-5-2): Palmisani; Zaknic, Ioannou (34' Cesari), Kamensek-Pahic; Bouabre (79' Mezsargs), Boccia (61' Severino), Molignano (79' Milazzo), Cichella, Romano R.; Luna (79' Cichero), Selvini

A disposizione: Lagonigro, Stefanelli, Shkambaj, Amerighi, Ferizaj, Antoci

Allenatore: Angelo Adamo Gregucci

ARBITRO: Marco Emmanuele

AMMONITI: 39' Fortini (Fi); 44' Cesari (Fr); 58' Cesari (Fr); 85' Romano R. (Fr); 87' Mignani (Fi); 90+2' Milazzo (Fr); 90' Kamensek-Pahic (Fr)

ESPULSI: 58' Cesari (Fr)

27/01/2024 ore 11:00

LAZIO U19 - GENOA U19 1-0

Marcatori: 46' Cuzzarella (L)

LAZIO U19 (3-5-2): Renzetti; Ruggeri, Bordon, Dutu; Zazza (83' Bedini), Coulibaly, Di Tommaso, Sardo (83' Napolitano), Milani; Cuzzarella, Sulejmani (66' D'Agostini; 75' Cappelli)

A disposizione: Magro, Petta, Marini, Nazzarro, Gelli, Serra, Bigotti

Allenatore: Stefano Sanderra

GENOA U19 (4-2-3-1): Calvani; Sarpa (72' Grossi), Pittino, Abdellaoui, Tosi; Gonçalinho (72' Kuavita), Rossi; Ghirardello (52' Papastylianou), Omar Abdiskakur, Romano; Ekhator (83' Carbone)

A disposizione: Bertini, Boschi, Ferroni, Ahanor, Barbini

Allenatore: Alessandro Agostini

ARBITRO: Giuseppe Vingo

AMMONITI: 24' Dutu (L); 36' Abdellaoui (G); 58' Sarpa (G); 68' Renzetti (L); 71' Cuzzarella (L); 82' Rossi (G)

ESPULSI: nessuno

28/01/2024 ore 13:00

LECCE U19 - VERONA U19 2-1

Marcatori: 14' Burnete (L), 68' Minerva (L), 90+5' D'Agostino (Rig.) (V)

LECCE U19 (3-5-2): Borbei; Pacia, Esposito, Davis; Agrimi, McJannet, Samek (54' Minerva), Vulturar (80' Addo), Daka; Corfitzen (59' Helm), Burnete

A disposizione: Lampinen-Skaug, Leone, Zivanovic, Dell'Acqua, Jemo, Vescan-Kodor

Allenatore: Federico Coppi-

telli
VERONA U19 (3-4-1-2): Toniolo; Nwanege (87' Valenti), Calabrese, Corradi; Agbonifo, D'Agostino, Riahi, De Battisti (71' Dalla Riva); Cisse (49' Pavanati); Ajayi, Dentale (71' Vermesan)
A disposizione: Marchetti, Troselj, Doucoure, Caneva, Fagoni, Szimionas
Allenatore: Paolo Sammarco
ARBITRO: Lucio Felice Angelillo
AMMONITI: 6' Nwanege (V); 33' Burnete (L); 54' Corfitzen (L); 59' Vulturar (L)
ESPULSI: nessuno

27/01/2024 ore 11:00

MILAN U19 - ROMA U19 0-0

MILAN U19 (4-2-3-1): Raveyre; Bakoune (70' Magni), Parmiggiani, Nsiala-Makengo, Bartesaghi; Eletu (70' Sala), Malaspina; Scotti (70' Perina; 81' Bonomi), Cuenca Martinez, Sia; Simmelhack (46' Camarda)
A disposizione: Colzani, Bartoccioni, Cappelletti, Tezzele, Mangioppi, Ibrahimoviç
Allenatore: Ignazio Abate
ROMA U19 (4-3-3): Bellucci Marin; D'Alessio, Plaia, Golic, Ienco; Graziani (53' Zefi), Vetkal, Bah; Marazzotti (77' Levak), Mlakar (53' Misitano), Mannini
A disposizione: Kehayov, Chesti, Mirra, Reale, Ivkovic, Romano, Della Rocca, Nardozi
Allenatore: Federico Guidi
ARBITRO: Giorgio Di Cicco
AMMONITI: 19' Simmelhack (M); 42' Graziani (R); 48' Golic (R); 68' Parmiggiani (M)
ESPULSI: nessuno

26/01/2024 ore 14:30

MONZA U19 - ATALANTA U19 2-2

Marcatori: 15' Ferraris (M), 69' Vlahovic (A), 88' Vlahovic (Rig.) (A), 90+1' Antunovic (Rig.) (M)

MONZA U19 (3-5-2): Mazza; Lupinetti, Brugarello, Ravelli (56' Postiglione); Marras, Diene, Berretta, Dell'Acqua (70' Bagnaschi), Capolupo (70' Domanico); Ferraris (77' Fernandes), Antunovic
A disposizione: Bifulco, Cattaneo, Graziano, Ballabio, Maussi Martins, Zini, Nene
Allenatore: Alessandro Lupi
ATALANTA U19 (3-4-2-1): Pardel; Tornaghi, Comi, Guerini; Ghezzi (46' Capac), Colombo, Manzoni (83' Riccio), Armstrong; Bonanomi (90+3' Fiogbe), Vavassori; Vlahovic
A disposizione: Leto, Sala, Obric, Chiggiato, Tavanti, Ragnoli Galli, Jónsson, Martinelli
Allenatore: Giovanni Bosi
ARBITRO: Giorgio Vergaro
AMMONITI: 55' Capolupo (M); 61' Armstrong (A); 63' Capac (A); 67' Dell'Acqua (M); 71' Lupinetti (M); 89' Tornaghi (A); 90+1' Vlahovic (A)
ESPULSI: nessuno

26/01/2024 ore 14:30

SAMPDORIA U19 - SASSUOLO U19 2-2

Marcatori: 5' Gomes Scarpino (Sam), 39' Russo (Sas), 53' Kumi (Sas), 90+6' Alesi (Sam)

SAMPDORIA U19 (4-3-3): Scardigno; Ventre (89' Balduzzi), Lotjonen, D'Amore, Langella; Conti, Uberti (54' Valisena), Pozzato (54' Alesi); Gomes Scarpino, Leonardi (54' Polli), Ovalle Santos
A disposizione: Gentile, Pellizzaro, Georgiadis, Malanca, Chilafi, Chiesa, Islam
Allenatore: David Sassarini
SASSUOLO U19 (4-3-1-2): Theiner; Parlato, Loeffen, Corradini, Falasca; Leone, Lopes (67' Pigati), Kumi (72' Okojie); Bruno (89' Knezovic); Vedovati (72' Caragea), Russo
A disposizione: Scacchetti, Piantedosi, Di Bitonto, Ferrandino, Ravaioli, Rovatti, Neophytou

Allenatore: Emiliano Bigica
ARBITRO: Adolfo Baratta
AMMONITI: 20' Uberti (Sam); 36' Conti (Sam); 68' Corradini (Sas); 80' Bruno (Sas); 87' Russo (Sas); 88' Valisena (Sam); 90+6' Malanca (Sam)
ESPULSI: nessuno

27/01/2024 ore 13:00

TORINO U19 - INTER U19 0-0

TORINO U19 (4-3-3): Abati; Casali, Mendes, Dellavalle, Muntu Wa Mungu; Ciammaglichella, Dalla Vecchia, Silva (90+1' Perciun); Dell'Aquila (46' Savva), Gabellini (71' Franzoni), Njie
A disposizione: Bellocci, Rettore, Bonadiman, Keita, Mahari, Longoni, Di Paolo, Marchioro
Allenatore: Giuseppe Scurto
INTER U19 (4-3-3): Raimondi; Aidoo, Stante, Stabile (89' Matjaz), Cocchi; Berenbruch (66' De Pieri), Zanchetta, Di Maggio (89' Mosconi); Kamate, Sarr, Quieto (66' Owusu)
A disposizione: Tommasi, Miconi, Mazzola, Alexiou, Ricordi, Zarate, Spinacce
Allenatore: Cristian Chivu
ARBITRO: Jules Roland Andeng Tona Mbei
AMMONITI: 43' Muntu Wa Mungu (T); 63' Aidoo (I); 75' Cocchi (I); 77' Stabile (I)
ESPULSI: 90' Owusu (I)

20

GIORNATA

Atalanta U19	1
Sampdoria U19	1
Cagliari U19	1
Milan U19	3
Frosinone U19	2
Lecce U19	1

Genoa U19	**2**
Empoli U19	**0**
Verona U19	**1**
Fiorentina U19	**1**
Inter U19	**7**
Bologna U19	**0**
Juventus U19	**1**
Lazio U19	**1**
Roma U19	**1**
Monza U19	**4**
Sassuolo U19	**6**
Torino U19	**3**

03/02/2024 ore 11:00

ATALANTA U19 - SAMPDORIA U19 1-1

Marcatori: 3' Vavassori (A), 66' Uberti (S)

ATALANTA U19 (3-4-2-1): Pardel; Tornaghi, Comi, Guerini; Martinelli (73' Capac), Colombo, Manzoni, Armstrong; Bonanomi (80' Riccio), Vavassori; Vlahovic (64' Jónsson)

A disposizione: Sala, Obric, Tavanti, Ghezzi, Gobbo, Bonsignori Goggi, Fiogbe, Ragnoli Galli

Allenatore: Giovanni Bosi

SAMPDORIA U19 (4-3-3): Scardigno; Ventre, Lotjonen, D'Amore, Langella (90+1' Georgiadis); Chilafi (46' Balduzzi), Valisena, Uberti (90' Zequiraj); Leonardi (59' Gomes Scarpino), Polli, Ovalle Santos

A disposizione: Gentile, Costantino, Devic, Malanca, Dacourt, Chiesa, Islam

Allenatore: David Sassarini

ARBITRO: Silvia Gasperotti

AMMONITI: 5' D'Amore (S); 61' Manzoni (A); 70' Ventre (S); 89' Capac (A)

ESPULSI: nessuno

04/02/2024 ore 11:00

CAGLIARI U19 - MILAN U19 1-3

Marcatori: 14' Nsiala-Makengo (M), 20' Sia (M), 54' Camarda (M), 57' Konate (C)

CAGLIARI U19 (4-3-3): Wodzicki; Arba, Cogoni, Catena, Idrissi; Carboni (46' Simonetta), Marcolini (77' Conti), Balde (77' Sulev Stoyanov); Konate, Achour (46' Vinciguerra), Mutandwa (77' Bolzan)

A disposizione: Iliev, Pintus, Franke, Piseddu, Marini, Malfitano

Allenatore: Fabio Pisacane

MILAN U19 (4-2-3-1): Raveyre; Magni (72' Bakoune), Parmiggiani, Nsiala-Makengo, Pereira; Eletu, Malaspina; Scotti (88' Cappelletti), Sala (58' Stalmach), Sia (72' Bonomi); Camarda (87' Simmelhack)

A disposizione: Bartoccioni, Colzani, Mangioppi, Batistini, Liberali

Allenatore: Ignazio Abate

ARBITRO: Mattia Ubaldi

AMMONITI: 13' Cogoni (C); 39' Sala (M); 69' Magni (M); 90+1' Sulev Stoyanov (C)

ESPULSI: nessuno

03/02/2024 ore 11:00

FROSINONE U19 - LECCE U19 2-1

Marcatori: 20' Luna (F), 35' Molignano (F), 66' Daka (Rig.) (L)

FROSINONE U19 (3-4-3): Palmisani; Zaknic, Ioannou, Kamensek-Pahic (87' Severino); Bouabre, Boccia, Molignano (70' Milazzo), Cichella; Romano R., Luna (84' Mezsargs), Selvini (87' Cichero)

A disposizione: Lagonigro, Stefanelli, Petta, Shkambaj, Amerighi, Ferizaj, Antoci

Allenatore: Angelo Adamo Gregucci

LECCE U19 (3-5-2): Borbei; Pascalau (46' Davis), Esposito, Pacia; Agrimi, McJannet, Samek (90+4' Helm), Yilmaz (46' Minerva), Daka; Corfitzen, Jemo (46' Vescan-Kodor)

A disposizione: Lampinen-Skaug, Leone, Reinhardt, Addo, Zivanovic

Allenatore: Federico Coppitelli

ARBITRO: Alberto Ruben Arena

AMMONITI: 27' McJannet (L); 30' Kamensek-Pahic (F); 71' McJannet (L); 77' Zaknic (F); 79' Palmisani (F); 87' Davis (L)

ESPULSI: 71' McJannet (L); 90+4' Stefanelli (F)

03/02/2024 ore 14:30

GENOA U19 - EMPOLI U19 2-0

Marcatori: 49' Omar Abdiskakur (G), 77' Papadopoulos (G)

GENOA U19 (3-4-2-1): Calvani; Ferroni, Abdellaoui, Barbini; Scaravilli (86' Sarpa), Arboscello (86' Parravicini; 58' Sarpa), Rossi, Tosi; Omar Abdiskakur (73' Ghirardello), Papadopoulos; Ekhator (81' Bornosuzov)

A disposizione: Boschi, Barry, Ahanor, Bosia, Gonçalinho, Papastylianou, Venturino

Allenatore: Alessandro Agostini

EMPOLI U19 (3-4-1-2): Seghetti; Pauliuc, Dragoner (66' Popov), Indragoli; Bonassi (57' Gaj), Bacci, Vallarelli, Fini; El Biache (57' Matteazzi); Corona (83' Ansah Yeboh), Nabian (66' Bacciardi)

A disposizione: Vertua, Majdandzic, Falcusan, Stassin, Tosto, Stoyanov

Allenatore: Alessandro Birindelli

ARBITRO: Lucio Felice Angelillo

AMMONITI: 39' Arboscello (G); 71' Ferroni (G); 74' Rossi (G); 76' Ferroni (G); 90+4' Tosi (G)

ESPULSI: 76' Ferroni (G); 81' Gaj (E)

04/02/2024 ore 13:00

VERONA U19 - FIORENTINA U19 1-1

Marcatori: 47' Harder (F), 90+7' Dentale (V)

VERONA U19 (3-5-2): Toniolo; Fagoni, Corradi, Doucoure (79' Pavanati); Agbonifo, D'Agostino, Riahi, Dalla Riva (64' Cisse), De Battisti; Cazzadori (87' Dentale), Ajayi
A disposizione: Marchetti, Castagnini, Caneva, Albertini, Eyeh, Szimionas, Vermesan
Allenatore: Paolo Sammarco
FIORENTINA U19 (4-2-3-1): Tognetti; Biagetti (65' Maggini), Romani, Baroncelli, Fortini; Harder (86' Gudelevicius), Ievoli; Sene (77' Padilla), Rubino, Caprini; Braschi (77' Denes)
A disposizione: Caroti, Vigiani, Kouadio, Vitolo, Mignani, Scuderi, Spaggiari
Allenatore: Daniele Galloppa
ARBITRO: Andrea Bordin
AMMONITI: 29' Dalla Riva (V); 45' Biagetti (F); 56' Fortini (F); 73' Corradi (V); 74' Sene (F); 79' Romani (F); 90+7' Tognetti (F)
ESPULSI: 90+10' Padilla (F); 90+10' Cisse (F); 90+10' Denes (F)

03/02/2024 ore 13:00
INTER U19 - BOLOGNA U19 7-0
Marcatori: 9' Kamate (I), 15' Stankovic (I), 61' Sarr (I), 66' Akinsanmiro (I), 73' Kamate (I), 84' Kamate (I), 90' Mosconi (I)
INTER U19 (4-3-3): Raimondi; Miconi, Stante, Stabile (74' Alexiou), Cocchi; Akinsanmiro, Stankovic (66' Zanchetta), Di Maggio (46' Berenbruch); Kamate, Sarr (66' Spinacce), Quieto (66' Mosconi)
A disposizione: Tommasi, Maye, Aidoo, Mazzola, De Pieri, Zarate
Allenatore: Cristian Chivu
BOLOGNA U19 (4-3-2-1): Pessina; Nezirevic, Svoboda (51' Happonen), Amey, Baroncioni; Diop (46' Mangiameli), Rosetti (46' De Luca; 56' Mercier), Hodzic; Menegazzo, Byar; Ebone (76' Lai)
A disposizione: Gasperini,

Idaro, Ravaglioli, Mukelenge, Tonin
Allenatore: Luca Vigiani
ARBITRO: Francesco Burlando
AMMONITI: 26' Akinsanmiro (I); 28' Hodzic (B); 31' Amey (B); 35' Stankovic (I); 39' Di Maggio (I); 84' Nezirevic (B)
ESPULSI: 49' Pessina (B)

04/02/2024 ore 13:00
JUVENTUS U19 - LAZIO U19 1-1
Marcatori: 43' Finocchiaro (J), 72' Sardo (L)
JUVENTUS U19 (3-4-2-1): Vinarcik; Montero (67' Grelaud), Gil Pulche, Martinez Crous; Turco, Florea, Owosu, Savio (78' Mazur); Anghele (59' Grosso), Finocchiaro (59' Crapisto); Pugno (78' Biggi)
A disposizione: Zelezny Radoslaw, Boufandar, Srdoc
Allenatore: Paolo Montero
LAZIO U19 (3-5-2): Magro; Ruggeri, Bordon, Dutu; Zazza (74' Bedini), Coulibaly (83' Nazzarro), Di Tommaso (83' Cappelli), Sardo, Milani; Cuzzarella (74' Kone), Sulejmani (62' Di Gianni)
A disposizione: Renzetti, Napolitano, Bigotti
Allenatore: Alessandro Calori
ARBITRO: Antonino Costanza
AMMONITI: 12' Savio (J); 61' Ruggeri (L); 71' Owosu (J)
ESPULSI: nessuno

04/02/2024 ore 11:00
ROMA U19 - MONZA U19 1-4
Marcatori: 47' Marras (M), 56' Ferraris (Rig.) (M), 65' Ferraris (M), 82' Pagano (Rig.) (R), 90+2' Ferraris (M)
ROMA U19 (3-4-2-1): Bellucci Marin; Plaia (75' Chesti), Keramitsis, Golic; D'Alessio (60' Romano), Pisilli, Vetkal (66' Graziani), Oliveras (66' Ienco); Mannini, Pagano; Mlakar (60' Misitano)
A disposizione: Kehayov, Seck, Ivkovic, Della Rocca,

Nardozi, Marazzotti
Allenatore: Federico Guidi
MONZA U19 (3-5-2): Mazza; Lupinetti (86' Graziano), Kassama (59' Postiglione), Ravelli (46' Brugarello); Marras, Diene (59' Cagia), Berretta, Colombo, Dell'Acqua; Ferraris, Antunovic (67' Fernandes)
A disposizione: Bifulco, Bagnaschi, Domanico, Ballabio, Zini, Nene
Allenatore: Alessandro Lupi
ARBITRO: Filippo Colaninno
AMMONITI: 2' Berretta (M); 10' D'Alessio (R); 13' Kassama (M); 34' Ravelli (M); 41' Keramitsis (R); 44' Keramitsis (R); 55' Diene (M); 55' Bellucci Marin (R); 89' Graziani (R); 90+1' Ferraris (M)
ESPULSI: 44' Keramitsis (R)

04/02/2024 ore 15:00
SASSUOLO U19 - TORINO U19 6-3
Marcatori: 3' Bruno (S), 6' Dell'Aquila (T), 18' Dellavalle (Rig.) (T), 20' Bruno (S), 28' Parlato (S), 32' Marchioro (T), 58' Caragea (S), 68' Kumi (S), 89' Leone (S)
SASSUOLO U19 (4-3-1-2): Theiner; Parlato, Loeffen (90+1' Cinquegrano), Coradini, Falasca; Leone, Lopes (90+1' Di Bitonto), Kumi; Bruno (90+1' Pigati); Caragea (77' Vedovati), Neophytou (77' Chiricallo)
A disposizione: Scacchetti, Piantedosi, Okojie, Knezovic, Ravaioli, Rovatti
Allenatore: Emiliano Bigica
TORINO U19 (4-4-2): Abati; Marchioro (90+3' Casali), Mendes, Dellavalle (71' Muntu Wa Mungu), Bianay Balcot; Savva, Dalla Vecchia, Silva (71' Perciun), Njie (56' Ciammaglichella); Dell'Aquila, Gabellini (56' Franzoni)
A disposizione: Bellocci, Rettore, Bonadiman, Mahari, Acar, Longoni
Allenatore: Giuseppe Scurto
ARBITRO: Stefano Milone

AMMONITI: 37' Dellavalle (T); 45+1' Njie (T); 55' Gabellini (T); 72' Loeffen (S); 83' Chiricallo (S)
ESPULSI: nessuno

21

GIORNATA

Empoli U19	1
Inter U19	2
Fiorentina U19	1
Juventus U19	0
Verona U19	3
Frosinone U19	4
Lecce U19	0
Atalanta U19	1
Milan U19	3
Sassuolo U19	3
Monza U19	2
Bologna U19	2
Roma U19	3
Cagliari U19	1
Sampdoria U19	2
Genoa U19	2
Torino U19	1
Lazio U19	0

Tabellini

11/02/2024 ore 13:00

EMPOLI U19 - INTER U19 1-2

Marcatori: 24' Nabian (E), 61' Berenbruch (I), 67' Kamate (I)
EMPOLI U19 (3-4-1-2): Seghetti; Goglichidze, Pauliuc, Indragoli; Bonassi, Bacci, Vallarelli (90+5' Stoyanov), Fini; El Biache (85' Matteazzi); Corona, Nabian (90' Ansah Yeboh)
A disposizione: Vertua, Majdandzic, Stassin, Tosto, Dragoner, Bacciardi, Forciniti, Popov
Allenatore: Alessandro Birindelli

INTER U19 (4-3-3): Raimondi; Miconi (90' Aidoo), Stante, Stabile (46' Alexiou), Cocchi; Kamate, Stankovic, Akinsanmiro; Quieto (46' Berenbruch), Spinacce (84' Diallo), Sarr (72' Mosconi)
A disposizione: Tommasi, Bitz, Mazzola, Bovo, De Pieri
Allenatore: Cristian Chivu
ARBITRO: Domenico Castellone
AMMONITI: 30' Stante (I); 36' Stabile (I); 67' Corona (E)
ESPULSI: nessuno

09/02/2024 ore 18:00

FIORENTINA U19 - JUVENTUS U19 1-0

Marcatori: 79' Baroncelli (F)
FIORENTINA U19 (4-2-3-1): Tognetti; Biagetti, Romani, Baroncelli, Fortini; Infantino (67' Harder), Ievoli; Sene, Rubino (87' Vitolo), Caprini (87' Balbo); Braschi
A disposizione: Caroti, Maggini, Kouadio, Gudelevicius, Mignani, Scuderi, Spaggiari, Ofoma
Allenatore: Daniele Galloppa
JUVENTUS U19 (3-4-2-1): Vinarcik; Montero (86' Grelaud), Gil Pulche, Martinez Crous; Turco, Ngana, Mazur (63' Owosu), Pagnucco; Crapisto (63' Finocchiaro), Florea; Pugno (67' Srdoc)
A disposizione: Radu, Rizzo, Boufandar, Grosso, Biggi, Giorgi, Leone
Allenatore: Paolo Montero
ARBITRO: Andrea Calzavara
AMMONITI: 21' Pugno (J); 30' Infantino (F); 34' Ievoli (F); 45' Turco (J); 59' Rubino (F); 90+1' Turco (J)
ESPULSI: 90' Turco (J)

10/02/2024 ore 13:00

VERONA U19 - FROSINONE U19 3-4

Marcatori: 12' Cazzadori (V), 20' Luna (F), 38' Selvini (Rig.) (F), 58' D'Agostino (Rig.) (V), 61' Boccia (Rig.) (F), 84' Selvini (F), 86' Dentale (V)
VERONA U19 (3-5-2): Toniolo; Nwanege, Corradi, Fagoni (69' Silfver-Ramage); Agbonifo, D'Agostino, Pavanati (80' Dentale), Riahi, De Battisti (69' Szimionas); Cazzadori, Ajayi
A disposizione: Marchetti, Troselj, Doucoure, Caneva, Bellavigna, Popovic, Valenti, Vermesan
Allenatore: Paolo Sammarco
FROSINONE U19 (3-5-2): Palmisani; Zaknic, Ioannou, Kamensek-Pahic; Bouabre, Boccia, Molignano (81' Milazzo), Cichella, Romano F.; Selvini, Luna
A disposizione: Lagonigro, Severino, Petta, Shkambaj, Cesari, Amerighi, Romano A., Ferizaj, Cichero, Antoci
Allenatore: Angelo Adamo Gregucci
ARBITRO: Emanuele Ceriello
AMMONITI: 60' Corradi (V); 62' Cichella (F); 76' Kamensek-Pahic (F)
ESPULSI: nessuno

11/02/2024 ore 11:00

LECCE U19 - ATALANTA U19 0-1

Marcatori: 45+1' Fiogbe (A)
LECCE U19 (4-2-3-1): Borbei; Davis (60' Pascalau), Pacia, Esposito, Addo; Yilmaz (64' Casciano), Minerva (64' Samek); Agrimi, Daka, Winkelmann; Burnete
A disposizione: Lampinen-Skaug, Leone, Reinhardt, Zivanovic, Russo, Gromek, Jemo
Allenatore: Federico Coppitelli
ATALANTA U19 (3-4-2-1): Pardel; Tornaghi (74' Previtali), Comi, Tavanti; Guerini, Colombo, Manzoni, Ghezzi; Bonanomi (70' Riccio), Capac (84' Jónsson); Fiogbe
A disposizione: Leto, Sala, Gobbo, Mencaraglia, Ragnoli Galli, Camara, Martinelli
Allenatore: Giovanni Bosi
ARBITRO: Leonardo Mastrodomenico
AMMONITI: 49' Comi (A); 56'

Winkelmann (L); 90+1' Colombo (A)
ESPULSI: nessuno

10/02/2024 ore 13:00
MILAN U19 - SASSUOLO U19 3-3
Marcatori: 29' Camarda (Rig.) (M), 37' Sia (M), 45+2' Camarda (M), 84' Russo (S), 88' Vedovati (S), 90' Knezovic (S)
MILAN U19 (4-2-3-1): Nava; Bakoune (80' Pereira), Nsiala-Makengo, Parmiggiani, Bartesaghi (80' Cappelletti); Malaspina (68' Bonomi), Stalmach; Scotti, Sala, Sia (73' Liberali); Camarda (73' Simmelhack)
A disposizione: Raveyre, Tezzele, Paloschi, Mangioppi, Batistini, Lamorte
Allenatore: Ignazio Abate
SASSUOLO U19 (4-3-1-2): Theiner; Parlato (67' Cinquegrano), Loeffen, Corradini, Falasca (87' Piantedosi); Leone (83' Rovatti), Lopes (67' Knezovic), Kumi; Bruno; Caragea (46' Vedovati), Russo
A disposizione: Scacchetti, Di Bitonto, Beconcini, Okojie, Ravaioli, Neophytou
Allenatore: Emiliano Bigica
ARBITRO: Gabriele Sacchi
AMMONITI: 31' Malaspina (M); 48' Bartesaghi (M); 63' Parlato (S); 78' Knezovic (S)
ESPULSI: nessuno

10/02/2024 ore 15:00
MONZA U19 - BOLOGNA U19 2-2
Marcatori: 66' Antunovic (M), 72' Marras (M), 80' Tonin (B), 89' Mangiameli (B)
MONZA U19 (3-5-2): Mazza; Lupinetti, Kassama, Ravelli (46' Postiglione); Marras (75' Zoppi), Berretta, Colombo, Diene (43' Capolupo), Dell'Acqua; Ferraris (80' Fernandes), Antunovic
A disposizione: Bifulco, Bagnaschi, Brugarello, Domanico, Cattaneo, Maussi Martins, Nene

Allenatore: Alessandro Lupi
BOLOGNA U19 (4-3-1-2): Happonen; Mercier, Svoboda, Amey (69' Diop), Baroncioni (76' Kongslev); Lai (81' Idaro), Hodzic (76' Ravaglioli), Byar; Menegazzo; Ebone (75' Tonin), Mangiameli
A disposizione: Gasperini, Barra, Zilio
Allenatore: Luca Vigiani
ARBITRO: Giuseppe Vingo
AMMONITI: 32' Amey (B); 37' Ravelli (M); 41' Diene (M); 60' Postiglione (M); 73' Baroncioni (B); 90+1' Kassama (M); 90+1' Mangiameli (B)
ESPULSI: nessuno

11/02/2024 ore 11:00
ROMA U19 - CAGLIARI U19 3-1
Marcatori: 21' Marcolini (C), 34' Plaia (R), 44' Costa Cesco (R), 51' Romano (R)
ROMA U19 (4-3-3): Bellucci Marin; Mannini, Plaia (77' Chesti), Golic, Oliveras (62' Ienco); Graziani (82' Reale), Romano (82' Ivkovic), Pisilli; Costa Cesco, Misitano (62' Mlakar), Pagano
A disposizione: Marcaccini, Seck, Zefi, Coletta, Marazzotti, Alessio
Allenatore: Federico Guidi
CAGLIARI U19 (4-3-1-2): Wodzicki; Arba, Cogoni, Catena, Idrissi; Sulev Stoyanov (62' Bolzan), Marcolini (74' Conti), Malfitano (62' Simonetta); Carboni (62' Balde); Mutandwa, Vinciguerra
A disposizione: Iliev, Pintus, Franke, Marini, Achour
Allenatore: Michele Filippi
ARBITRO: Giuseppe Maria Manzo
AMMONITI: 40' Misitano (R); 45+1' Oliveras (R); 46' Pisilli (R); 64' Plaia (R); 74' Golic (R); 76' Arba (C); 84' Conti (C)
ESPULSI: nessuno

12/02/2024 ore 18:00
SAMPDORIA U19 - GENOA U19 2-2
Marcatori: 45' Alesi (S), 69'

Ekhator (G), 85' Leonardi (Rig.) (S), 90+4' Ekhator (G)
SAMPDORIA U19 (4-3-3): Scardigno; Ventre, Uberti (46' Lotjonen), Leoni, Langella; Pozzato, Valisena, Alesi (82' Dacourt); Gomes Scarpino (82' Chilafi), Polli (77' Leonardi), Ovalle Santos (84' D'Amore)
A disposizione: Gentile, Costantino, Devic, Balduzzi, Zequiraj, Djalti
Allenatore: David Sassarini
GENOA U19 (4-2-3-1): Calvani; Scaravilli, Pittino, Abdellaoui, Tosi; Parravicini (84' Omar Abdiskakur), Rossi; Ghirardello (56' Venturino), Papadopoulos, Papastylianou (70' Sarpa); Bornosuzov (46' Ekhator)
A disposizione: Ceppi, Consiglio, Barbini, Bosia, Gonçalinho, Thorsteinsson, Natale
Allenatore: Luca Chiappino
ARBITRO: Andrea Zanotti
AMMONITI: 60' Polli (S); 83' Scaravilli (G); 85' Papadopoulos (G)
ESPULSI: nessuno

10/02/2024 ore 11:00
TORINO U19 - LAZIO U19 1-0
Marcatori: 83' Longoni (T)
TORINO U19 (4-3-3): Abati; Bianay Balcot (48' Marchioro), Mendes, Dellavalle, Muntu Wa Mungu; Ciammaglichella, Dalla Vecchia, Silva; Longoni, Gabellini, Dell'Aquila (86' Perciun)
A disposizione: Bellocci, Casali, Rettore, Keita, Acar, Di Paolo, Franzoni, Dimitri, Magui
Allenatore: Giuseppe Scurto
LAZIO U19 (3-5-2): Magro; Ruggeri, Bordon, Dutu; Bedini (90' Cappelli), Coulibaly, Di Tommaso (87' Bigotti), Sardo, Milani; Cuzzarella (90' Kone), Sulejmani (72' Di Gianni)
A disposizione: Renzetti, Zazza, Nazzaro, Tredicine
Allenatore: Stefano Sanderra

22

GIORNATA

Atalanta U19	2
Empoli U19	1
Bologna U19	1
Lecce U19	3
Cagliari U19	3
Torino U19	2
Frosinone U19	1
Roma U19	0
Genoa U19	2
Milan U19	1
Inter U19	2
Monza U19	1
Juventus U19	2
Sampdoria U19	1
Lazio U19	2
Fiorentina U19	2
Sassuolo U19	3
Verona U19	2

Tabellini

18/02/2024 ore 11:00

ATALANTA U19 - EMPOLI U19 2-1

Marcatori: 5' Indragoli (E), 17' Guerini (Rig.) (A), 33' Manzoni (A)

ATALANTA U19 (3-4-2-1): Pardel; Tornaghi, Guerini, Tavanti; Ghezzi, Colombo, Manzoni, Armstrong (61' Martinelli); Bonanomi (72' Camara), Vavassori (72' Riccio); Fiogbe

A disposizione: Sala, Previtali, Maffessoli, Mencaraglia, Bonsignori Goggi, Ragnoli Galli, Jónsson, Capac

Allenatore: Giovanni Bosi

EMPOLI U19 (3-5-2): Seghetti; Pauliuc, Dragoner, Indragoli; Bonassi (46' Majdandzic; 81' Ansah Yeboh), Bacci (46' Popov), Matteazzi (73' Stoyanov), Vallarelli, Fini; El Biache (88' Orlandi), Nabian

A disposizione: Poggioloni, Falcusan, Tosto, Rugani, Bacciardi, Forciniti

Allenatore: Alessandro Birindelli

ARBITRO: Fabrizio Ramondino

AMMONITI: 23' Bonassi (E); 25' Dragoner (E); 77' Martinelli (A); 83' Tornaghi (A); 90+1' Pardel (A)

ESPULSI: espulso l'allenatore Giovanni Bosi (Atalanta U19)

17/02/2024 ore 13:00

BOLOGNA U19 - LECCE U19 1-3

Marcatori: 19' Burnete (L), 40' Daka (L), 55' Ravaglioli (B), 88' Burnete (L)

BOLOGNA U19 (4-3-1-2): Pessina; Nezirevic, Svoboda, Dion (68' Mercier), Baroncioni; Lai (85' Mukelenge), Hodzic (46' Tonin), Byar; Menegazzo; Ebone (46' Ravaglioli), Mangiameli

A disposizione: Gasperini, Carretti, Kongslev, Zilio, Idaro, De Stefano

Allenatore: Luca Vigiani

LECCE U19 (4-3-3): Borbei; Pacia (60' Russo), Pascalau, Esposito, Addo; Yilmaz (57' Samek), Minerva, Daka; McJannet, Winkelmann (84' Agrimi), Burnete

A disposizione: Lampinen-Skaug, Leone, Dell'Acqua, Casciano, Metaj, Helm, Vescan-Kodor

Allenatore: Federico Coppitelli

ARBITRO: Mattia Caldera

AMMONITI: 17' McJannet (L); 25' Ebone (B); 26' Burnete (L); 52' Menegazzo (B); 71' Lai (B); 80' Daka (L); 86' Baroncioni (B); 88' Mukelenge (B); 90+1' Minerva (L); 90+1' Borbei (L); 90+2' Tonin (B)

ESPULSI: nessuno

17/02/2024 ore 11:00

CAGLIARI U19 - TORINO U19 3-2

Marcatori: 19' Mutandwa (C), 26' Dell'Aquila (T), 30' Mutandwa (C), 69' Longoni (T), 82' Achour (Rig.) (C)

CAGLIARI U19 (4-3-1-2): Wodzicki; Arba (58' Pintus), Cogoni, Catena, Idrissi; Balde, Marcolini (84' Conti), Sulev Stoyanov (74' Achour); Simonetta (83' Malfitano); Mutandwa, Vinciguerra

A disposizione: Iliev, Renna, Franke, Marini, Ardau, Grandu, Bolzan

Allenatore: Fabio Pisacane

TORINO U19 (4-3-3): Abati; Marchioro, Rettore, Mendes, Muntu Wa Mungu; Silva, Dalla Vecchia (85' Acar), Perciun (46' Ciammaglichella); Savva (57' Gabellini), Franzoni (46' Njie), Dell'Aquila (65' Longoni)

A disposizione: Brezzo, Bellocci, Casali, Keita, Rasheed, Magui

Allenatore: Giuseppe Scurto

ARBITRO: Luca Cherchi

AMMONITI: 68' Pintus (C); 77' Njie (T); 79' Muntu Wa Mungu (T); 81' Rettore (T)

ESPULSI: nessuno

17/02/2024 ore 15:00

FROSINONE U19 - ROMA U19 1-0

Marcatori: 90+2' Luna (F)

FROSINONE U19 (3-5-2): Palmisani; Zaknic, Kamensek-Pahic, Petta; Bouabre (68' Cichero), Boccia, Molignano (56' Ferizaj), Cichella (89' Milazzo), Romano R.; Luna, Selvini

A disposizione: Lagonigro, Stefanelli, Severino, Shkambaj, Cesari, Ioannou, Amerighi, Dixon

Allenatore: Angelo Adamo Gregucci

ROMA U19 (4-3-3): Bellucci Marin; Reale, Golic (39' Chesti), Keramitsis (46' Mirra),

Oliveras; Graziani, Romano, Pisilli; Costa Cesco, Mlakar (64' Misitano), Pagano (79' Alessio)
A disposizione: Marcaccini, Ienco, Seck, Feola, Ivkovic, Della Rocca, Marazzotti
Allenatore: Federico Guidi
ARBITRO: Gabriele Totaro
AMMONITI: 78' Graziani (R)
ESPULSI: nessuno

17/02/2024 ore 11:00
GENOA U19 - MILAN U19 2-1
Marcatori: 47' Rossi (Rig.) (G), 77' Magni (M), 81' Papastylianou (G)
GENOA U19 (4-2-3-1): Calvani; Scaravilli (78' Bosia), Pittino, Abdellaoui, Tosi; Sarpa, Parravicini (69' Barbini); Rossi, Arboscello, Ghirardello (60' Venturino); Ekhator (78' Papastylianou)
A disposizione: Consiglio, Ferroni, Ahanor, Carbone, Gonçalinho, Thorsteinsson, Omar Abdiskakur
Allenatore: Alessandro Agostini
MILAN U19 (4-2-3-1): Raveyre; Bakoune, Parmiggiani, Nsiala-Makengo, Magni; Eletu, Malaspina (71' Sala); Scotti (87' Lamorte), Stalmach (71' Simmelhack), Bonomi (46' Sia); Camarda
A disposizione: Torriani, Bartoccioni, Cappelletti, Tezzele, Paloschi, Mangioppi, Batistini
Allenatore: Ignazio Abate
ARBITRO: Enrico Cappai
AMMONITI: 42' Ghirardello (G); 48' Rossi (G); 55' Nsiala-Makengo (M); 82' Ekhator (G)
ESPULSI: nessuno

17/02/2024 ore 13:00
INTER U19 - MONZA U19 2-1
Marcatori: 45+1' Spinacce (I), 77' Ferraris (Rig.) (M), 90+2' Mosconi (I)
INTER U19 (4-3-3): Raimondi; Aidoo, Stabile (46' Maye), Alexiou, Cocchi (85' Miconi);

Berenbruch, Stankovic, Akinsanmiro (85' De Pieri); Kamate, Spinacce (54' Owusu), Sarr (74' Mosconi)
A disposizione: Zamarian, Bitz, Mazzola, Bovo, Quieto, Zarate
Allenatore: Cristian Chivu
MONZA U19 (3-5-2): Mazza; Ravelli (75' Domanico), Kassama, Postiglione; Marras (90+3' Zoppi), Berretta, Lupinetti (71' Capolupo), Colombo, Dell'Acqua; Ferraris, Antunovic (75' Maussi Martins)
A disposizione: Ciardi, Brugarello, Cagia, Cattaneo, Graziano, Fernandes, Nene
Allenatore: Alessandro Lupi
ARBITRO: Simone Galipo
AMMONITI: 30' Lupinetti (M); 67' Antunovic (M); 80' Postiglione (M); 87' Alexiou (I); 90+3' Mosconi (I)
ESPULSI: nessuno

19/02/2024 ore 20:00
JUVENTUS U19 - SAMPDORIA U19 2-1
Marcatori: 23' Pagnucco (J), 41' Pugno (J), 60' Langella (S)
JUVENTUS U19 (3-4-2-1): Vinarcik; Montero, Gil Pulche, Martinez Crous; Savio, Ngana, Mazur, Pagnucco; Florea (80' Crapisto), Finocchiaro (64' Scienza); Pugno (73' Vacca; 80' Biggi)
A disposizione: Zelezny Radoslaw, Radu, Boufandar, Grosso, Rizzo, Contarini, Giorgi
Allenatore: Paolo Montero
SAMPDORIA U19 (4-3-3): Scardigno; Ventre, D'Amore (79' Lotjonen), Costantino (79' Georgiadis), Langella; Uberti, Valisena, Alesi; Gomes Scarpino (46' Pozzato; 85' Djalti), Polli, Chilafi (60' Dacourt)
A disposizione: Gentile, Devic, Balduzzi, Zequiraj, Genovese, Ovalle Santos
Allenatore: David Sassarini
ARBITRO: Mario Perri
AMMONITI: 51' Valisena (S); 62' Ngana (J); 65' Valisena (S);

88' Ventre (S)
ESPULSI: 65' Valisena (S)

17/02/2024 ore 15:00
LAZIO U19 - FIORENTINA U19 2-2
Marcatori: 8' Sene (F), 11' Vitolo (F), 33' Sardo (L), 77' Sardo (L)
LAZIO U19 (3-5-2): Renzetti; Ruggeri, Bordon (68' Di Tommaso), Dutu; Zazza, Coulibaly, Sardo, Cappelli (13' Cuzzarella; 68' Sulejmani), Milani; Fernandes (86' Gelli), Di Gianni (69' Kone)
A disposizione: Magro, Martinelli, Bedini, Bordoni, Nazzarro, Tredicine
Allenatore: Stefano Sanderra
FIORENTINA U19 (4-3-1-2): Leonardelli; Maggini (65' Vigiani), Biagetti (46' Kouadio), Romani, Balbo (85' Braschi); Vitolo (58' Fortini), Gudelevicius, Ievoli; Mignani (58' Harder); Caprini, Sene
A disposizione: Caroti, Denes, Spaggiari
Allenatore: Alberto Aquilani
ARBITRO: Domenico Leone
AMMONITI: 17' Biagetti (F); 44' Cuzzarella (L); 48' Fernandes (L); 50' Mignani (F); 55' Vitolo (F); 57' Bordon (L); 61' Caprini (F); 61' Sardo (L); 83' Ruggeri (L)
ESPULSI: nessuno

18/02/2024 ore 13:00
SASSUOLO U19 - VERONA U19 3-2
Marcatori: 19' Russo (Rig.) (S), 22' Kumi (S), 36' Cazzadori (V), 56' Leone (S), 76' Cisse (Rig.) (V)
SASSUOLO U19 (4-3-1-2): Theiner; Parlato, Loeffen, Corradini, Falasca (90+1' Cinquegrano); Leone, Lopes (66' Ravaioli), Kumi; Bruno; Vedovati (72' Caragea), Russo
A disposizione: Scacchetti, Piantedosi, Di Bitonto, Beconcini, Okojie, Pigati, Rovatti, Neophytou
Allenatore: Emiliano Bigica

A disposizione: Esmanech, Marchetti, Silfver-Ramage, Fagoni, Eyeh, De Rossi, Valenti
Allenatore: Paolo Sammarco
ARBITRO: Luigi Catanoso
AMMONITI: 17' D'Agostino (V); 18' Riahi (V); 32' Bruno (S); 58' Lopes (S); 78' Leone (S); 83' Popovic (V); 84' Ravaioli (S); 87' Falasca (S); 90+4' Loeffen (S)
ESPULSI: nessuno

23

GIORNATA

Empoli U19	3
Lecce U19	3
Fiorentina U19	5
Bologna U19	0
Frosinone U19	1
Cagliari U19	1
Verona U19	2
Juventus U19	0
Milan U19	1
Inter U19	1
Roma U19	3
Genoa U19	0
Sampdoria U19	0
Monza U19	0
Sassuolo U19	1
Lazio U19	2
Torino U19	1
Atalanta U19	4

Tabellini

24/02/2024 ore 11:00
EMPOLI U19 - LECCE U19 3-3

Marcatori: 10' Yilmaz (L), 17' Bonassi (E), 30' Yilmaz (L), 45+1' McJannet (L), 56' Fini (E), 60' Corona (Rig.) (E)
EMPOLI U19 (3-5-2): Seghetti; Stassin (46' Tosto), Indragoli, Pauliuc; Bonassi, Bacci (46' Bacciardi), Matteazzi, Vallarelli, Fini; Corona, Nabian (65' El Biache)
A disposizione: Vertua, Majdandzic, Falcusan, Stoyanov, Sodero, Forciniti, Ansah Yeboh, Popov
Allenatore: Alessandro Birindelli
LECCE U19 (4-2-3-1): Borbei; Pacia, Pascalau, Esposito, Addo; Yilmaz (69' Samek), Minerva; Daka, McJannet, Winkelmann (70' Agrimi); Burnete
A disposizione: Lampinen-Skaug, Leone, Davis, Russo, Casciano, Helm, Jemo, Vescan-Kodor
Allenatore: Federico Coppitelli
ARBITRO: Francesco D'Eusanio
AMMONITI: 9' Corona (E); 35' Addo (L); 55' Esposito (L); 63' Indragoli (E); 69' Pacia (L); 76' Bacciardi (E); 81' Burnete (L)
ESPULSI: nessuno

26/02/2024 ore 14:00
FIORENTINA U19 - BOLOGNA U19 5-0

Marcatori: 55' Braschi (F), 58' Vitolo (F), 68' Caprini (F), 81' Sene (Rig.) (F), 90' Rubino (Rig.) (F)
FIORENTINA U19 (4-2-3-1): Tognetti; Dodo (61' Biagetti), Romani (71' Sadotti), Baroncelli, Fortini; Ievoli (72' Gudelevicius), Vitolo; Sene (82' Spaggiari), Rubino, Caprini; Braschi (72' Balbo)
A disposizione: Leonardelli, Maggini, Kouadio, Harder, Scuderi, Denes
Allenatore: Daniele Galloppa
BOLOGNA U19 (4-3-3): Bagnolini; Nezirevic, Svoboda, Diop, Carretti; Menegazzo (82' Zilio), Lai (69' Hodzic), Byar; Tonin (69' Idaro), Mangiameli (59' Ebone), Ravaglioli (59' Mercier)
A disposizione: Pessina, Gasperini, Kongslev, Brighi, Mukelenge
Allenatore: Paolo Magnani
ARBITRO: Simone Gavini
AMMONITI: 15' Diop (B); 49' Romani (F); 54' Nezirevic (B); 57' Nezirevic (B); 80' Diop (B)
ESPULSI: 57' Nezirevic (B); 80' Diop (B)

24/02/2024 ore 13:00
FROSINONE U19 - CAGLIARI U19 1-1

Marcatori: 17' Marcolini (C), 60' Balde (Aut.) (C)
FROSINONE U19 (3-5-2): Palmisani; Zaknic, Petta, Kamensek-Pahic; Bouabre (90+1' Cichero), Boccia, Molignano (46' Ferizaj), Cichella (88' Milazzo), Romano R.; Luna (79' Mezsargs), Selvini
A disposizione: Lagonigro, Stefanelli, Severino, Shkambaj, Ioannou, Amerighi, Romano A.
Allenatore: Angelo Adamo Gregucci
CAGLIARI U19 (4-3-1-2): Wodzicki; Pintus, Cogoni, Catena, Idrissi; Malfitano (63' Sulev Stoyanov), Conti (46' Balde), Marcolini; Simonetta; Mutandwa (82' Bolzan), Vinciguerra (72' Achour)
A disposizione: Iliev, Franke, Piseddu, Marini, Ardau, Trepy
Allenatore: Fabio Pisacane
ARBITRO: Enrico Gemelli
AMMONITI: 31' Marcolini (C); 45' Conti (C); 64' Sulev Stoyanov (C)
ESPULSI: nessuno

24/02/2024 ore 11:00
VERONA U19 - JUVENTUS U19 2-0

Marcatori: 18' D'Agostino (V), 69' Dentale (V)
VERONA U19 (3-5-2): Toniolo; Popovic, Corradi, Nwanege; Patane (76' Szimionas), D'Agostino, Dalla Riva (77' Agbonifo), Cisse, De Battisti

(77' Caneva); Cazzadori (90' De Rossi), Dentale (86' Vermesan)

A disposizione: Marchetti, Silfver-Ramage, Doucoure, Fagoni, Ajayi, Valenti

Allenatore: Paolo Sammarco

JUVENTUS U19 (3-4-2-1): Radu; Savio, Gil Pulche, Martinez Crous; Turco, Mazur (70' Boufandar), Ngana (31' Finocchiaro), Pagnucco (56' Crapisto); Scienza (70' Biggi), Florea; Pugno (70' Grosso)

A disposizione: Vinarcik, Montero, Giorgi

Allenatore: Paolo Montero

ARBITRO: Ermes Fabrizio Cavaliere

AMMONITI: 10' Ngana (J); 54' De Battisti (V); 62' Scienza (J); 66' Corradi (V); 71' Florea (J); 73' Nwanege (V)

ESPULSI: nessuno

24/02/2024 ore 13:00

MILAN U19 - INTER U19 1-1

Marcatori: 3' Kamate (I), 35' Camarda (M)

MILAN U19 (4-2-3-1): Raveyre; Bakoune (65' Magni), Simic, Nsiala-Makengo, Bartesaghi; Eletu, Stalmach (73' Malaspina); Scotti (87' Simmelhack), Sala (65' Zeroli), Sia (87' Parmiggiani); Camarda

A disposizione: Bartoccioni, Paloschi, Mangioppi, Skoczylas, Liberali, Bonomi

Allenatore: Ignazio Abate

INTER U19 (4-3-3): Raimondi; Aidoo, Stante, Alexiou, Cocchi; Berenbruch, Stankovic, Akinsanmiro (65' Di Maggio); Kamate (78' Zanchetta), Spinacce (61' Owusu), Quieto (78' Mosconi)

A disposizione: Tommasi, Motta, Matjaz, Miconi, Mazzola, De Pieri, Zarate

Allenatore: Cristian Chivu

ARBITRO: Daniele Virgilio

AMMONITI: 31' Cocchi (I); 37' Stalmach (M); 81' Nsiala-Makengo (M)

ESPULSI: nessuno

25/02/2024 ore 10:45

ROMA U19 - GENOA U19 3-0

Marcatori: 51' Pisilli (R), 56' Pagano (R), 62' Cherubini (R)

ROMA U19 (4-3-3): Bellucci Marin; Mannini, Plaia, Keramitsis, Oliveras (63' Reale); Pagano, Romano (64' Graziani), Pisilli; Costa Cesco (72' Golic), Mlakar (78' Misitano), Cherubini (79' Marazzotti)

A disposizione: Kehayov, Chesti, Seck, Ivkovic, Coletta, Alessio

Allenatore: Federico Guidi

GENOA U19 (4-2-3-1): Calvani; Sarpa, Pittino, Abdellaoui, Tosi; Parravicini, Rossi; Papadopoulos (66' Barbini), Arboscello (58' Venturino), Omar Abdiskakur (53' Ghirardello); Ekhator

A disposizione: Boschi, Consiglio, Scaravilli, Ferroni, Bosia, Gonçalinho, Thorsteinsson

Allenatore: Alessandro Agostini

ARBITRO: Giuseppe Vingo

AMMONITI: 37' Romano (R); 41' Pittino (G); 90+2' Golic (R)

ESPULSI: nessuno

24/02/2024 ore 15:00

SAMPDORIA U19 - MONZA U19 0-0

SAMPDORIA U19 (4-3-3): Tantalocchi; Ventre, Lotjonen, Costantino, Langella; Conti (87' Gomes Scarpino), Uberti, Alesi (84' Pozzato); Chilafi (46' D'Amore), Polli, Ovalle Santos

A disposizione: Gentile, Georgiadis, Balduzzi, Zequiraj, Djalti, Genovese, Sava, Islam

Allenatore: David Sassarini

MONZA U19 (3-5-2): Mazza; Ravelli, Domanico, Kassama; Marras (71' Capolupo), Brugarello (71' Zoppi), Berretta, Colombo, Dell'Acqua; Ferraris, Nene (59' Maussi Martins)

A disposizione: Ciardi, Bagnaschi, Postiglione, Cagia, Cattaneo, Graziano, Fernandes, Zini

Allenatore: Alessandro Lupi

ARBITRO: Marco Peletti

AMMONITI: 14' Dell'Acqua (M); 16' Ovalle Santos (S); 39' Polli (S); 72' Capolupo (M)

ESPULSI: nessuno

25/02/2024 ore 13:00

SASSUOLO U19 - LAZIO U19 1-2

Marcatori: 23' Vedovati (S), 65' Sardo (L), 75' Sulejmani (L)

SASSUOLO U19 (4-3-1-2): Theiner; Cinquegrano, Loeffen (90' Neophytou), Corradini, Falasca (82' Piantedosi); Kumi, Lopes (75' Rovatti), Leone; Bruno; Russo, Vedovati (82' Caragea)

A disposizione: Zouaghi, Scacchetti, Di Bitonto, Ferrandino, Parlato, Abubakar, Ravaioli

Allenatore: Emiliano Bigica

LAZIO U19 (4-3-3): Magro; Bedini, Zazza, Bordon, Milani; Sardo, Nazzarro, Di Tommaso; Bigotti (54' Gonzalez), Sulejmani (90' Cappelli), Cuzzarella (82' Napolitano)

A disposizione: Martinelli, Renzetti, Bordoni, Kone, Tredicine, Di Gianni

Allenatore: Dario Barraco

ARBITRO: Felipe Salvatore Viapiana

AMMONITI: 16' Lopes (S); 80' Di Tommaso (L)

ESPULSI: nessuno

26/02/2024 ore 16:00

TORINO U19 - ATALANTA U19 1-4

Marcatori: 9' Vavassori (A), 32' Dell'Aquila (T), 41' Manzoni (A), 51' Vavassori (A), 84' Vavassori (A)

TORINO U19 (4-3-3): Abati; Marchioro, Mendes, Dellavalle, Muntu Wa Mungu (46' Desole); Ciammaglichella, Dalla Vecchia (59' Perciun), Silva (86' Acar); Dell'Aquila (78' Franzoni), Gabellini (46' Longoni), Njie

A disposizione: Bellocci, Bianay Balcot, Casali, Rettore, Keita, Magui

Allenatore: Giuseppe Scurto

ATALANTA U19 (3-4-2-1): Pardel; Tornaghi, Comi, Tavanti (79' Ghezzi); Guerini, Colombo, Riccio (86' Bonanomi), Regonesi (90+2' Bonsignori Goggi); Vavassori (85' Capac), Manzoni; Fiogbe (79' Castiello)

A disposizione: Sala, Armstrong, Ramaj, Ragnoli Galli, Camara, Martinelli

Allenatore: Marco Zanchi

ARBITRO: Andrea Zoppi

AMMONITI: 27' Silva (T); 36' Gabellini (T); 73' Tavanti (A); 90+1' Ciammaglichella (T)

ESPULSI: 90' Njie (T)

24

Atalanta U19	1
Roma U19	5
Bologna U19	2
Verona U19	2
Cagliari U19	1
Sampdoria U19	1
Genoa U19	1
Inter U19	1
Juventus U19	1
Sassuolo U19	2
Lazio U19	2
Frosinone U19	0
Lecce U19	1
Torino U19	0
Milan U19	1
Fiorentina U19	4
Monza U19	0
Empoli U19	1

Tabellini

02/03/2024 ore 13:00

ATALANTA U19 - ROMA U19 1-5

Marcatori: 13' Cherubini (R), 22' Mannini (R), 30' Alessio (R), 43' Colombo (A), 45+1' Pisilli (R), 75' Alessio (R)

ATALANTA U19 (3-4-2-1): Sala; Tornaghi, Comi, Tavanti; Guerini (70' Martinelli), Colombo, Riccio (46' Bonanomi), Regonesi (46' Bonsignori Goggi); Vavassori (85' Capac), Manzoni; Castiello (76' Camara)

A disposizione: Torriani, Obric, Ghezzi, Armstrong, Cassa, Ragnoli Galli

Allenatore: Giovanni Bosi

ROMA U19 (4-3-3): Bellucci Marin; Mannini, Plaia, Keramitsis (57' Golic), Oliveras (76' Ienco); Pagano (63' Graziani), Romano (77' Vetkal), Pisilli; Costa Cesco (77' Chesti), Alessio, Cherubini

A disposizione: Kehayov, Marcaccini, Reale, Misitano, Nardozi, Marazzotti

Allenatore: Federico Guidi

ARBITRO: Niccolo Turrini

AMMONITI: 32' Riccio (A); 36' Keramitsis (R); 44' Comi (A); 62' Pagano (R); 78' Camara (A); 86' Plaia (R); 89' Bonanomi (A)

ESPULSI: nessuno

02/03/2024 ore 15:00

BOLOGNA U19 - VERONA U19 2-2

Marcatori: 7' Amey (B), 47' Cisse (V), 73' Byar (B), 90+4' Nwanege (V)

BOLOGNA U19 (4-3-3): Bagnolini; Carretti, Svoboda, Amey, Baroncioni; Menegazzo, Lai (59' Rosetti), Byar; Tonin (76' Hodzic), Mangiameli (76' Tordiglione), Ravaglioli (84' Kongslev)

A disposizione: Gasperini, Happonen, Mercier, Zilio, De Luca, Idaro, Mukelenge

Allenatore: Paolo Magnani

VERONA U19 (3-5-2): Toniolo; Popovic, Corradi (86' Vermesan), Nwanege; Patane (78' Agbonifo), D'Agostino, Cisse, Riahi, Caneva (45' Dalla Riva); Cazzadori, Dentale (46' Ajayi)

A disposizione: Ravasio, Marchetti, Silfver-Ramage, Doucoure, Fagoni, Szimionas, Valenti

Allenatore: Paolo Sammarco

ARBITRO: Aleksander Djurdjevic

AMMONITI: 32' Patane (V); 34' Nwanege (V); 67' Amey (B); 71' Byar (B); 88' Kongslev (B)

ESPULSI: espulso l'allenatore Paolo Magnani (Bologna U19)

02/03/2024 ore 13:00

CAGLIARI U19 - SAMPDORIA U19 1-1

Marcatori: 25' Vinciguerra (C), 76' Gomes Scarpino (S)

CAGLIARI U19 (4-3-1-2): Wodzicki; Cogoni, Pintus, Catena, Idrissi; Balde (82'), Carboni (61' Sulev Stoyanov), Malfitano; Simonetta (89' Marini); Achour (81' Trepy), Vinciguerra (61' Bolzan)

A disposizione: Renna, Collu, Franke, Piseddu, Ardau, Russo

Allenatore: Fabio Pisacane

SAMPDORIA U19 (3-4-3): Scardigno; Zequiraj (46' Balduzzi), Costantino, D'Amore; Ventre (77' Georgiadis), Uberti, Valisena, Langella; Leonardi (69' Chilafi), Polli (46' Gomes Scarpino), Ovalle Santos

A disposizione: Gentile, Rodolfo, Lotjonen, Devic, Chiesa, Islam

Allenatore: David Sassarini

ARBITRO: Erminio Cerbasi

AMMONITI: nessuno

ESPULSI: nessuno

03/03/2024 ore 13:00

GENOA U19 - INTER U19 1-1

Marcatori: 35' Arboscello (G), 61' Berenbruch (I)

GENOA U19 (3-4-2-1): Calvani; Ferroni (89' Venturino), Abdellaoui, Barbini; Scaravilli (73' Bosia), Parravicini, Rossi, Sarpa; Arboscello, Papadopoulos; Ekhator (67' Omar

Abdiskakur)

A disposizione: Bertini, Consiglio, Barry, Gonçalinho, Thorsteinsson, Ghirardello
Allenatore: Alessandro Agostini

INTER U19 (4-3-3): Raimondi; Aidoo, Stante (46' Alexiou), Matjaz, Cocchi; Berenbruch (84' Mosconi), Zanchetta (46' Bovo), Di Maggio; Kamate, Sarr (72' Spinacce), Quieto (46' Owusu)

A disposizione: Calligaris, Zamarian, Motta, Miconi, Zarate, Diallo
Allenatore: Cristian Chivu
ARBITRO: Dario Di Francesco
AMMONITI: 16' Stante (I); 22' Barbini (G); 44' Calvani (G); 56' Ekhator (G); 74' Cocchi (I)
ESPULSI: nessuno

04/03/2024 ore 18:00

JUVENTUS U19 - SASSUOLO U19 1-2
Marcatori: 40' Vedovati (S), 65' Vedovati (S), 81' Crapisto (J)
JUVENTUS U19 (3-4-2-1): Vinarcik; Montero, Gil Pulche, Martinez Crous (46' Bassino); Savio, Ngana (46' Mazur), Ripani (69' Scienza), Pagnucco; Florea, Finocchiaro (58' Crapisto); Biggi (46' Pugno)

A disposizione: Zelezny Radoslaw, Turco, Boufandar, Grosso, Giorgi
Allenatore: Paolo Montero
SASSUOLO U19 (4-3-1-2): Theiner; Cinquegrano, Loeffen, Corradini, Falasca (82' Parlato); Leone, Abubakar, Kumi; Bruno; Vedovati (82' Caragea), Russo

A disposizione: Scacchetti, Piantedosi, Di Bitonto, Beconcini, Okojie, Ravaioli, Rovatti, Neophytou
Allenatore: Emiliano Bigica
ARBITRO: Andrea Zanotti
AMMONITI: 31' Florea (J); 45' Falasca (S); 63' Mazur (J); 67' Bassino (J); 84' Florea (J)
ESPULSI: 84' Florea (J)

02/03/2024 ore 11:00

LAZIO U19 - FROSINONE U19 2-0
Marcatori: 37' Fernandes (L), 58' Gonzalez (L)
LAZIO U19 (4-3-3): Magro; Bedini, Zazza (46' Nazzarro), Ruggeri, Milani; Di Tommaso (73' Cappelli), Bordon, Sardo (82' Napolitano); Gonzalez (82' Bigotti), Sulejmani, Fernandes (73' Cuzzarella)

A disposizione: Renzetti, Ferrari, Bordoni, Kone, Tredicine, Di Gianni
Allenatore: Stefano Sanderra
FROSINONE U19 (3-5-2): Palmisani; Zaknic, Kamensek-Pahic (84' Dixon), Petta; Bouabre (65' Mezsargs), Boccia (64' Milazzo), Ferizaj (65' Molignano), Cichella, Romano R.; Luna (76' Cichero), Selvini

A disposizione: Lagonigro, Stefanelli, Severino, Shkambaj, Ioannou, Amerighi
Allenatore: Angelo Adamo Gregucci
ARBITRO: Dario Madonia
AMMONITI: 32' Fernandes (L); 34' Boccia (F); 39' Di Tommaso (L); 47' Bordon (L); 56' Zaknic (F); 69' Kamensek-Pahic (F); 80' Magro (L)
ESPULSI: nessuno

03/03/2024 ore 11:00

LECCE U19 - TORINO U19 1-0
Marcatori: 88' Burnete (L)
LECCE U19 (4-2-3-1): Borbei; Russo (68' Pacia), Pascalau, Esposito, Addo; Yilmaz, Minerva (84' Samek); Daka, McJannet, Winkelmann (53' Agrimi); Burnete

A disposizione: Lampinen-Skaug, Leone, Davis, Casciano, Basaric, Helm, Jemo, Vescan-Kodor
Allenatore: Federico Coppitelli
TORINO U19 (4-3-3): Abati; Bianay Balcot (80' Perciun), Mendes, Dellavalle, Marchioro; Acar (56' Longoni), Dalla Vecchia, Silva; Dell'Aquila,

Gabellini (80' Padula), Ciammaglichella (72' Antolini)

A disposizione: Brezzo, Bellocci, Casali, Keita, Ruszel, Mullen, Magui
Allenatore: Giuseppe Scurto
ARBITRO: Mauro Gangi
AMMONITI: 32' Minerva (L); 39' Gabellini (T); 45+1' Pascalau (L); 61' Esposito (L); 67' Longoni (T); 87' Yilmaz (L)
ESPULSI: nessuno

04/03/2024 ore 16:00

MILAN U19 - FIORENTINA U19 1-4
Marcatori: 9' Sia (M), 47' Sene (F), 65' Baroncelli (F), 89' Caprini (F), 90+1' Sene (F)
MILAN U19 (3-5-2): Raveyre; Caldara (61' Parmiggiani), Nsiala-Makengo (89' Magni), Simic; Jimenez, Sala (72' Scotti), Zeroli, Eletu, Bartesaghi; Camarda (72' Simmelhack), Sia (72' Bakoune)

A disposizione: Bartoccioni, Malaspina, Paloschi, Mangioppi, Skoczylas, Bonomi
Allenatore: Ignazio Abate
FIORENTINA U19 (4-2-3-1): Leonardelli; Biagetti (85' Sadotti), Romani, Baroncelli, Fortini (90+2' Scuderi); Harder (85' Vitolo), Ievoli; Sene, Castrovilli (61' Rubino), Caprini; Braschi (85' Maggini)

A disposizione: Dolfi, Vigiani, Gudelevicius, Denes, Spaggiari, Padilla
Allenatore: Daniele Galloppa
ARBITRO: Giuseppe Claudio Allegretta
AMMONITI: 29' Jimenez (M); 55' Castrovilli (F); 64' Parmiggiani (M); 68' Jimenez (M); 71' Nsiala-Makengo (M)
ESPULSI: 68' Jimenez (M)

01/03/2024 ore 14:30

MONZA U19 - EMPOLI U19 0-1
Marcatori: 89' Vallarelli (E)
MONZA U19 (3-5-2): Mazza; Ravelli, Kassama, Postiglione; Marras (84' Capolupo), Berretta (55' Fernandes), Lu-

pinetti (84' Zoppi), Colombo, Dell'Acqua (90' Maussi Martins); Ferraris, Popovic (55' Brugarello)

A disposizione: Ciardi, Bagnaschi, Cagia, Cattaneo, Graziano, Antunovic

Allenatore: Alessandro Lupi

EMPOLI U19 (3-5-2): Seghetti; Tosto, Dragoner, Indragoli (46' Bacciardi); Bonassi, Bacci (83' Popov), Matteazzi, Vallarelli, Fini (45+1' Majdandzic); Corona, Nabian (62' Sodero)

A disposizione: Vertua, Gaj, Falcusan, Stassin, Stoyanov, El Biache, Ansah Yeboh

Allenatore: Alessandro Birindelli

ARBITRO: Giuseppe Mucera

AMMONITI: 3' Postiglione (M); 7' Lupinetti (M); 13' Ferraris (M); 31' Ferraris (M); 60' Bacciardi (E); 61' Matteazzi (E)

ESPULSI: 31' Ferraris (M)

25

Torino U19	4
Monza U19	0

Tabellini

10/03/2024 ore 13:00

EMPOLI U19 - CAGLIARI U19 3-0

Marcatori: 14' Vallarelli (E), 59' Bonassi (E), 67' Bonassi (E)

EMPOLI U19 (3-4-2-1): Seghetti; Tosto, Dragoner, Indragoli; Bonassi (83' Majdandzic), Bacci (74' Cesari), Matteazzi, El Biache; Bacciardi (74' Popov), Vallarelli (83' Stoyanov); Nabian (87' Ansah Yeboh)

A disposizione: Vertua, Versari, Gaj, Stassin, Pauliuc, Sodero

Allenatore: Alessandro Birindelli

CAGLIARI U19 (4-3-1-2): Wodzicki; Cogoni (71' Carboni), Pintus, Catena, Idrissi; Sulev Stoyanov, Marcolini, Malfitano (60' Achour); Simonetta; Konate, Vinciguerra

A disposizione: Renna, Franke, Piseddu, Marini, Conti, Balde, Bolzan

Allenatore: Fabio Pisacane

ARBITRO: Alfredo Iannello

AMMONITI: 11' Simonetta (C); 29' Malfitano (C); 37' Simonetta (C); 62' Dragoner (E); 70' Seghetti (E); 77' Popov (E); 90' Matteazzi (E)

ESPULSI: 37' Simonetta (C)

10/03/2024 ore 11:00

FIORENTINA U19 - ROMA U19 1-6

Marcatori: 6' Caprini (F), 18' Graziani (R), 22' Costa Cesco (R), 46' Graziani (R), 56' Pisilli (R), 66' Alessio (R), 71' Cherubini (R)

FIORENTINA U19 (4-2-3-1): Leonardelli; Biagetti (60' Vigiani), Romani, Baroncelli, Fortini (78' Scuderi); Harder, Ievoli (61' Vitolo); Sene, Rubino (78' Sadotti), Caprini (46' Padilla); Braschi

A disposizione: Dolfi, Magini, Balbo, Gudelevicius, Denes, Spaggiari

Allenatore: Daniele Galloppa

ROMA U19 (4-3-3): Bellucci Marin; Mannini, Plaia, Keramitsis, Oliveras (76' Ienco); Graziani (59' Marazzotti), Romano (72' Ivkovic), Pisilli; Costa Cesco (59' Vetkal), Alessio (76' Misitano), Cherubini

A disposizione: Kehayov, De Franceschi, Chesti, D'Alessio, Mirra, Mlakar

Allenatore: Federico Guidi

ARBITRO: Edoardo Gianquinto

AMMONITI: 24' Costa Cesco (R); 31' Graziani (R); 38' Fortini (F); 42' Biagetti (F); 66' Romano (R)

ESPULSI: nessuno

10/03/2024 ore 13:00

FROSINONE U19 - SAMPDORIA U19 4-0

Marcatori: 11' Selvini (F), 15' Luna (F), 64' Selvini (F), 77' Selvini (F)

FROSINONE U19 (3-5-2): Palmisani; Zaknic, Cesari, Severino; Bouabre (88' Shkambaj), Boccia, Molignano (63' Ferizaj), Cichella (88' Milazzo), Romano R. (85' Stefanelli); Luna, Selvini (84' Mezsargs)

A disposizione: Lagonigro, Ioannou, Amerighi, Romano A., Cichero, Dixon

Allenatore: Angelo Adamo Gregucci

SAMPDORIA U19 (4-3-3): Tantalocchi; Ventre, D'Amore, Costantino (65' Zequiraj), Langella; Uberti, Valisena (46' Pozzato), Alesi; Gomes Scarpino (73' Polli), Leonardi (51' Balduzzi), Chilafi (46' Malanca)

A disposizione: Gentile, Georgiadis, Devic, Chiesa, Ovalle Santos, Islam

Allenatore: David Sassarini

ARBITRO: Antonio Di Reda

AMMONITI: 41' Romano R. (F); 52' Gomes Scarpino (S); 69' D'Amore (S); 74' Ventre (S); 83' Alesi (S)

09/03/2024 ore 13:00
GENOA U19 - LECCE U19 1-0
Marcatori: 78' Papadopoulos (G)
GENOA U19 (3-4-2-1): Calvani; Ferroni, Abdellaoui, Barbini; Scaravilli (64' Ghirardello), Parravicini, Rossi, Sarpa; Arboscello (64' Venturino), Papadopoulos; Ekhator (46' Romano)
A disposizione: Boschi, Consiglio, Barry, Fazio, Bosia, Grossi, Thorsteinsson
Allenatore: Alessandro Agostini
LECCE U19 (4-2-3-1): Borbei; Russo, Pascalau, Pacia, Addo; Yilmaz, Samek (85' Basaric); Winkelmann (74' Agrimi), McJannet, Daka; Helm (59' Vescan-Kodor)
A disposizione: Lampinen-Skaug, Leone, Davis, Zivanovic, Casciano, Jemo
Allenatore: Federico Coppitelli
ARBITRO: Alberto Poli
AMMONITI: 36' Pascalau (L); 45+2' Sarpa (G); 45+3' Winkelmann (L); 83' Romano (G)
ESPULSI: nessuno

09/03/2024 ore 11:00
VERONA U19 - MILAN U19 1-0
Marcatori: 52' Cisse (V)
VERONA U19 (3-5-2): Toniolo; Popovic, Corradi, Nwanege; Patane, D'Agostino, Riahi, Cisse (87' Vermesan), De Battisti; Cazzadori, Ajayi (68' Dalla Riva)
A disposizione: Marchetti, Silfver-Ramage, Doucoure, Caneva, Fagoni, Agbonifo, Szimionas, Dentale, Valenti
Allenatore: Paolo Sammarco
MILAN U19 (4-2-3-1): Nava; Magni (46' Bakoune), Simic, Nsiala-Makengo, Bartesaghi; Eletu, Malaspina (66' Sala); Scotti (66' Cuenca Martinez), Zeroli, Sia (76' Simmelhack); Camarda (81' Bonomi)

A disposizione: Raveyre, Parmiggiani, Stalmach, Paloschi, Mangioppi, Liberali
Allenatore: Ignazio Abate
ARBITRO: Edoardo Manedo Mazzoni
AMMONITI: 21' Patane (V); 35' Magni (M); 39' Cazzadori (V); 46' Ajayi (V); 55' Nwanege (V); 69' Simic (M); 86' Popovic (V); 90' Bartesaghi (M)
ESPULSI: nessuno

09/03/2024 ore 13:00
INTER U19 - JUVENTUS U19 2-2
Marcatori: 5' Crapisto (J), 34' Owusu (I), 72' Owusu (I), 89' Ripani (J)
INTER U19 (4-3-3): Calligaris; Aidoo, Stante, Matjaz (46' Alexiou), Motta (85' Cocchi); Akinsanmiro, Stankovic, Di Maggio; Kamate (46' Quieto), Spinacce (65' Sarr), Owusu (74' Berenbruch)
A disposizione: Raimondi, Miconi, Mazzola, Bovo, Mosconi
Allenatore: Cristian Chivu
JUVENTUS U19 (3-4-2-1): Radu; Savio (76' Montero), Bassino, Gil Pulche; Turco, Ngana, Ripani, Pagnucco; Crapisto (58' Grosso), Finocchiaro (56' Scienza); Pugno (76' Biggi)
A disposizione: Zelezny Radoslaw, Martinez Crous, Boufandar, Mazur, Firman, Giorgi
Allenatore: Paolo Montero
ARBITRO: Alberto Ruben Arena
AMMONITI: 20' Savio (J); 28' Matjaz (I); 55' Owusu (I); 80' Calligaris (I)
ESPULSI: nessuno

11/03/2024 ore 15:00
LAZIO U19 - BOLOGNA U19 3-0
Marcatori: 1' Gonzalez (Rig.) (L), 68' Di Tommaso (L), 79' Gonzalez (L)
LAZIO U19 (4-3-3): Magro; Bedini, Zazza, Bordon, Milani; Di Tommaso (90' Bigotti), Nazzarro, Sardo (69' Napoli-

tano); Gonzalez (80' Balde), Sulejmani (80' Cappelli), Fernandes (80' Di Gianni)
A disposizione: Renzetti, Ferrari, Bordoni, Kone, Tredicine, Cuzzarella
Allenatore: Stefano Sanderra
BOLOGNA U19 (3-5-2): Bagnolini; Svoboda, Amey, Diop; Nezirevic (65' Tonin), Menegazzo (83' Hodzic), Byar, Rosetti (54' De Luca), Baroncioni (83' Carretti); Mangiameli (64' Tordiglione), Ravaglioli
A disposizione: Pessina, Happonen, Kongslev, Mercier, Lai, Mukelenge
Allenatore: Francesco Morara
ARBITRO: Cristiano Ursini
AMMONITI: 2' Amey (B); 7' Sardo (L); 28' Rosetti (B); 54' Menegazzo (B); 71' Baroncioni (B); 90+1' Carretti (B)
ESPULSI: nessuno

09/03/2024 ore 11:00
SASSUOLO U19 - ATALANTA U19 0-1
Marcatori: 31' Vavassori (A)
SASSUOLO U19 (4-3-1-2): Theiner; Cinquegrano (71' Parlato), Loeffen, Di Bitonto, Piantedosi (84' Caragea); Leone, Abubakar (71' Neophytou), Kumi (46' Rovatti); Bruno; Vedovati (62' Lopes), Russo
A disposizione: Scacchetti, Beconcini, Macchioni, Ferrandino, Okojie, Ravaioli
Allenatore: Emiliano Bigica
ATALANTA U19 (3-4-2-1): Pardel; Tornaghi, Comi, Tavanti; Guerini, Colombo, Manzoni, Armstrong; Bonanomi (74' Riccio), Vavassori (85' Camara); Castiello (74' Fiogbe)
A disposizione: Sala, Obric, Ghezzi, Cassa, Bonsignori Goggi, Jónsson, Capac
Allenatore: Giovanni Bosi
ARBITRO: Lorenzo Maccarini
AMMONITI: 68' Manzoni (A); 79' Comi (A); 90' Manzoni (A)
ESPULSI: 90' Manzoni (A)

09/03/2024 ore 15:00

TORINO U19 - MONZA U19 4-0

Marcatori: 7' Padula (T), 21' Savva (T), 30' Njie (T), 69' Silva (T)

TORINO U19 (4-2-3-1): Abati; Bianay Balcot, Mendes (79' Desole), Dellavalle, Antolini (20' Marchioro); Silva, Ruszel; Savva, Kabic (80' Perciun), Njie; Padula (62' Ciammaglichella)

A disposizione: Brezzo, Casali, Muntu Wa Mungu, Acar, Mullen, Dell'Aquila, Franzoni
Allenatore: Giuseppe Scurto

MONZA U19 (3-5-2): Mazza; Ravelli (46' Postiglione), Domanico, Kassama (46' Zoppi); Marras (85' Maussi Martins), Berretta, Lupinetti (69' Diene), Colombo, Dell'Acqua; Antunovic (78' Nene), Fernandes

A disposizione: Bifulco, Bagnaschi, Brugarello, Capolupo, Cagia, Graziano
Allenatore: Alessandro Lupi
ARBITRO: Ermes Fabrizio Cavaliere
AMMONITI: 32' Lupinetti (M); 36' Dellavalle (T)
ESPULSI: nessuno

26

Atalanta U19	2
Frosinone U19	0
Bologna U19	0
Empoli U19	1
Cagliari U19	1
Juventus U19	0
Lecce U19	1
Fiorentina U19	1
Milan U19	2
Lazio U19	0

Monza U19	1
Sassuolo U19	2
Roma U19	1
Inter U19	1
Sampdoria U19	1
Verona U19	2
Torino U19	4
Genoa U19	3

17/03/2024 ore 13:00

ATALANTA U19 - FROSINONE U19 2-0

Marcatori: 75' Colombo (A), 85' Vavassori (A)

ATALANTA U19 (3-4-2-1): Pardel; Tornaghi, Comi, Tavanti; Guerini, Colombo, Mendicino (73' Riccio), Armstrong; Bonanomi (73' Cassa), Vavassori (86' Capac); Castiello (61' Fiogbe)

A disposizione: Sala, Obric, Ghezzi, Mensah, Bonsignori Goggi, Camara, Jónsson
Allenatore: Giovanni Bosi

FROSINONE U19 (3-5-2): Palmisani; Zaknic (90+1' Cesari), Kamensek-Pahic (84' Mezsargs), Petta; Bouabre, Boccia, Molignano (77' Ferizaj), Cichella (90' Milazzo), Romano R.; Luna, Selvini (90' Dixon)

A disposizione: Lagonigro, Stefanelli, Shkambaj, Ioannou, Amerighi, Romano A.
Allenatore: Angelo Adamo Gregucci
ARBITRO: Gianluca Catanzaro
AMMONITI: 35' Kamensek-Pahic (F); 50' Zaknic (F); 51' Cichella (F); 62' Molignano (F); 88' Cassa (A)
ESPULSI: nessuno

17/03/2024 ore 15:00

BOLOGNA U19 - EMPOLI U19 0-1

Marcatori: 75' Corona (E)

BOLOGNA U19 (4-3-1-2): Bagnolini; Nezirevic (64' Carretti), Svoboda, De Luca, Baroncioni; Rosetti (84' Tonin), Diop (57' Lai), Byar; Menegazzo; Ebone (61' Mangiameli), Ravaglioli (57' Tordiglione)

A disposizione: Gasperini, Barra, Kongslev, Mercier, Hodzic, Zonta
Allenatore: Paolo Magnani

EMPOLI U19 (3-4-2-1): Seghetti; Tosto (73' Falcusan), Dragoner, Indragoli; Bonassi, Bacci (86' Cesari), Matteazzi, El Biache (73' Majdandzic); Bacciardi (46' Corona), Vallarelli; Nabian (58' Sodero)

A disposizione: Vertua, Gaj, Stassin, Stoyanov, Popov, Ansah Yeboh
Allenatore: Luca Fiasconi
ARBITRO: Filippo Giaccaglia
AMMONITI: 34' Matteazzi (E); 45+2' Nezirevic (B); 63' Lai (B); 89' De Luca (B); 90+4' Sodero (E)
ESPULSI: nessuno

16/03/2024 ore 11:00

CAGLIARI U19 - JUVENTUS U19 1-0

Marcatori: 61' Achour (C)

CAGLIARI U19 (4-3-1-2): Wodzicki; Arba, Cogoni, Catena, Idrissi; Balde (71' Conti), Marcolini, Malfitano (58' Marini); Sulev Stoyanov (58' Carboni); Achour (87' Bolzan), Vinciguerra (71' Konate)

A disposizione: Iliev, Renna, Pintus, Pierangeli, Franke
Allenatore: Fabio Pisacane

JUVENTUS U19 (3-4-2-1): Radu; Savio (66' Finocchiaro), Gil Pulche, Martinez Crous (72' Montero); Turco, Ngana (46' Scienza), Ripani, Pagnucco; Crapisto (72' Grosso), Florea; Mancini (72' Biggi)

A disposizione: Vinarcik, Bassino, Boufandar, Mazur, Firman, Giorgi
Allenatore: Paolo Montero
ARBITRO: Giorgio Vergaro
AMMONITI: 21' Savio (J); 29' Ngana (J); 48' Florea (J); 62' Balde (C); 74' Konate (C)
ESPULSI: nessuno

16/03/2024 ore 11:00

LECCE U19 - FIORENTINA U19 1-1

Marcatori: 3' Rubino (F), 29' Burnete (L)

LECCE U19 (4-2-3-1): Borbei; Russo, Pacia, Esposito, Addo (75' Davis); Yilmaz, Samek (83' Agrimi); Daka, McJannet, Winkelmann (74' Casciano); Burnete

A disposizione: Lampinen-Skaug, Leone, Zivanovic, Basaric, Metaj, Helm, Jemo, Vescan-Kodor

Allenatore: Federico Coppitelli

FIORENTINA U19 (4-2-3-1): Tognetti; Biagetti, Sadotti, Baroncelli, Scuderi (46' Balbo); Harder (70' Gudelevicius), Ievoli (87' Vitolo); Sene, Rubino, Fortini; Caprini

A disposizione: Leonardelli, Vigiani, Maggini, Romani, Presta, Denes, Spaggiari, Padilla

Allenatore: Daniele Galloppa

ARBITRO: Carlo Rinaldi

AMMONITI: 26' Scuderi (F); 80' Daka (L); 85' Ievoli (F); 89' Balbo (F); 89' Borbei (L)

ESPULSI: nessuno

17/03/2024 ore 10:45

MILAN U19 - LAZIO U19 2-0

Marcatori: 67' Simmelhack (M), 70' Zeroli (M)

MILAN U19 (4-2-3-1): Raveyre; Bakoune (59' Magni), Caldara (71' Nsiala-Makengo), Simic, Bartesaghi; Stalmach, Sala (60' Malaspina); Scotti (89' Skoczylas), Zeroli, Bonomi (71' Sia); Simmelhack

A disposizione: Bartoccioni, Parmiggiani, Paloschi, Mangioppi, Eletu, Camarda

Allenatore: Ignazio Abate

LAZIO U19 (4-3-3): Magro; Bedini (86' Balde), Zazza, Ruggeri, Milani; Di Tommaso (75' Cappelli), Bordon, Sardo (74' Napolitano); Gonzalez, Sulejmani (79' Di Gianni), Fernandes (79' Cuzzarella)

A disposizione: Bosi, Nazzarro, Kone, Tredicine

Allenatore: Stefano Sanderra

ARBITRO: Niccolo Turrini

AMMONITI: 19' Sala (M); 25' Bakoune (M); 31' Sulejmani (L); 81' Bedini (L)

ESPULSI: nessuno

17/03/2024 ore 15:00

MONZA U19 - SASSUOLO U19 1-2

Marcatori: 8' Lupinetti (M), 50' Russo (S), 90+6' Russo (Rig.) (S)

MONZA U19 (3-5-2): Mazza; Ravelli (46' Brugarello), Kassama, Postiglione; Marras (78' Fernandes), Berretta, Lupinetti, Colombo (67' Dell'Acqua), Capolupo; Ferraris (78' Bagnaschi), Antunovic (82' Popovic)

A disposizione: Ciardi, Pedrazzini, Domanico, Cagia, Cattaneo

Allenatore: Oscar Brevi

SASSUOLO U19 (4-3-1-2): Theiner; Cinquegrano, Loeffen, Di Bitonto, Falasca (46' Parlato); Leone, Lopes (73' Knezovic), Abubakar; Bruno (66' Caragea); Vedovati (84' Rovatti), Russo

A disposizione: Scacchetti, Piantedosi, Beconcini, Okojie, Ravaioli, Baldari, Neophytou

Allenatore: Emiliano Bigica

ARBITRO: Eugenio Scarpa

AMMONITI: 2' Falasca (S); 15' Marras (M); 28' Bruno (S); 34' Postiglione (M); 78' Vedovati (S); 90+4' Lupinetti (M)

ESPULSI: nessuno

16/03/2024 ore 13:00

ROMA U19 - INTER U19 1-1

Marcatori: 17' Spinacce (I), 45' Pagano (R)

ROMA U19 (4-3-3): Bellucci Marin; Mannini, Plaia, Keramitsis, Oliveras; Graziani (62' Vetkal), Romano (90' Ivkovic), Pagano; Marazzotti (74' Misitano), Alessio, Cherubini

A disposizione: Marcaccini, Ienco, Chesti, D'Alessio, Reale, Della Rocca, Nardozi, Mlakar

Allenatore: Federico Guidi

INTER U19 (4-3-3): Raimondi; Aidoo, Stante, Alexiou, Motta (80' Cocchi); Akinsanmiro (49' Berenbruch), Bovo, Di Maggio; Kamate (90' Quieto), Spinacce (80' Lavelli), Owusu

A disposizione: Tommasi, Maye, Miconi, Mazzola, De Pieri, Zanchetta, Diallo

Allenatore: Cristian Chivu

ARBITRO: Francesco Zago

AMMONITI: 14' Owusu (I); 26' Bovo (I); 40' Cherubini (R); 40' Kamate (I); 71' Aidoo (I); 82' Mannini (R); 89' Oliveras (R); 90+5' Ivkovic (R)

ESPULSI: nessuno

16/03/2024 ore 15:00

SAMPDORIA U19 - VERONA U19 1-2

Marcatori: 31' Cazzadori (V), 57' Cisse (V), 86' Conti (S)

SAMPDORIA U19 (4-3-3): Scardigno; Ventre (27' Georgiadis), Lotjonen, Costantino (61' Gomes Scarpino), Langella (61' Pozzato); Conti, Valisena (78' Djalti), Uberti; Alesi, Polli (61' Ovalle Santos), Leonardi

A disposizione: Gentile, D'Amore, Balduzzi, Zequiraj, Meloni, Chiesa

Allenatore: David Sassarini

VERONA U19 (3-5-2): Toniolo; Popovic, Corradi, Nwanege; Patane (57' Agbonifo), D'Agostino (87' Szimionas), Riahi (78' Dalla Riva), Cisse, De Battisti (78' Silfver-Ramage); Cazzadori (78' Vermesan), Ajayi

A disposizione: Marchetti, Castagnini, Doucoure, Fagoni, De Rossi, Dentale

Allenatore: Paolo Sammarco

ARBITRO: Mauro Gangi

AMMONITI: 47' D'Agostino (V); 65' Toniolo (V); 82' Silfver-Ramage (V); 82' Gomes Scarpino (S)

ESPULSI: nessuno

16/03/2024 ore 13:00

TORINO U19 - GENOA U19 4-3

Marcatori: 1' Arboscello (G),

11' Ciammaglichella (T), 18' Silva (T), 52' Rossi (G), 59' Gabellini (T), 64' Ekhator (G), 84' Dellavalle (Rig.) (T)

TORINO U19 (4-3-3): Abati; Marchioro, Mendes, Dellavalle, Muntu Wa Mungu; Ciammaglichella (65' Perciun), Dalla Vecchia (65' Ruszel), Mullen; Silva (78' Franzoni), Gabellini (78' Longoni), Njie (55' Dell'Aquila)

A disposizione: Brezzo, Casali, Rettore, Desole, Acar, Magui

Allenatore: Giuseppe Scurto

GENOA U19 (3-4-2-1): Calvani; Ferroni (60' Venturino), Abdellaoui, Barbini; Bosia (88' Ghirardello), Arboscello, Rossi, Scaravilli; Omar Abdiskakur, Papadopoulos; Ekhator (88' Papastylianou)

A disposizione: Bertini, Consiglio, Barry, Ahanor, Dodde, Grossi, Thorsteinsson

Allenatore: Alessandro Agostini

ARBITRO: Emanuele Frascaro

AMMONITI: 6' Papadopoulos (G); 76' Marchioro (T); 83' Abdellaoui (G)

ESPULSI: espulso l'allenatore Alessandro Agostini (Genoa U19)

27

Empoli U19	2
Torino U19	2
Fiorentina U19	1
Atalanta U19	4
Frosinone U19	0
Bologna U19	0
Genoa U19	1
Monza U19	0

Verona U19	1
Roma U19	4
Inter U19	0
Lecce U19	1
Juventus U19	0
Milan U19	1
Lazio U19	2
Sampdoria U19	1
Sassuolo U19	2
Cagliari U19	2

Tabellini

30/03/2024 ore 13:00

EMPOLI U19 - TORINO U19 2-2

Marcatori: 30' El Biache (E), 50' Mendes (T), 62' Perciun (T), 81' Corona (E)

EMPOLI U19 (3-4-2-1): Seghetti; Tosto, Dragoner (72' Stassin), Indragoli; Vallarelli, Bacciardi (46' Bacci), Matteazzi, El Biache; Cesari (69' Gaj), Nabian (69' Sodero); Corona (88' Ansah Yeboh)

A disposizione: Vertua, Majdandzic, Falcusan, Tempre, Stoyanov, Popov

Allenatore: Antonio Busce

TORINO U19 (4-3-2-1): Abati; Casali, Mendes, Bonadiman, Muntu Wa Mungu; Dalla Vecchia (46' Njie), Ruszel (70' Mullen), Silva (70' Ciammaglichella); Dell'Aquila (83' Dellavalle), Perciun; Padula (70' Gabellini)

A disposizione: Brezzo, Rettore, Acar, Longoni, Franzoni, Marchioro

Allenatore: Giuseppe Scurto

ARBITRO: Fabio Rosario Luongo

AMMONITI: 53' Dragoner (E); 60' Vallarelli (E); 75' Bacci (E); 80' Njie (T)

ESPULSI: nessuno

30/03/2024 ore 15:00

FIORENTINA U19 - ATALANTA U19 1-4

Marcatori: 3' Manzoni (A), 23' Vavassori (A), 58' Riccio (A), 65' Caprini (F), 88' Vavassori (A)

FIORENTINA U19 (4-3-3): Tognetti; Maggini (59' Vigiani), Biagetti (39' Sadotti), Romani, Fortini; Gudelevicius (59' Ofoma), Harder, Vitolo (83' Deli); Sene (83' Presta), Rubino, Caprini

A disposizione: Leonardelli, Kouadio, Balbo, Mignani, Scuderi, Spaggiari

Allenatore: Daniele Galloppa

ATALANTA U19 (3-5-2): Pardel; Tornaghi, Comi, Guerini; Ghezzi, Riccio (71' Bonanomi), Manzoni (89' Capac), Colombo, Armstrong; Vavassori (89' Cassa), Fiogbe (83' Castiello)

A disposizione: Sala, Torriani, Obric, Mensah, Bonsignori, Goggi, Camara, Jónsson

Allenatore: Giovanni Bosi

ARBITRO: Valerio Vogliacco

AMMONITI: 90' Ofoma (F)

ESPULSI: nessuno

30/03/2024 ore 15:00

FROSINONE U19 - BOLOGNA U19 0-0

FROSINONE U19 (3-5-2): Palmisani; Zaknic, Petta, Severino (78' Kamensek-Pahic); Bouabre, Boccia (90+3' Milazzo), Molignano (46' Vural), Cichella, Romano R.; Selvini, Luna (78' Cichero)

A disposizione: Lagonigro, Stefanelli, Shkambaj, Cesari, Ioannou, Romano A., Dixon

Allenatore: Angelo Adamo Gregucci

BOLOGNA U19 (4-2-3-1): Bagnolini; Nezirevic (90+3' Carretti), Svoboda (70' De Luca), Amey, Baroncioni; Hodzic, Rosetti; Menegazzo, Diop (55' Ravaglioli), Byar; Ebone (55' Mangiameli)

A disposizione: Pessina, Gasperini, Kongslev, Zonta, Lai, Tordiglione, Tonin

Allenatore: Paolo Magnani

ARBITRO: Giuseppe Mucera

AMMONITI: 12' Zaknic (F); 80' Rosetti (B)

ESPULSI: nessuno

01/04/2024 ore 15:00

Marcatori: 57' Papadopoulos (G)

GENOA U19 (3-4-2-1): Calvani; Pittino, Abdellaoui, Barbini; Bosia (74' Scaravilli), Parravicini (62' Romano), Rossi, Sarpa; Arboscello (83' Bornosuzov), Papadopoulos; Ekhator (83' Venturino)

A disposizione: Consiglio, Arata, Ferroni, Thorsteinsson, Omar Abdiskakur, Ghirardello, Papastylianou

Allenatore: Alessandro Agostini

MONZA U19 (3-5-2): Mazza; Ravelli (83' Bagnaschi), Kassama (30' Domanico), Postiglione; Zoppi, Diene (70' Berretta), Lupinetti (83' Nene'), Colombo, Capolupo (83' Popovic); Ferraris, Antunovic

A disposizione: Ciardi, Pedrazzini, Brugarello, Cattaneo, Maussi Martins, Fernandes

Allenatore: Oscar Brevi

ARBITRO: Enrico Gemelli

AMMONITI: 12' Kassama (M); 69' Diene (M); 76' Ferraris (M); 81' Romano (G); 87' Zoppi (M); 90+2' Bornosuzov (G)

ESPULSI: 90' Antunovic (M)

30/03/2024 ore 15:00

VERONA U19 - ROMA U19 1-4

Marcatori: 5' Pagano (R), 21' Alessio (R), 42' Plaia (R), 64' Cherubini (R), 90' Dentale (Rig.) (V)

VERONA U19 (3-5-2): Toniolo; Popovic (63' Fagoni), Corradi, Nwanege; Agbonifo (46' Dalla Riva), D'Agostino (74' Szimionas), Patane (74' Silfver-Ramage), Riahi, De Battisti; Cazzadori, Ajayi (85' Dentale)

A disposizione: Marchetti, Doucoure, Caneva, De Rossi, Valenti, Vermesan

Allenatore: Paolo Sammarco

ROMA U19 (4-3-3): Bellucci Marin; Mannini, Plaia (83' Golic), Keramitsis, Oliveras (72'

lenco); Graziani (60' Vetkal), Romano, Pagano; Marazzotti (83' Nardozi), Alessio, Cherubini (72' D'Alessio)

A disposizione: Marcaccini, Chesti, Ivkovic, Levak, Della Rocca, Mlakar

Allenatore: Federico Guidi

ARBITRO: Filippo Colaninno

AMMONITI: 48' Popovic (V)

ESPULSI: nessuno

30/03/2024 ore 10:45

INTER U19 - LECCE U19 0-1

Marcatori: 65' Burnete (Rig.) (L)

INTER U19 (4-3-3): Raimondi; Miconi (64' Sarr), Stante, Alexiou, Motta (46' Cocchi); Berenbruch, Stankovic, Akinsanmiro (64' Di Maggio); Kamate (82' Mosconi), Owusu, Quieto (46' Spinacce')

A disposizione: Tommasi, Matjaz, Maye, Mazzola, Bovo, Diallo

Allenatore: Cristian Chivu

LECCE U19 (4-2-3-1): Borbei; Russo (46' Davis), Pacia, Esposito, Addo; Yilmaz (59' Agrimi), Samek; Winkelmann, McJannet, Daka; Burnete

A disposizione: Leone, Verdosci, Zivanovic, Casciano, Metaj, Helm, Jemo, Vescan-Kodor

Allenatore: Federico Coppitelli

ARBITRO: Gianluca Grasso

AMMONITI: 44' Motta (I); 73' Cocchi (I); 74' Cocchi (I); 80' Spinacce' (I); 86' Samek (L); 87' Burnete (L); 89' Davis (L)

ESPULSI: 37' Winkelmann (L); 74' Cocchi (I)

01/04/2024 ore 11:00

JUVENTUS U19 - MILAN U19 0-1

Marcatori: 14' Camarda (M)

JUVENTUS U19 (3-5-2): Vinarcik; Savio, Gil Pulche, Martinez Crous; Turco (64' Montero), Pagnucco, Florea (77' Boufandar), Mazur (63' Ngana), Firman (46' Scienza); Mancini, Pugno (77' Grosso)

A disposizione: Radu, Giorgi,

Bassino, Owosu, Biggi, Finocchiaro

Allenatore: Paolo Montero

MILAN U19 (4-2-3-1): Raveyre; Magni, Simic, Nsiala-Makengo, Bartesaghi; Malaspina (72' Sala), Stalmach; Scotti (82' Parmiggiani), Zeroli, Sia (71' Bonomi); Camarda (77' Simmelhack)

A disposizione: Torriani, Bartoccioni, Nissen, Paloschi, Mangioppi, Skoczylas, Liberali

Allenatore: Ignazio Abate

ARBITRO: Gianluca Renzi

AMMONITI: 36' Zeroli (M); 69' Ngana (J); 73' Nsiala-Makengo (M); 87' Martinez Crous (J); 90+5' Gil Pulche (J)

ESPULSI: nessuno

01/04/2024 ore 11:00

LAZIO U19 - SAMPDORIA U19 2-1

Marcatori: 27' Leonardi (S), 39' Sardo (L), 73' Sulejmani (L)

LAZIO U19 (4-3-3): Magro; Bedini (79' Zazza), Ruggeri, Dutu, Milani; Di Tommaso, Bordon (27' Nazzarro), Sardo (89' Cappelli); Gonzalez (79' Balde), Sulejmani, Fernandes (89' Napolitano)

A disposizione: Bosi, Kone, Tredicine, Bigotti, Di Gianni, Cuzzarella

Allenatore: Stefano Sanderra

SAMPDORIA U19 (4-3-3): Scardigno; Georgiadis (79' Polli), Malanca, D'Amore, Langella (89' Ovalle Santos); Conti, Valisena (79' Costantino), Uberti; Pozzato (69' Chilafi), Leonardi, Alesi

A disposizione: Gentile, Devic, Buyla, Melani, Chiesa

Allenatore: Matteo Pastorino

ARBITRO: Matteo Centi

AMMONITI: 21' Leonardi (S); 34' Conti (S); 38' Malanca (S); 65' D'Amore (S); 87' Costantino (S)

ESPULSI: nessuno

30/03/2024 ore 13:00

SASSUOLO U19 - CAGLIARI U19 2-2

Marcatori: 43' Knezovic (S), 65' Idrissi (C), 76' Vinciguerra (C), 81' Knezovic (S)

SASSUOLO U19 (4-3-1-2): Theiner; Parlato, Loeffen, Di Bitonto, Falasca; Leone (13' Caragea), Lopes (73' Ravaioli), Abubakar; Knezovic (87' Baldari); Vedovati (73' Minta), Russo

A disposizione: Zouaghi, Scacchetti, Corradini, Ferrandino, Okojie, Rovatti, Neophytou

Allenatore: Emiliano Bigica

CAGLIARI U19 (4-3-1-2): Iliev; Arba (87' Marini), Cogoni, Catena, Idrissi; Sulev Stoyanov (61' Conti), Carboni, Marcolini; Simonetta (87' Malfitano); Bolzan (61' Vinciguerra), Achour (78' Konate')

A disposizione: Wodzicki, Pintus, Franke, Russo

Allenatore: Fabio Pisacane

ARBITRO: Davide Gandino

AMMONITI: 21' Knezovic (S); 72' Cogoni (C)

ESPULSI: nessuno

28

Atalanta U19	1
Genoa U19	0
Bologna U19	3
Juventus U19	0
Cagliari U19	0
Lazio U19	1
Inter U19	1
Frosinone U19	0
Lecce U19	1
Sassuolo U19	1
Monza U19	1
Fiorentina U19	0

Roma U19	4
Empoli U19	0
Sampdoria U19	2
Milan U19	0
Torino U19	2
Verona U19	2

07/04/2024 ore 13:00

ATALANTA U19 - GENOA U19 1-0

Marcatori: 5' Tornaghi (A)

ATALANTA U19 (3-5-2): Pardel; Tornaghi, Guerini (86' Obric), Tavanti; Ghezzi, Riccio (74' Bonanomi), Manzoni, Colombo, Armstrong; Vavassori (86' Cassa), Castiello (59' Fiogbe)

A disposizione: Sala, Torriani, Mensah, Camara, Jónsson, Martinelli, Capac

Allenatore: Giovanni Bosi

GENOA U19 (3-4-1-2): Calvani; Ferroni (46' Scaravilli), Abdellaoui, Barbini; Bosia (46' Venturino), Arboscello, Parravicini (69' Thorsteinsson), Sarpa; Romano; Bornosuzov (69' Omar Abdiskakur), Ekhator (74' Papastylianou)

A disposizione: Bertini, Consiglio, Tosi, Arata, Ghirardello

Allenatore: Alessandro Agostini

ARBITRO: Simone Gauzolino

AMMONITI: 26' Guerini (A); 34' Colombo (A); 52' Bornosuzov (G); 80' Pardel (A); 90+3' Arboscello (G)

ESPULSI: nessuno

06/04/2024 ore 11:00

BOLOGNA U19 - JUVENTUS U19 3-0

Marcatori: 8' Byar (B), 22' Ravaglioli (B), 26' Ravaglioli (B)

BOLOGNA U19 (4-3-1-2): Bagnolini; Nezirevic, Diop, Amey, Baroncioni; Rosetti (67' Lai), Hodzic (73' De Luca), Byar; Menegazzo (89' Zonta); Ebone (73' Mangiameli), Ravaglioli (67' Tonin)

A disposizione: Gaspe-

rini, Happonen, Carretti, Kongslev, Nesi, Tordiglione

Allenatore: Paolo Magnani

JUVENTUS U19 (3-4-1-2): Vinarcik; Savio, Gil Pulche, Martinez Crous (46' Bassino); Turco (59' Boufandar), Ngana, Ripani (59' Grosso), Pagnucco; Florea (59' Finocchiaro); Mancini, Pugno (46' Scienza)

A disposizione: Radu, Giorgi, Montero, Crapisto, Firman, Biggi

Allenatore: Paolo Montero

ARBITRO: Alessandro Silvestri

AMMONITI: 33' Florea (J); 35' Rosetti (B); 63' Ebone (B); 90' Ngana (J); 90' Byar (B); 90+3' Grosso (J)

ESPULSI: nessuno

07/04/2024 ore 11:00

CAGLIARI U19 - LAZIO U19 0-1

Marcatori: 76' Sulejmani (L)

CAGLIARI U19 (4-3-1-2): Iliev; Arba, Pintus, Catena, Idrissi (89' Franke); Balde (89' Conti), Carboni, Marcolini; Simonetta; Bolzan (65' Achour), Vinciguerra (65' Konate')

A disposizione: Renna, Wodzicki, Collu, Piseddu, Marini, Sulev Stoyanov, Malfitano

Allenatore: Fabio Pisacane

LAZIO U19 (4-3-3): Magro; Bedini, Ruggeri, Dutu, Milani; Di Tommaso, Nazzarro, Sardo (69' Napolitano); Gonzalez, Sulejmani (89' Di Gianni), Fernandes (84' Cappelli)

A disposizione: Bosi, Bordon, Zazza, Kone, Serra, Tredicine, Bigotti, Cuzzarella

Allenatore: Stefano Sanderra

ARBITRO: Antonino Costanza

AMMONITI: 42' Di Tommaso (L); 49' Vinciguerra (C); 51' Balde (C); 53' Marcolini (C); 83' Napolitano (L); 90' Conti (C)

ESPULSI: nessuno

INTER U19 - FROSINONE U19 1-0

Marcatori: 48' Quieto (I)

INTER U19 (4-3-3): Calligaris; Aidoo, Stante, Alexiou, Motta; Berenbruch, Stankovic (82' Bovo), Di Maggio (82' De Pieri); Kamate (83' Zarate), Spinacce' (56' Owusu), Quieto (71' Lavelli)

A disposizione: Raimondi, Matjaz, Maye, Miconi, Mazzola, Diallo

Allenatore: Cristian Chivu

FROSINONE U19 (3-5-2): Palmisani; Zaknic (84' Ioannou), Petta, Severino; Bouabre (65' Amerighi), Boccia (65' Vural), Molignano (65' Milazzo), Cichella, Romano R.; Luna (84' Mezsargs), Selvini

A disposizione: Lagonigro, Stefanelli, Kamensek-Pahic, Cesari, Romano A., Cichero

Allenatore: Angelo Adamo Gregucci

ARBITRO: Cristiano Ursini

AMMONITI: 44' Bouabre (F); 55' Zaknic (F); 56' Spinacce' (I); 70' Di Maggio (I); 76' Amerighi (F)

ESPULSI: nessuno

LECCE U19 - SASSUOLO U19 1-1

Marcatori: 37' Knezovic (S), 88' Metaj (L)

LECCE U19 (4-2-3-1): Borbei; Russo, Pacia, Esposito, Addo; Yilmaz (57' Minerva), Samek; Corfitzen (29' Agrimi; 80' Metaj), McJannet (80' Helm), Daka; Burnete

A disposizione: Leone, Verdosci, Davis, Zivanovic, Casciano, Jemo, Vescan-Kodor

Allenatore: Federico Coppitelli

SASSUOLO U19 (4-3-1-2): Theiner; Cinquegrano, Loeffen (46' Di Bitonto), Corradini, Falasca; Knezovic, Lopes, Abubakar; Bruno; Neophytou (67' Vedovati), Russo

A disposizione: Scacchetti, Beconcini, Parlato, Minta, Ravaioli, Frangella, Baldari, Caragea, Cardascio

Allenatore: Emiliano Bigica

ARBITRO: Giorgio Bozzetto

AMMONITI: 12' Loeffen (S); 36' Bruno (S); 76' Minerva (L); 90' Bruno (S)

ESPULSI: 90' Bruno (S)

MONZA U19 - FIORENTINA U19 1-0

Marcatori: 49' Kassama (M)

MONZA U19 (3-5-2): Mazza; Ravelli, Kassama, Postiglione; Marras (65' Zoppi), Berretta, Lupinetti, Colombo (75' Diene), Capolupo (65' Bagnaschi); Ferraris (84' Giubrone), Vignato (74' Fernandes)

A disposizione: Ciardi, Brugarello, Domanico, Maussi Martins, Nene', Popovic

Allenatore: Oscar Brevi

FIORENTINA U19 (3-5-2): Leonardelli; Sadotti (60' Presta), Biagetti, Romani; Vigiani, Harder, Ievoli (84' Ofoma), Vitolo (46' Fortini), Scuderi (46' Mignani); Braschi (60' Sene), Caprini

A disposizione: Tognetti, Maggini, Kouadio, Gudelevicius, Denes, Spaggiari

Allenatore: Daniele Galloppa

ARBITRO: Giorgio Di Cicco

AMMONITI: 64' Mazza (M); 88' Postiglione (M); 90' Vigiani (F)

ESPULSI: nessuno

ROMA U19 - EMPOLI U19 4-0

Marcatori: 17' Pisilli (R), 44' Marazzotti (R), 71' Misitano (R), 90+2' Pisilli (R)

ROMA U19 (4-3-3): Bellucci Marin; Mannini, Plaia, Keramitsis, Oliveras (69' Ienco); Pagano, Romano (69' Vetkal), Pisilli; Marazzotti (81' Levak), Alessio (74' D'Alessio), Cherubini (69' Misitano)

A disposizione: Marcaccini, Golic, Chesti, Graziani, Coletta, Nardozi

Allenatore: Federico Guidi

EMPOLI U19 (3-4-2-1): Vertua; Tosto (70' Pauliuc), Indragoli, Stassin; Bonassi (28' Majdandzic), Bacci (85' Stoyanov), Bacciardi, El Biache; Sodero (46' Nabian), Cesari; Corona (84' Ansah Yeboh)

A disposizione: Poggioloni, Gaj, Dragoner, Orlandi, Popov, Matteazzi

Allenatore: Alessandro Birindelli

ARBITRO: Erminio Cerbasi

AMMONITI: 51' Stassin (E); 57' Stassin (E); 65' Romano (R); 79' D'Alessio (R)

ESPULSI: 57' Stassin (E)

SAMPDORIA U19 - MILAN U19 2-0

Marcatori: 25' Alesi (S), 52' Leonardi (S)

SAMPDORIA U19 (3-4-1-2): Scardigno; Malanca (80' Buyla), D'Amore, Lotjonen; Georgiadis, Conti, Uberti, Langella; Alesi (86' Chilafi); Leonardi (69' Genovese), Ntanda Lukisa (69' Polli)

A disposizione: Gentile, Valisena, Pozzato, Djalti, Gomes Scarpino, Chiesa, Ovalle Santos

Allenatore: Matteo Pastorino

MILAN U19 (4-2-3-1): Raveyre; Bakoune (60' Bonomi), Simic, Nsiala-Makengo, Bartesaghi (46' Magni); Malaspina, Stalmach; Scotti (82' Skoczylas), Zeroli, Sia (60' Liberali); Camarda (69' Simmelhack)

A disposizione: Torriani, Bartoccioni, Parmiggiani, Paloschi, Mangioppi, Sala

Allenatore: Ignazio Abate

ARBITRO: Leonardo Mastrodomenico

AMMONITI: 31' Camarda (M); 86' Zeroli (M)

ESPULSI: nessuno

TORINO U19 - VERONA U19 2-2

Marcatori: 44' Dell'Aquila (Rig.) (T), 45+4' Dell'Aquila (T), 74' Cisse (V), 81' Cisse (Rig.) (V)

TORINO U19 (4-3-2-1): Abati; Marchioro (64' Casali), Dellavalle, Bonadiman, Muntu Wa Mungu; Dalla Vecchia, Ruszel, Silva (63' Ciammaglichella); Perciun (83' Longoni), Dell'Aquila (63' Gabellini); Padula (63' Njie)

A disposizione: Brezzo, Bianay Balcot, Mendes, Acar, Mullen, Franzoni

Allenatore: Giuseppe Scurto

VERONA U19 (3-5-2): Toniolo; Riahi, Corradi, Popovic; Patane, D'Agostino (84' Szimionas), Cisse, Dalla Riva, De Battisti (32' Nwanege); Cazzadori, Ajayi (74' Agbonifo)

A disposizione: Ravasio, Marchetti, Doucoure, Caneva, Fagoni, Dentale, Valenti, Vermesan

Allenatore: Paolo Sammarco

ARBITRO: Giuseppe Rispoli

AMMONITI: 47' Dell'Aquila (T); 87' Dalla Riva (V)

ESPULSI: nessuno

29

Cagliari U19	3
Atalanta U19	1
Fiorentina U19	5
Torino U19	1
Frosinone U19	3
Genoa U19	1
Verona U19	2
Monza U19	0
Juventus U19	3
Roma U19	3
Lazio U19	2
Lecce U19	1

Milan U19	3
Empoli U19	2
Sampdoria U19	1
Bologna U19	2
Sassuolo U19	0
Inter U19	3

13/04/2024 ore 11:00

CAGLIARI U19 - ATALANTA U19 3-1

Marcatori: 22' Fiogbe (A), 48' Konate' (C), 80' Marini (C), 90+5' Malfitano (C)

CAGLIARI U19 (4-3-1-2): Iliev; Arba, Cogoni, Catena (39' Franke), Idrissi (79' Marini); Balde, Marcolini, Sulev Stoyanov (62' Simonetta); Carboni (62' Malfitano); Bolzan (61' Achour), Konate'

A disposizione: Renna, Wodzicki, Pintus, Pierangeli, Conti, Trepy

Allenatore: Fabio Pisacane

ATALANTA U19 (3-5-2): Pardel; Obric, Tavanti, Tornaghi; Ghezzi (62' Bonanomi), Riccio (75' Camara), Manzoni (81' Capac), Colombo, Armstrong; Fiogbe, Castiello (62' Cassa)

A disposizione: Sala, Zanchi, Simonetto, Mensah, Ramaj, Jónsson, Martinelli

Allenatore: Marco Fioretto

ARBITRO: Francesco Burlando

AMMONITI: 23' Marcolini (C); 28' Sulev Stoyanov (C); 32' Ghezzi (A); 56' Franke (C); 88' Tavanti (A); 90+5' Renna (C)

ESPULSI: nessuno

14/04/2024 ore 13:00

FIORENTINA U19 - TORINO U19 5-1

Marcatori: 6' Padula (T), 14' Marchioro (Aut.) (T), 28' Harder (F), 39' Biagetti (F), 85' Caprini (F), 90+5' Sene (Rig.) (F)

FIORENTINA U19 (4-3-3): Martinelli; Biagetti (59' Vigiani), Romani, Baroncelli (83' Sadotti), Fortini; Gudelevicius (59' Vitolo), Harder, Ievoli; Sene, Caprini (86' Spaggiari), Presta (59' Braschi)

A disposizione: Tognetti, Maggini, Mignani, Scuderi, Denes, Ofoma

Allenatore: Daniele Galloppa

TORINO U19 (4-3-3): Passador; Marchioro, Dellavalle, Bonadiman, Muntu Wa Mungu; Ciammaglichella, Dalla Vecchia (72' Longoni), Silva (80' Franzoni); Savva (46' Ruszel), Padula (46' Dell'Aquila), Njie (46' Gabellini)

A disposizione: Brezzo, Casali, Mendes, Acar, Perciun, Mullen

Allenatore: Giuseppe Scurto

ARBITRO: Andrea Calzavara

AMMONITI: 35' Ievoli (F); 42' Padula (T); 48' Gudelevicius (F); 53' Biagetti (F); 55' Presta (F); 60' Ruszel (T)

ESPULSI: nessuno

13/04/2024 ore 13:00

FROSINONE U19 - GENOA U19 3-1

Marcatori: 46' Luna (F), 67' Bornosuzov (G), 85' Selvini (F), 88' Cichero (F)

FROSINONE U19 (3-5-2): Palmisani; Severino, Cesari, Petta; Bouabre (79' Cichero), Boccia (50' Milazzo), Vural (68' Molignano), Cichella, Romano R.; Luna, Selvini

A disposizione: Romano T., Lagonigro, Stefanelli, Shkambaj, Ioannou, Amerighi, Romano A., Antoci

Allenatore: Angelo Adamo Gregucci

GENOA U19 (3-4-2-1): Calvani; Ferroni (61' Scaravilli), Abdellaoui, Barbini; Bosia (51' Arboscello), Sarpa, Parravicini, Tosi (50' Venturino); Thorsteinsson (73' Omar Abdiskakur), Romano; Bornosuzov (73' Ekhator)

A disposizione: Bertini, Consiglio, Arata, Meconi, Ghirardello

Allenatore: Alessandro Agostini

ARBITRO: Aleksandar

Djurdjevic
AMMONITI: 37' Cesari (F); 72' Bornosuzov (G); 76' Sarpa (G); 80' Petta (F); 83' Molignano (F); 85' Selvini (F); 90+3' Arboscello (G)
ESPULSI: 75' Scaravilli (G)

13/04/2024 ore 15:00

VERONA U19 - MONZA U19 2-0

Marcatori: 4' Ajayi (V), 84' D'Agostino (Rig.) (V)
VERONA U19 (3-5-2): Toniolo; Popovic, Corradi, Nwanege; Patane (83' Caneva), D'Agostino (90' Bancila), Dalla Riva, Riahi, Agbonifo (71' Vermesan); Cazzadori (90' Valenti), Ajayi (71' Szimionas)
A disposizione: Ravasio, Marchetti, Fagoni, De Rossi, Dentale
Allenatore: Paolo Sammarco
MONZA U19 (3-5-2): Mazza; Ravelli (60' Bagnaschi), Domanico, Kassama; Marras, Berretta (59' Diene), Lupinetti (77' Popovic), Colombo, Capolupo (77' Zoppi); Ferraris, Fernandes (20' Maussi Martins)
A disposizione: Ciardi, Brugarello, Dell'Acqua, Giubrone, Graziano, Nene'
Allenatore: Oscar Brevi
ARBITRO: Marco Di Loreto
AMMONITI: 64' Diene (M)
ESPULSI: nessuno

13/04/2024 ore 13:00

JUVENTUS U19 - ROMA U19 3-3

Marcatori: 23' Keramitsis (R), 50' Romano (R), 61' Florea (J), 72' Scienza (J), 85' Mancini (J), 87' D'Alessio (R)
JUVENTUS U19 (3-4-2-1): Vinarcik; Montero, Bassino, Gil Pulche; Turco (69' Savio), Owosu (58' Florea), Ripani (89' Boufandar), Pagnucco; Crapisto (69' Scienza), Grosso (58' Finocchiaro); Mancini
A disposizione: Radu, Martinez Crous, Giorgi, Firman, Biggi, Pugno
Allenatore: Paolo Montero

ROMA U19 (4-3-3): Bellucci Marin; Mannini, Golic, Keramitsis (67' Chesti), Oliveras; Pagano (78' Graziani), Romano (59' Vetkal), Pisilli; Marazzotti (79' D'Alessio), Alessio (59' Misitano), Cherubini
A disposizione: Kehayov, Marcaccini, Ienco, Ivkovic, Levak, Mlakar
Allenatore: Federico Guidi
ARBITRO: Mattia Drigo
AMMONITI: 38' Bassino (J); 44' Romano (R); 51' Pagnucco (J); 57' Mancini (J); 86' Radu (J); 90+4' D'Alessio (R)
ESPULSI: nessuno

14/04/2024 ore 10:45

LAZIO U19 - LECCE U19 2-1

Marcatori: 17' McJannet (Le), 21' Di Tommaso (La), 78' Gonzalez (La)
LAZIO U19 (4-3-3): Magro; Bedini (52' Zazza), Ruggeri (82' Bordon), Dutu, Milani; Di Tommaso, Nazzarro, Sardo (83' Cappelli); Gonzalez, Sulejmani, Fernandes (88' Cuzzarella)
A disposizione: Martinelli, Renzetti, Kone, Tredicine, Bigotti, Di Gianni
Allenatore: Stefano Sanderra
LECCE U19 (4-4-2): Samooja; Russo, Pacia, Esposito, Addo; McJannet, Yilmaz (66' Samek), Minerva (83' Metaj), Daka (83' Vescan-Kodor); Helm (66' Winkelmann), Burnete
A disposizione: Leone, Zivanovic, Dell'Acqua, Casciano, Basaric, Agrimi, Jemo
Allenatore: Federico Coppitelli
ARBITRO: Giorgio Vergaro
AMMONITI: 26' Pacia (Le); 49' Minerva (Le); 60' Di Tommaso (La); 65' McJannet (Le); 71' Pacia (Le); 88' Nazzarro (La)
ESPULSI: 40' Sulejmani (La); 71' Pacia (Le)

13/04/2024 ore 11:00

MILAN U19 - EMPOLI U19 3-2

Marcatori: 20' Sala (M), 42' Tosto (E), 47' Nabian (E), 49' Sia (M), 67' Liberali (M)
MILAN U19 (4-2-3-1): Raveyre; Magni, Simic, Nsiala-Makengo, Bartesaghi; Malaspina, Sala; Scotti (90+5' Parmiggiani), Sia (81' Mangioppi), Bonomi (65' Liberali); Camarda (81' Simmelhack)
A disposizione: Bartoccioni, Bakoune, Nissen, Pereira, Paloschi, Skoczylas
Allenatore: Ignazio Abate
EMPOLI U19 (3-4-1-2): Vertua; Tosto (88' Pauliuc), Dragoner, Indragoli (82' Sodero); Bonassi, Bacci (82' Bacciardi), Matteazzi (46' Corona), Vallarelli; El Biache; Cesari, Nabian (88' Ansah Yeboh)
A disposizione: Poggioloni, Gaj, Majdandzic, Falcusan, Tempre, Stoyanov
Allenatore: Alessandro Birindelli
ARBITRO: Domenico Leone
AMMONITI: 31' Matteazzi (E); 71' Nabian (E); 90+4' Corona (E)
ESPULSI: 90' Mangioppi (M)

14/04/2024 ore 15:00

SAMPDORIA U19 - BOLOGNA U19 1-2

Marcatori: 5' Menegazzo (B), 82' Polli (S), 90+4' Byar (Rig.) (B)
SAMPDORIA U19 (3-5-2): Scardigno; Malanca, Costantino (68' Pozzato), Lotjonen; Georgiadis, Conti, Alesi, Uberti (68' Valisena), Langella (89' Buyla); Leonardi (68' Ovalle Santos), Ntanda Lukisa (46' Polli)
A disposizione: Gentile, D'Amore, Genovese, Marchese, Gomes Scarpino, Chiesa
Allenatore: Matteo Pastorino
BOLOGNA U19 (4-3-1-2): Bagnolini; Nezirevic, Diop, Amey, Baroncioni; Lai, Hodzic, Byar; Menegazzo; Ebone (64' Mangiameli), Ravaglioli (64'

Tonin)
A disposizione: Gasperini, Happonen, Carretti, Kongslev, Nesi, De Luca, Idaro, Zonta, Tordiglione
Allenatore: Luca Vigiani
ARBITRO: Cristiano Ursini
AMMONITI: 45+2' Byar (B); 73' Langella (S); 77' Nezirevic (B)
ESPULSI: nessuno

12/04/2024 ore 18:00
SASSUOLO U19 - INTER U19 0-3
Marcatori: 38' Quieto (I), 57' Quieto (I), 86' Miconi (I)
SASSUOLO U19 (4-2-3-1): Theiner; Cinquegrano, Loeffen, Corradini, Falasca (84' Parlato); Lopes, Abubakar (66' Ravaioli); Vedovati (66' Baldari), Knezovic (84' Cardascio), Caragea (36' Minta); Russo
A disposizione: Scacchetti, Di Bitonto, Beconcini, Frangella, Rovatti, Neophytou
Allenatore: Emiliano Bigica
INTER U19 (4-3-3): Calligaris; Aidoo (68' Miconi), Stante, Alexiou, Motta; Berenbruch, Stankovic (87' Bovo), Kamate; Owusu (87' Diallo), Spinacce' (54' Zarate), Quieto (68' De Pieri)
A disposizione: Raimondi, Cocchi, Stabile, Matjaz, Mazzola, Lavelli
Allenatore: Cristian Chivu
ARBITRO: Valerio Pezzopane
AMMONITI: 12' Spinacce' (I); 13' Knezovic (S); 26' Aidoo (I); 77' Calligaris (I)
ESPULSI: nessuno

30

Atalanta U19	0
Juventus U19	1

Bologna U19	2
Milan U19	1
Empoli U19	2
Verona U19	2
Genoa U19	3
Fiorentina U19	2
Inter U19	3
Cagliari U19	0
Lecce U19	3
Sampdoria U19	0
Monza U19	1
Lazio U19	1
Roma U19	4
Sassuolo U19	0
Torino U19	4
Frosinone U19	2

20/04/2024 ore 13:00
ATALANTA U19 - JUVENTUS U19 0-1
Marcatori: 30' Anghele (J)
ATALANTA U19 (3-4-1-2): Pardel; Regonesi (58' Tavanti), Guerini, Tornaghi; Ghezzi (46' Capac), Colombo, Manzoni, Armstrong (86' Orlando); Bonanomi (66' Riccio); Fiogbe, Castiello (57' Camara)
A disposizione: Torriani, Obric, Simonetto, Mensah, Ragnoli Galli, Jónsson
Allenatore: Giovanni Bosi
JUVENTUS U19 (3-5-2): Vinarcik; Savio, Gil Pulche, Montero; Turco, Crapisto (78' Boufandar), Florea, Owosu (65' Ngana), Pagnucco (70' Grosso); Anghele (70' Firman), Mancini
A disposizione: Radu, Martinez Crous, Biggi, Giorgi, Scienza, Finocchiaro, Pugno
Allenatore: Paolo Montero
ARBITRO: Simone Galipo
AMMONITI: 6' Owosu (J); 13' Regonesi (A); 56' Savio (J); 83' Boufandar (J); 83' Colombo (A); 85' Grosso (J)
ESPULSI: 90+5' Firman (J)

01/05/2024 ore 15:00
BOLOGNA U19 - MILAN U19 2-1
Marcatori: 14' Ebone (B), 24' Ebone (B), 75' Bonomi (M)
BOLOGNA U19 (4-3-1-2): Bagnolini; Nezirevic, Diop, Amey, Baroncioni; Rosetti, Hodzic (90' Idaro), Byar; Menegazzo (87' Lai); Ebone, Mangiameli (72' De Luca)
A disposizione: Pessina, Happonen, Nesi, Kongslev, Zonta, Ravaglioli, Tordiglione, Tonin
Allenatore: Paolo Magnani
MILAN U19 (4-2-3-1): Nava; Magni (64' Bakoune), Simic, Nsiala-Makengo, Bartesaghi; Malaspina, Sala (46' Liberali); Scotti, Zeroli, Sia (69' Bonomi); Camarda
A disposizione: Raveyre, Bartoccioni, Nissen, Pereira, Stalmach, Mangioppi, Skoczylas, Simmelhack
Allenatore: Ignazio Abate
ARBITRO: Lorenzo Maccarini
AMMONITI: 11' Rosetti (B); 13' Sala (M); 50' Magni (M); 55' Nsiala-Makengo (M); 81' Bartesaghi (M); 82' Baroncioni (B)
ESPULSI: espulso l'allenatore Paolo Magnani (Bologna U19)

21/04/2024 ore 15:00
EMPOLI U19 - VERONA U19 2-2
Marcatori: 26' Cisse (Rig.) (V), 44' Cazzadori (V), 61' Nabian (E), 81' Sodero (Rig.) (E)
EMPOLI U19 (3-5-2): Seghetti; Tosto (63' Stassin), Dragoner (41' Pauliuc), Indragoli; Bonassi, Bacci, Matteazzi (54' Cesari), Vallarelli, El Biache; Corona (54' Sodero), Nabian
A disposizione: Vertua, Gaj, Majdandzic, Stoyanov, Bacciardi, Forciniti, Ansah Yeboh
Allenatore: Alessandro Birindelli
VERONA U19 (3-5-2): Toniolo; Popovic, Corradi, Nwanege; Agbonifo (64' Patane), D'Agostino, Cisse, Dalla Riva (89' Dentale), Riahi; Cazzado-

ri, Ajayi (78' Szimionas)
A disposizione: Ravasio, Troselj, Calabrese, Silfver-Ramage, Caneva, Fagoni, De Rossi, Vermesan
Allenatore: Paolo Sammarco
ARBITRO: Maria Marotta
AMMONITI: 20' Cisse (V); 40' Riahi (V); 71' Stassin (E); 90+2' Szimionas (V)
ESPULSI: nessuno

20/04/2024 ore 15:00
GENOA U19 - FIORENTINA U19 3-2
Marcatori: 12' Baroncelli (F), 41' Papadopoulos (G), 61' Parravicini (G), 76' Ahanor (G), 90+5' Denes (F)
GENOA U19 (3-4-2-1): Calvani; Ahanor, Abdellaoui, Pittino; Bosia (46' Venturino), Arboscello, Parravicini (85' Meconi), Sarpa; Papadopoulos, Romano; Bornosuzov (59' Ekhator)
A disposizione: Bertini, Boschi, Tosi, Arata, Ferroni, Barbini, Thorsteinsson, Ghirardello
Allenatore: Alessandro Agostini
FIORENTINA U19 (4-3-3): Tognetti; Vigiani (70' Scuderi), Romani, Baroncelli (83' Maggini), Fortini; Gudelevicius, Ievoli (83' Deli), Vitolo (66' Ofoma); Spaggiari (70' Denes), Braschi, Presta
A disposizione: Leonardelli, Kouadio, Mignani, Keita, Bertolini
Allenatore: Daniele Galloppa
ARBITRO: Alberto Poli
AMMONITI: 37' Papadopoulos (G); 40' Braschi (F); 73' Venturino (G); 75' Tognetti (F); 80' Calvani (G); 87' Maggini (F)
ESPULSI: nessuno

20/04/2024 ore 11:00
INTER U19 - CAGLIARI U19 3-0
Marcatori: 33' Sarr (I), 37' Owusu (I), 82' Berenbruch (I)
INTER U19 (4-3-3): Raimondi; Aidoo, Stante, Alexiou (86' Stabile), Cocchi; Berenbruch (86' Mazzola), Stankovic, Di Maggio (75' Zarate); Kamate (75' Mosconi), Spinacce' (22' Sarr), Owusu
A disposizione: Tommasi, Zamarian, Matjaz, Miconi, Bovo, Diallo
Allenatore: Cristian Chivu
CAGLIARI U19 (4-3-1-2): Iliev; Franke, Cogoni (55' Arba), Catena, Idrissi; Balde, Marcolini, Sulev Stoyanov (56' Simonetta); Carboni (68' Malfitano); Vinciguerra, Konate'
A disposizione: Wodzicki, Pintus, Marini, Conti, Achour, Bolzan
Allenatore: Fabio Pisacane
ARBITRO: Marco Emmanuele
AMMONITI: 67' Konate' (C)
ESPULSI: 17' Marcolini (C)

22/04/2024 ore 11:00
LECCE U19 - SAMPDORIA U19 3-0
LECCE U19 (4-2-3-1): Leone; Minerva (76' Dell'Acqua), Esposito, Davis, Addo; Yilmaz, Samek; Winkelmann (68' Metaj), McJannet, Daka; Burnete
A disposizione: Verdosci, Zivanovic, Casciano, Basaric, Agrimi, Helm, Jemo, Vescan-Kodor
Allenatore: Federico Coppitelli
SAMPDORIA U19 (3-5-2): Tantalocchi; Malanca, D'Amore, Lotjonen; Georgiadis (86' Gomes Scarpino), Conti, Alesi, Uberti (79' Genovese), Langella (79' Ovalle Santos); Pozzato (34' Leonardi), Polli
A disposizione: Gentile, Costantino, Buyla, Zequiraj, Valisena, Marchese, Chiesa
Allenatore: Matteo Pastorino
ARBITRO: Gabriele Sacchi
AMMONITI: 55' Daka (L); 78' Yilmaz (L); 87' Alesi (S)
ESPULSI: nessuno

21/04/2024 ore 11:00
MONZA U19 - LAZIO U19 1-1
Marcatori: 21' Marras (M), 87' D'Agostini (L)
MONZA U19 (4-3-3): Mazza; Bagnaschi (72' Dell'Acqua), Postiglione, Kassama, Capolupo; Berretta, Diene, Lupinetti (69' Colombo); Marras (81' Domanico), Maussi Martins (73' Goffi), Zoppi (81' Giubrone)
A disposizione: Ciardi, Brugarello, Cattaneo, Graziano, Fernandes, Nene'
Allenatore: Oscar Brevi
LAZIO U19 (4-3-3): Magro; Zazza (78' Bordon), Ruggeri, Dutu, Milani; Napolitano (85' Bigotti), Nazzarro, Sardo; Cuzzarella (46' Serra), Di Gianni (46' D'Agostini), Fernandes
A disposizione: Martinelli, Bosi, Bedini, Paolucchi, Kone, Tredicine, Cappelli
Allenatore: Stefano Sanderra
ARBITRO: Daniele Virgilio
AMMONITI: 7' Maussi Martins (M); 54' Zoppi (M); 62' Ruggeri (L); 90+6' Sardo (L)
ESPULSI: nessuno

20/04/2024 ore 15:00
ROMA U19 - SASSUOLO U19 4-0
Marcatori: 3' Keramitsis (R), 17' Pisilli (R), 30' Pagano (R), 72' Pagano (R)
ROMA U19 (4-3-3): Bellucci Marin; Mannini, Golic, Keramitsis (77' Chesti), Oliveras (73' Ienco); Pagano, Romano (73' Graziani), Pisilli (73' Vetkal); Marazzotti, Alessio (77' Misitano), Cherubini
A disposizione: Razumejevs, D'Alessio, Ivkovic, Nardin, Levak, Mlakar
Allenatore: Federico Guidi
SASSUOLO U19 (4-3-1-2): Theiner; Cinquegrano, Loeffen, Corradini (87' Beconcini), Falasca; Knezovic (70' Vedovati), Lopes (81' Kumi), Ravaioli (46' Pigati); Bruno; Neophytou (46' Parlato), Russo
A disposizione: Scacchetti, Di Bitonto, Minta, Baldari,

Rovatti, Cardascio
Allenatore: Emiliano Bigica
ARBITRO: Antonio Di Reda
AMMONITI: 29' Ravaioli (S); 41' Neophytou (S); 76' Lopes (S)
ESPULSI: nessuno

21/04/2024 ore 13:00
TORINO U19 - FROSINONE U19 4-2

Marcatori: 8' Dalla Vecchia (T), 43' Ruszel (T), 51' Padula (T), 52' Boccia (F), 62' Padula (T), 79' Mezsargs (F)
TORINO U19 (4-2-3-1): Abati; Marchioro, Mendes, Dellavalle, Muntu Wa Mungu; Dalla Vecchia, Ruszel; Dell'Aquila (82' Mullen), Perciun, Njie (69' Longoni); Padula (67' Gabellini)
A disposizione: Brezzo, Casali, Rettore, Bonadiman, Keita, Acar, Zaia, Franzoni
Allenatore: Giuseppe Scurto
FROSINONE U19 (3-5-2): Palmisani; Zaknic, Petta, Severino (63' Cichero); Romano A., Boccia, Vural, Cichella (76' Molignano), Romano R.; Luna (77' Mezsargs), Selvini (89' Aromatico)
A disposizione: Lagonigro, Stefanelli, Cesari, Ioannou, Amerighi, Milazzo, Antoci
Allenatore: Angelo Adamo Gregucci
ARBITRO: Michele Delrio
AMMONITI: 52' Zaknic (F); 64' Cichella (F); 64' Njie (T); 66' Romano A. (F)
ESPULSI: nessuno

31

Cagliari U19	1
Lecce U19	1
Fiorentina U19	1
Inter U19	2
Frosinone U19	2
Empoli U19	2
Verona U19	1
Genoa U19	3
Juventus U19	2
Torino U19	0
Lazio U19	1
Atalanta U19	3
Milan U19	1
Monza U19	2
Sampdoria U19	0
Roma U19	2
Sassuolo U19	3
Bologna U19	2

28/04/2024 ore 13:00
CAGLIARI U19 - LECCE U19 1-1

Marcatori: 6' Yilmaz (L), 28' Bolzan (C)
CAGLIARI U19 (4-3-1-2): Auseklis; Arba, Franke, Cogoni, Idrissi; Balde (83' Asproni), Conti (58' Carboni), Malfitano (58' Sulev Stoyanov); Simonetta (73' Marini); Bolzan (73' Achour), Vinciguerra
A disposizione: Iliev, Renna, Pintus, Catena, Costa
Allenatore: Fabio Pisacane
LECCE U19 (4-4-2): Leone; Minerva (69' Davis), Pacia, Esposito, Addo; McJannet (84' Agrimi), Yilmaz (89' Casciano), Samek, Daka; Helm (46' Winkelmann), Burnete
A disposizione: Cadar, Zivanovic, Dell'Acqua, Basaric, Metaj, Jemo, Vescan-Kodor
Allenatore: Federico Coppitelli
ARBITRO: Cristiano Ursini
AMMONITI: 5' Cogoni (C); 31' Daka (L); 42' Malfitano (C); 44' Simonetta (C); 78' Balde (C); 82' Samek (L)
ESPULSI: nessuno

26/04/2024 ore 18:00
FIORENTINA U19 - INTER U19 1-2

Marcatori: 8' Cocchi (I), 70' Sene (Rig.) (F), 89' Akinsanmiro (I)
FIORENTINA U19 (4-2-3-1): Leonardelli; Biagetti, Sadotti, Romani, Fortini; Gudelevicius (81' Vitolo), Ievoli; Vigiani (63' Sene), Rubino, Presta (88' Braschi); Caprini
A disposizione: Dolfi, Maggini, Kouadio, Deli, Mignani, Scuderi, Denes, Spaggiari
Allenatore: Daniele Galloppa
INTER U19 (4-3-3): Raimondi; Aidoo, Stante, Alexiou, Cocchi; Berenbruch, Stankovic (65' Bovo), Di Maggio (80' De Pieri); Kamate (65' Akinsanmiro), Sarr (79' Quieto), Owusu (87' Diallo)
A disposizione: Tommasi, Stabile, Matjaz, Miconi, Mazzola, Zarate
Allenatore: Cristian Chivu
ARBITRO: Leonardo Mastrodomenico
AMMONITI: 19' Aidoo (I); 49' Fortini (F); 72' Biagetti (F); 82' Vitolo (F); 86' Quieto (I)
ESPULSI: nessuno

28/04/2024 ore 15:00
FROSINONE U19 - EMPOLI U19 2-2

Marcatori: 33' Petta (F), 48' Corona (Rig.) (E), 61' Romano A. (F), 73' Vallarelli (E)
FROSINONE U19 (3-5-2): Palmisani; Zaknic, Cesari (80' Cichero), Petta; Romano A. (80' Amerighi), Boccia, Molignano (90' Ferizaj), Vural (80' Milazzo), Romano R.; Luna (86' Mezsargs), Selvini
A disposizione: Romano T., Lagonigro, Stefanelli, Ioannou, Aromatico, Antoci
Allenatore: Angelo Adamo Gregucci
EMPOLI U19 (3-4-1-2): Vertua; Bonassi, Pauliuc (71' Ansah Yeboh), Tosto; El Biache, Bacci (71' Bacciardi), Vallarelli, Gaj (46' Majdandzic); Sodero (25' Cesari); Corona (90' Stassin), Nabian
A disposizione: Poggioloni, Kurti, Falcusan, Tempre, Fiorini, Mboumbou
Allenatore: Alessandro Bi-

rindelli
ARBITRO: Domenico Castellone
AMMONITI: 63' Boccia (F)
ESPULSI: nessuno

<u>27/04/2024 ore 15:00</u>
VERONA U19 - GENOA U19 1-3
Marcatori: 53' Parravicini (G), 66' Ajayi (V), 83' Sarpa (G), 88' Papadopoulos (G)
VERONA U19 (3-5-2): Toniolo; Nwanege, Calabrese (79' Popovic), Corradi; D'Agostino, Dalla Riva (73' Szimionas), Cisse, Riahi, Agbonifo (83' Dentale); Cazzadori, Ajayi
A disposizione: Ravasio, Marchetti, Silfver-Ramage, Doucoure, Caneva, Fagoni, De Rossi, Vermesan
Allenatore: Paolo Sammarco
GENOA U19 (3-4-2-1): Calvani; Ahanor, Abdellaoui, Barbini; Sarpa (90' Tosi), Arboscello, Parravicini, Meconi (59' Venturino); Romano, Papadopoulos (90' Ghirardello); Bornosuzov (67' Ekhator)
A disposizione: Bertini, Consiglio, Arata, Ferroni, Bosia, Natale
Allenatore: Alessandro Agostini
ARBITRO: Mattia Caldera
AMMONITI: 44' Dalla Riva (V); 48' Sarpa (G); 72' Venturino (G); 74' Riahi (V); 79' Corradi (V)
ESPULSI: nessuno

<u>29/04/2024 ore 18:00</u>
JUVENTUS U19 - TORINO U19 2-0
Marcatori: 14' Gil Pulche (J), 81' Scienza (J)
JUVENTUS U19 (3-5-2): Vinarcik; Montero, Gil Pulche, Martinez Crous; Savio, Crapisto, Florea, Owosu (85' Boufandar), Pagnucco (78' Ngana); Grosso (57' Scienza), Mancini
A disposizione: Zelezny Radoslaw, Radu, Bassino, Biggi, Di Biase, Giorgi, Finocchiaro, Pugno

Allenatore: Paolo Montero
TORINO U19 (4-4-2): Abati; Marchioro, Mendes, Dellavalle, Muntu Wa Mungu (80' Longoni); Silva (57' Perciun), Dalla Vecchia (46' Savva), Ruszel, Ciammaglichella; Njie, Padula (46' Gabellini)
A disposizione: Brezzo, Casali, Rettore, Bonadiman, Mullen, Dell'Aquila, Franzoni
Allenatore: Giuseppe Scurto
ARBITRO: Alberto Ruben Arena
AMMONITI: 18' Grosso (J); 40' Padula (T); 63' Gabellini (T); 65' Owosu (J); 70' Gil Pulche (J); 75' Pagnucco (J); 90+1' Dellavalle (T)
ESPULSI: 90' Savva (T); 90' Boufandar (J)

<u>27/04/2024 ore 11:00</u>
LAZIO U19 - ATALANTA U19 1-3
Marcatori: 28' Riccio (A), 43' Vlahovic (A), 55' Manzoni (A), 87' Kone (L)
LAZIO U19 (4-3-3): Magro; Zazza, Bordon, Dutu, Milani; Di Tommaso (84' Bigotti), Nazzarro (84' Cuzzarella), Sardo (58' Napolitano); Serra (58' D'Agostini), Sulejmani (77' Kone), Fernandes
A disposizione: Bosi, Ferrari, Bordoni, Tredicine, Cappelli
Allenatore: Stefano Sanderra
ATALANTA U19 (3-5-2): Pardel; Tornaghi, Guerini, Tavanti; Ghezzi, Riccio (68' Bonanomi), Manzoni (87' Cassa), Colombo, Armstrong; Fiogbe (68' Vavassori), Vlahovic
A disposizione: Torriani, Obric, Simonetto, Mensah, Orlando, Camara, Jónsson, Castiello
Allenatore: Giovanni Bosi
ARBITRO: Edoardo Gianquinto
AMMONITI: 70' Guerini (A); 74' Tornaghi (A); 76' D'Agostini (L); 90' Cassa (A)
ESPULSI: nessuno

<u>27/04/2024 ore 13:00</u>
MILAN U19 - MONZA U19 1-2
Marcatori: 37' Liberali (Mi), 53' Marras (Mo), 71' Antunovic (Mo)
MILAN U19 (4-2-3-1): Bartoccioni; Bakoune (72' Paloschi), Parmiggiani, Nsiala-Makengo, Magni; Malaspina, Stalmach; Scotti (63' Sia), Liberali (83' Sala), Bonomi; Simmelhack (73' Camarda)
A disposizione: Torriani, Colzani, Nissen, De Bonis, Vitali, Skoczylas
Allenatore: Ignazio Abate
MONZA U19 (4-3-3): Mazza; Bagnaschi, Postiglione, Kassama, Capolupo (90' Domanico); Berretta, Colombo (46' Maussi Martins), Lupinetti (80' Diene); Marras, Antunovic, Zoppi (87' Dell'Acqua)
A disposizione: Bifulco, Ravelli, Brugarello, Giubrone, Longhi, Nene', Popovic
Allenatore: Oscar Brevi
ARBITRO: Andrea Zanotti
AMMONITI: 38' Marras (Mo); 59' Bakoune (Mi); 72' Parmiggiani (Mi); 78' Postiglione (Mo)
ESPULSI: nessuno

<u>29/04/2024 ore 14:30</u>
SAMPDORIA U19 - ROMA U19 0-2
Marcatori: 84' Keramitsis (R), 88' Mannini (R)
SAMPDORIA U19 (3-5-2): Scardigno; Lotjonen, Buyla (72' Malanca), D'Amore; Georgiadis (86' Genovese), Conti (85' Gomes Scarpino), Alesi, Uberti, Langella; Ovalle Santos (79' Pozzato), Polli (79' Leonardi)
A disposizione: Gentile, Costantino, Zequiraj, Valisena, Marchese, Chiesa
Allenatore: Matteo Pastorino
ROMA U19 (4-3-3): Bellucci Marin; Mannini, Keramitsis, Chesti (63' Golic), Reale (63' Oliveras); Pagano, Romano (89' Levak), Pisilli; Costa Ce-

148

sco (74' Marazzotti), Alessio (89' Misitano), Cherubini

A disposizione: Razumejevs, Ienco, D'Alessio, Vetkal, Graziani, Mlakar

Allenatore: Federico Guidi
ARBITRO: Andrea Calzavara
AMMONITI: 80' Alesi (S); 90' D'Amore (S); 90+3' Keramitsis (R)
ESPULSI: nessuno

27/04/2024 ore 15:00

SASSUOLO U19 - BOLOGNA U19 3-2

Marcatori: 25' Russo (S), 26' Ebone (B), 29' Ravaglioli (B), 38' Russo (S), 41' Russo (S)

SASSUOLO U19 (4-3-1-2): Theiner; Cinquegrano, Corradini, Loeffen, Falasca (90' Parlato); Kumi, Lopes, Knezovic (72' Pigati); Bruno (90+1' Baldari); Vedovati (19' Minta), Russo (90' Cardascio)

A disposizione: Zouaghi, Di Bitonto, Beconcini, Ferrandino, Neophytou

Allenatore: Emiliano Bigica

BOLOGNA U19 (4-4-2): Bagnolini; Baroncioni, Diop (63' Tonin), De Luca, Nezirevic; Rosetti, Amey, Hodzic (72' Tordiglione), Byar; Ebone (72' Mangiameli), Ravaglioli

A disposizione: Pessina, Happonen, Kongslev, Zilio, Nesi, Idaro, Zonta, Lai

Allenatore: Paolo Magnani
ARBITRO: Filippo Giaccaglia
AMMONITI: 25' Bruno (S); 52' Corradini (S); 55' Baroncioni (B); 70' Kumi (S); 74' Loeffen (S)
ESPULSI: nessuno

32

Bologna U19	3
Atalanta U19	2

Empoli U19	3
Sassuolo U19	1
Fiorentina U19	1
Cagliari U19	2
Genoa U19	3
Juventus U19	1
Inter U19	3
Verona U19	3
Lecce U19	1
Milan U19	1
Monza U19	2
Frosinone U19	1
Roma U19	0
Lazio U19	0
Torino U19	0
Sampdoria U19	1

05/05/2024 ore 15:00

BOLOGNA U19 - ATALANTA U19 3-2

Marcatori: 14' Ravaglioli (B), 36' Ebone (B), 42' Tavanti (A), 43' Riccio (A), 86' Ebone (B)

BOLOGNA U19 (4-3-1-2): Bagnolini; Nezirevic, Diop, Amey, Baroncioni; Hodzic (85' Lai), Rosetti, Menegazzo; Byar; Ebone (88' Tonin), Ravaglioli (76' Mangiameli)

A disposizione: Pessina, Gasperini, Kongslev, Nesi, De Luca, Idaro, Zonta, Tordiglione

Allenatore: Paolo Magnani

ATALANTA U19 (3-4-2-1): Pardel; Tornaghi (75' Obric), Guerini (87' Orlando), Tavanti; Ghezzi, Riccio (68' Mensah), Manzoni, Armstrong; Bonanomi (68' Cassa), Vavassori; Fiogbe

A disposizione: Torriani, Zanchi, Simonetto, Jónsson, Martinelli, Capac

Allenatore: Giovanni Bosi
ARBITRO: Gabriele Totaro
AMMONITI: 27' Menegazzo (B); 31' Guerini (A); 79' Mensah (A); 85' Ravaglioli (B)
ESPULSI: nessuno

06/05/2024 ore 13:00

EMPOLI U19 - SASSUOLO U19 3-1

Marcatori: 2' Kumi (S), 5' Corona (Rig.) (E), 47' Corona (E), 84' Corona (E)

EMPOLI U19 (3-4-1-2): Vertua; Bonassi, Stassin (46' Pauliuc), Tosto; El Biache, Bacci, Bacciardi (46' Ansah Yeboh), Majdandzic (77' Huqi); Cesari (57' Stoyanov); Corona, Nabian (84' Falcusan)

A disposizione: Poggioloni, Gaj, Kurti, Tatti, Orlandi, Popov

Allenatore: Alessandro Birindelli

SASSUOLO U19 (4-3-1-2): Theiner; Parlato (86' Di Bitonto), Loeffen, Corradini (86' Rovatti), Cinquegrano (79' Falasca); Knezovic (87' Ravaioli), Lopes, Kumi; Bruno; Minta (73' Baldari), Russo

A disposizione: Scacchetti, Piantedosi, Beconcini, Pigati, Neophytou, Cardascio

Allenatore: Emiliano Bigica
ARBITRO: Marco Emmanuele
AMMONITI: 30' Bacciardi (E); 78' Corradini (S); 83' Falasca (S)
ESPULSI: 3' Lopes (S)

05/05/2024 ore 11:00

FIORENTINA U19 - CAGLIARI U19 1-2

Marcatori: 23' Baroncelli (F), 51' Carboni (Rig.) (C), 82' Bolzan (C)

FIORENTINA U19 (4-3-3): Leonardelli; Vigiani (86' Ofoma), Sadotti (86' Spaggiari), Baroncelli, Scuderi (74' Trapani); Ievoli (63' Romani), Gudelevicius, Vitolo; Sene, Rubino, Presta (63' Braschi)

A disposizione: Caroti, Dolfi, Maggini, Kouadio, Keita

Allenatore: Daniele Galloppa

CAGLIARI U19 (4-3-1-2): Auseklis; Arba (56' Idrissi), Pintus, Catena, Marini; Balde, Conti (67' Grandu), Marcolini; Carboni (86' Ardau); Achour (56' Bolzan), Vinciguerra

A disposizione: Iliev, Collu, Tronci, Franke, Asproni, Batri?evi?

Allenatore: Fabio Pisacane
ARBITRO: Silvia Gasperotti
AMMONITI: 38' Arba (C); 46' Baroncelli (F); 81' Gudelevicius (F); 90+4' Gudelevicius (F)
ESPULSI: 90' Gudelevicius (F)

05/05/2024 ore 15:00

GENOA U19 - JUVENTUS U19 3-1

Marcatori: 15' Bornosuzov (G), 27' Romano (G), 36' Parravicini (G), 76' Pugno (Rig.) (J)

GENOA U19 (3-4-1-2): Calvani; Ahanor, Abdellaoui, Pittino; Sarpa, Arboscello (88' Rossi), Parravicini, Meconi (68' Venturino); Romano; Bornosuzov (80' Ghirardello), Ekhator (69' Omar Abdiskakur)

A disposizione: Bertini, Consiglio, Scaravilli, Tosi, Ferroni, Barbini, Natale
Allenatore: Alessandro Agostini

JUVENTUS U19 (3-5-2): Radu; Montero (46' Bassino), Gil Pulche, Martinez Crous (70' Di Biase); Savio, Crapisto (70' Finocchiaro), Florea, Ngana, Firman; Grosso (46' Scienza), Mancini (74' Pugno)

A disposizione: Vinarcik, Zelezny Radoslaw, Biggi, Giorgi, Grelaud
Allenatore: Paolo Montero
ARBITRO: Giorgio Di Cicco
AMMONITI: 49' Scienza (J); 54' Sarpa (G); 66' Meconi (G)
ESPULSI: nessuno

04/05/2024 ore 13:00

INTER U19 - VERONA U19 3-3

Marcatori: 13' Sarr (Rig.) (I), 26' Cisse (Rig.) (V), 62' Cisse (V), 82' Berenbruch (I), 90+1' Lavelli (I), 90+6' Vermesan (V)

INTER U19 (4-3-3): Calligaris; Aidoo (46' Miconi), Stante (78' Lavelli), Alexiou, Cocchi; Akinsanmiro (66' Berenbruch), Stankovic, Di Maggio; Kamate, Sarr (65' Quieto), Owusu (88' Diallo)

A disposizione: Raimondi, Stabile, Matjaz, Mazzola, Bovo, De Pieri
Allenatore: Cristian Chivu

VERONA U19 (3-5-2): Toniolo; Popovic, Calabrese, Nwanege; Patane, D'Agostino (82' Bancila), Dalla Riva, Riahi, Agbonifo (72' Szimionas); Cisse (86' Vermesan), Ajayi (79' Cazzadori)

A disposizione: Ravasio, Marchetti, Silfver-Ramage, Doucoure, Fagoni, De Rossi, Dentale
Allenatore: Paolo Sammarco
ARBITRO: Simone Gavini
AMMONITI: 90' Berenbruch (I); 90+5' Riahi (V)
ESPULSI: nessuno

06/05/2024 ore 15:00

LECCE U19 - MILAN U19 1-1

Marcatori: 77' Leone (Aut.) (L), 82' Helm (L)

LECCE U19 (4-2-3-1): Leone; Minerva, Pacia, Esposito, Addo; Yilmaz, Samek; Winkelmann (74' Agrimi), McJannet, Metaj (80' Helm); Burnete

A disposizione: Verdosci, Cadar, Davis, Zivanovic, Dell'Acqua, Casciano, Jemo, Vescan-Kodor
Allenatore: Federico Coppitelli

MILAN U19 (4-2-3-1): Raveyre; Bakoune, Paloschi, Bartesaghi, Magni; Malaspina, Sala (89' Mangioppi); Scotti (89' Parmiggiani), Zeroli, Bonomi (74' Simmelhack); Camarda (59' Sia)

A disposizione: Torriani, Bartoccioni, Pereira, Ossola, Skoczylas, Liberali
Allenatore: Ignazio Abate
ARBITRO: Valerio Vogliacco
AMMONITI: 52' Samek (L); 63' Malaspina (M); 90+1' Agrimi (L)
ESPULSI: nessuno

04/05/2024 ore 11:00

MONZA U19 - FROSINONE U19 2-1

Marcatori: 22' Diene (M), 44' Selvini (Rig.) (F), 59' Marras (M)

MONZA U19 (3-5-2): Mazza; Lupinetti, Kassama, Postiglione; Marras (90+1' Bagnaschi), Diene (52' Dell'Acqua), Berretta, Colombo, Capolupo (70' Maussi Martins); Vignato (70' Zoppi), Antunovic

A disposizione: Bifulco, Brugarello, Domanico, Cattaneo, Giubrone, Goffi, Popovic
Allenatore: Oscar Brevi

FROSINONE U19 (3-5-2): Palmisani; Zaknic (74' Mezsargs), Cesari, Petta; Romano A., Boccia (80' Amerighi), Vural (46' Molignano), Cichella, Romano R.; Luna (80' Cichero), Selvini

A disposizione: Romano T., Lagonigro, Stefanelli, Ioannou, Aromatico, Antoci
Allenatore: Angelo Adamo Gregucci
ARBITRO: Aleksandar Djurdjevic
AMMONITI: 50' Selvini (F); 60' Zoppi (M); 64' Kassama (M); 65' Zaknic (F)
ESPULSI: nessuno

04/05/2024 ore 15:00

ROMA U19 - LAZIO U19 0-0

ROMA U19 (4-3-3): Bellucci Marin; Mannini, Golic, Keramitsis, Oliveras; Pagano, Romano (88' D'Alessio), Pisilli; Marazzotti (76' Graziani), Alessio (88' Misitano), Cherubini

A disposizione: Razumejevs, Ienco, Chesti, Vetkal, Ivkovic, Levak, Nardozi, Mlakar
Allenatore: Federico Guidi

LAZIO U19 (4-3-3): Magro; Zazza, Ruggeri, Dutu, Milani; Di Tommaso (82' Bigotti), Bordon, Sardo (83' Nazzarro); Cappelli (69' Kone), Sulejmani (64' D'Agostini), Fernandes (83' Napolitano)

A disposizione: Martinelli, Renzetti, Bedini, Tredicine, D'Alessandro
Allenatore: Stefano Sander-

ra
ARBITRO: Lorenzo Maccarini
AMMONITI: 32' Dutu (L); 42' Cherubini (R); 61' Mannini (R); 61' Di Tommaso (L)
ESPULSI: nessuno

06/05/2024 ore 17:00
TORINO U19 - SAMPDORIA U19 0-1
Marcatori: 69' Uberti (S)
TORINO U19 (4-3-2-1): Abati; Marchioro, Mendes, Bonadiman, Muntu Wa Mungu; Dalla Vecchia (80' Njie), Ruszel (80' Mullen), Silva (62' Dell'Aquila); Ciammaglichella, Perciun; Gabellini (80' Franzoni)
A disposizione: Brezzo, Casali, Rettore, Keita, Acar, Longoni, Zaia
Allenatore: Giuseppe Scurto
SAMPDORIA U19 (3-5-2): Tantalocchi; Zequiraj, Buyla, Lotjonen; Georgiadis (90+4' Ovalle Santos), Conti, Uberti, Valisena (63' Chilafi), Langella; Leonardi (63' Ntanda Lukisa), Polli (90+4' Costantino)
A disposizione: Gentile, Malanca, Pozzato, Meloni, Genovese, Gomes Scarpino, Chiesa
Allenatore: Matteo Pastorino
ARBITRO: Stefano Nicolini
AMMONITI: 16' Ruszel (T); 28' Valisena (S); 34' Leonardi (S); 57' Silva (T); 69' Gabellini (T); 90+6' Costantino (S)
ESPULSI: 83' Bonadiman (T)

33

GIORNATA

Atalanta U19	1
Verona U19	2
Bologna U19	2
Torino U19	1
Cagliari U19	2
Genoa U19	1

Juventus U19	1
Monza U19	1
Lazio U19	4
Inter U19	3
Lecce U19	1
Roma U19	1
Milan U19	2
Frosinone U19	1
Sampdoria U19	1
Empoli U19	2
Sassuolo U19	3
Fiorentina U19	1

Tabellini

11/05/2024 ore 15:00
ATALANTA U19 - VERONA U19 1-2
Marcatori: 4' Fiogbe (A), 64' Cisse (V), 69' Corradi (V)
ATALANTA U19 (3-4-1-2): Pardel; Tornaghi, Guerini, Tavanti (89' Jónsson); Ghezzi (72' Martinelli), Riccio, Mensah (46' Armstrong), Cassa; Bonanomi (72' Capac); Vavassori, Fiogbe (80' Camara)
A disposizione: Torriani, Obric, Simonetto, Orlando, Ragnoli Galli, Castiello
Allenatore: Giovanni Bosi
VERONA U19 (3-5-2): Ravasio; Nwanege (89' Popovic), Calabrese, Corradi; Patane, D'Agostino, Cisse (80' Pavanati), Dalla Riva (73' Szimionas), Riahi; Cazzadori (73' Vermesan), Ajayi (89' Agbonifo)
A disposizione: Toniolo, Silfver-Ramage, De Battisti, Doucoure, Fagoni, Dentale
Allenatore: Paolo Sammarco
ARBITRO: Enrico Cappai
AMMONITI: 17' Mensah (A); 54' Bonanomi (A); 65' Riahi (V); 72' D'Agostino (V); 83' Riccio (A)
ESPULSI: nessuno

12/05/2024 ore 15:00
BOLOGNA U19 - TORINO U19 2-1
Marcatori: 51' Dalla Vecchia (T), 57' Menegazzo (B), 86' Menegazzo (B)
BOLOGNA U19 (4-3-1-2): Bagnolini; Nezirevic (76' Carretti), Diop, Amey, Baroncioni; Lai (76' Tonin), Hodzic (84' Zonta), Byar; Menegazzo; Ebone (89' Idaro), Ravaglioli (83' Mangiameli)
A disposizione: Pessina, Gasperini, Kongslev, Nesi, De Luca, Tordiglione
Allenatore: Paolo Magnani
TORINO U19 (4-2-3-1): Abati; Casali (77' Bianay Balcot), Rettore, Mendes, Muntu Wa Mungu (88' Acar); Dalla Vecchia, Mullen (77' Antolini); Dell'Aquila (68' Longoni), Perciun, Njie; Gabellini (77' Franzoni)
A disposizione: Brezzo, Bellocci, Keita, Mahari, Galántai, Marchioro
Allenatore: Giuseppe Scurto
ARBITRO: Erminio Cerbasi
AMMONITI: 71' Nezirevic (B); 74' Rettore (T); 75' Menegazzo (B)
ESPULSI: nessuno

11/05/2024 ore 11:00
CAGLIARI U19 - GENOA U19 2-1
Marcatori: 45' Bolzan (C), 56' Carboni (C), 90+4' Abdellaoui (G)
CAGLIARI U19 (3-4-1-2): Auseklis; Marini, Catena, Pintus; Grandu, Balde (22' Trepy), Marcolini (80' Conti), Idrissi (80' Cogoni); Carboni; Bolzan (80' Achour), Vinciguerra (72' Konate')
A disposizione: Iliev, Arba, Collu, Tronci, Sulev Stoyanov, Ardau
Allenatore: Fabio Pisacane
GENOA U19 (3-4-2-1): Calvani; Ahanor, Abdellaoui, Pittino (57' Scaravilli); Sarpa, Arboscello (74' Rossi), Paravicini (74' Omar Abdiskakur), Meconi (57' Venturino); Papadopoulos, Romano; Bornosuzov (62' Ekhator)
A disposizione: Consiglio, Tosi, Ferroni, Barbini, Thorsteinsson, Ghirardello

Allenatore: Alessandro Agostini
ARBITRO: Felipe Salvatore Viapiana
AMMONITI: 3' Pittino (G); 45+3' Bolzan (C); 45+3' Sarpa (G); 60' Auseklis (C); 76' Marcolini (C)
ESPULSI: nessuno

12/05/2024 ore 13:00
JUVENTUS U19 - MONZA U19 1-1
Marcatori: 36' Grosso (J), 90+3' Longhi (M)
JUVENTUS U19 (3-5-2): Zelezny Radoslaw; Montero, Gil Pulche, Martinez Crous; Savio, Crapisto (46' Ripani), Florea (66' Bassino), Owosu, Pagnucco (46' Firman); Grosso (54' Di Biase), Mancini (66' Ngana)
A disposizione: Vinarcik, Mazur, Biggi, Scienza, Finocchiaro, Pugno
Allenatore: Paolo Montero
MONZA U19 (3-5-2): Mazza; Postiglione (77' Longhi), Brugarello, Domanico; Marras (78' Nene'), Berretta, Lupinetti (16' Dell'Acqua; 77' Goffi), Colombo, Capolupo; Maussi Martins (63' Popovic), Antunovic
A disposizione: Bifulco, Bagnaschi, Pedrazzini, Cattaneo, Giubrone, Graziano
Allenatore: Oscar Brevi
ARBITRO: Stefano Milone
AMMONITI: 25' Owosu (J); 26' Crapisto (J); 85' Di Biase (J)
ESPULSI: 55' Gil Pulche (J)

11/05/2024 ore 13:00
LAZIO U19 - INTER U19 4-3
Marcatori: 23' Kone (L), 24' Di Maggio (I), 42' Fernandes (L), 62' Sardo (L), 75' Lavelli (I), 89' Stankovic (I), 90+5' Kone (L)
LAZIO U19 (4-3-3): Renzetti; Zazza, Ruggeri, Bordon, Milani; Di Tommaso, Nazzarro (80' Napolitano), Sardo (89' Cuzzarella); Kone, D'Agostini (70' Sulejmani), Fernandes

(81' Ferrari)
A disposizione: Magro, Martinelli, Bordoni, Balde, Serra, Tredicine, D'Alessandro
Allenatore: Stefano Sanderra
INTER U19 (4-3-3): Raimondi; Aidoo, Stante, Stabile, Cocchi (88' Bovo); Akinsanmiro (70' De Pieri), Stankovic, Di Maggio (88' Spinacce'); Kamate (66' Quieto), Sarr (62' Lavelli), Owusu
A disposizione: Tommasi, Zamarian, Matjaz, Miconi, Mazzola, Alexiou
Allenatore: Cristian Chivu
ARBITRO: Samuele Andreano
AMMONITI: 21' Fernandes (L); 28' Stante (I); 57' Di Tommaso (L); 60' Kamate (I); 90+6' Kone (L)
ESPULSI: espulso l'allenatore Stefano Sanderra (Lazio U19)

12/05/2024 ore 13:00
LECCE U19 - ROMA U19 1-1
Marcatori: 43' Winkelmann (L), 71' D'Alessio (R)
LECCE U19 (4-2-3-1): Leone; Minerva, Pacia, Esposito, Addo; Yilmaz (80' Casciano), Winkelmann (58' Davis); Agrimi (58' Metaj), McJannet (76' Helm), Daka; Burnete
A disposizione: Verdosci, Dell'Acqua, Jemo
Allenatore: Federico Coppitelli
ROMA U19 (4-3-3): Bellucci Marin; Mannini, Golic, Keramitsis, Ienco (46' Reale); Vetkal (46' Levak), Romano, Graziani (62' Misitano); Marazzotti (69' D'Alessio), Alessio (83' Chesti), Pagano
A disposizione: Razumejevs, Kehayov, Ivkovic, Della Rocca, Nardozi, Mlakar
Allenatore: Federico Guidi
ARBITRO: Antonio Di Reda
AMMONITI: 10' Minerva (L); 31' Vetkal (R); 41' Burnete (L); 61' Metaj (L); 65' Golic (R); 86' Pacia (L)

ESPULSI: nessuno

12/05/2024 ore 11:00
MILAN U19 - FROSINONE U19 2-1
Marcatori: 3' Luna (F), 16' Bonomi (M), 85' Scotti (M)
MILAN U19 (4-2-3-1): Raveyre; Bakoune (46' Nsiala-Makengo), Simic, Bartesaghi, Magni (86' Mangioppi); Malaspina, Sala (70' Liberali); Scotti, Zeroli, Bonomi (58' Camarda); Sia (86' Paloschi)
A disposizione: Torriani, Bartoccioni, Parmiggiani, Ossola, Skoczylas, Simmelhack
Allenatore: Ignazio Abate
FROSINONE U19 (3-4-3): Palmisani; Zaknic, Cesari (80' Ioannou), Petta; Romano A. (61' Mezsargs), Boccia, Cichella, Romano R.; Amerighi (80' Vural), Luna (74' Cichero), Selvini
A disposizione: Romano T., Lagonigro, Stefanelli, Rocci, Milazzo, Molignano, Ferizaj, Antoci
Allenatore: Angelo Adamo Gregucci
ARBITRO: Francesco Zago
AMMONITI: 13' Boccia (F); 42' Bakoune (M); 53' Sala (M); 90+3' Ioannou (F)
ESPULSI: nessuno

11/05/2024 ore 15:00
SAMPDORIA U19 - EMPOLI U19 1-2
Marcatori: 32' Bonassi (E), 60' Nabian (E), 90+8' Gomes Scarpino (S)
SAMPDORIA U19 (3-5-2): Scardigno; Lotjonen, Buyla (81' Ventre), D'Amore; Georgiadis (68' Ovalle Santos), Conti, Alesi (68' Chilafi), Uberti, Langella (68' Gomes Scarpino); Leonardi (68' Pozzato), Polli
A disposizione: Gentile, Malanca, Zequiraj, Meloni, Genovese, Chiesa
Allenatore: Matteo Pastorino
EMPOLI U19 (3-5-2): Ver-

tua; Bonassi, Pauliuc, Tosto; El Biache (89' Huqi), Stoyanov (67' Bacciardi), Bacci, Vallarelli (89' Falcusan), Majdandzic (82' Lauricella); Corona, Nabian (81' Ansah Yeboh)

A disposizione: Poggioloni, Gaj, Stassin, Dragoner, Orlandi, Popov

Allenatore: Antonio Busce

ARBITRO: Jules Roland Andeng Tona Mbei

AMMONITI: 58' Corona (E); 61' Polli (S); 61' Leonardi (S); 71' Corona (E); 76' D'Amore (S)

ESPULSI: 71' Corona (E)

12/05/2024 ore 15:00

SASSUOLO U19 - FIORENTINA U19 3-1

Marcatori: 4' Bruno (S), 32' Caprini (F), 49' Russo (S), 66' Cinquegrano (S)

SASSUOLO U19 (4-2-3-1): Theiner; Cinquegrano, Di Bitonto, Loeffen, Falasca (73' Parlato); Kumi (63' Pigati), Leone; Knezovic, Bruno (85' Ravaioli), Minta (73' Baldari); Russo

A disposizione: Scacchetti, Piantedosi, Corradini, Rovatti, Neophytou, Cardascio, Negri

Allenatore: Emiliano Bigica

FIORENTINA U19 (3-4-2-1): Leonardelli; Biagetti, Baroncelli, Vitolo (63' Harder); Ievoli (89' Deli), Romani (77' Braschi), Fortini, Caprini; Sene (89' Spaggiari), Presta (77' Vigiani); Rubino

A disposizione: Dolfi, Maggini, Kouadio, Scuderi, Denes, Ofoma

Allenatore: Alberto Aquilani

ARBITRO: Marco Di Loreto

AMMONITI: 64' Presta (F); 76' Bruno (S); 82' Vigiani (F); 90+2' Russo (S)

ESPULSI: nessuno

34

GIORNATA

Empoli U19	0
Lazio U19	0
Fiorentina U19	2
Sampdoria U19	2
Frosinone U19	0
Juventus U19	0
Genoa U19	2
Sassuolo U19	4
Verona U19	3
Cagliari U19	5
Inter U19	2
Atalanta U19	0
Monza U19	1
Lecce U19	5
Roma U19	4
Bologna U19	1
Torino U19	3
Milan U19	3

Tabellini

18/05/2024 ore 13:00

EMPOLI U19 - LAZIO U19 0-0

EMPOLI U19 (3-4-2-1): Vertua; Bonassi, Pauliuc (61' Fini), Tosto; El Biache, Stoyanov (77' Ansah Yeboh), Bacci, Majdandzic (46' Dragoner); Bacciardi, Vallarelli (88' Huqi); Nabian

A disposizione: Poggioloni, Gaj, Falcusan, Stassin, Tatti, Forciniti

Allenatore: Antonio Busce

LAZIO U19 (4-3-3): Magro; Ferrari, Ruggeri, Dutu (46' Barone), Milani; Napolitano (76' Sardo), Nazzarro, Di Tommaso (90+5' Di Gianni); Kone, Sulejmani (58' D'Agostini), Balde (46' Fernandes)

A disposizione: Martinelli, Cipriani, Bordon, Bedini, Tredicine, D'Alessandro

Allenatore: Stefano Sanderra

ARBITRO: Francesco Burlando

AMMONITI: 3' Dutu (L); 13' Sulejmani (L); 19' Majdandzic (E); 83' Bacci (E)

ESPULSI: nessuno

17/05/2024 ore 17:00

FIORENTINA U19 - SAMPDORIA U19 2-2

Marcatori: 28' Leonardi (Rig.) (S), 82' Presta (F), 88' Rubino (F), 90' Uberti (S)

FIORENTINA U19 (3-4-2-1): Leonardelli; Kouadio (63' Maggini), Baroncelli (46' Romani), Biagetti; Vigiani (46' Presta), Harder (90' Vitolo), Ievoli (67' Gudelevicius), Fortini; Caprini, Rubino; Sene

A disposizione: Caroti, Mignani, Scuderi, Denes, Spaggiari, Braschi

Allenatore: Luca Antonelli

SAMPDORIA U19 (3-5-2): Gentile; Zequiraj, D'Amore, Lotjonen; Chilafi (75' Marchese), Conti, Uberti (90+5' Ovalle Santos), Valisena (74' Genovese), Langella; Leonardi (75' Ntanda Lukisa), Alesi (63' Chiesa)

A disposizione: Rodolfo, Georgiadis, Malanca, Pozzato, Gomes Scarpino, Polli

Allenatore: Matteo Pastorino

ARBITRO: Alfredo Iannello

AMMONITI: 24' Vigiani (F); 27' Leonardelli (F); 49' Alesi (S); 51' D'Amore (S); 79' Langella (S); 81' Marchese (S); 84' Chiesa (S); 90+2' Polli (S)

ESPULSI: 90' Maggini (F)

18/05/2024 ore 11:00

FROSINONE U19 - JUVENTUS U19 0-0

FROSINONE U19 (3-5-2): Lagonigro; Zaknic, Cesari, Petta; Romano A. (74' Amerighi), Boccia (85' Milazzo), Vural (65' Molignano), Cichella, Romano R.; Luna, Selvini

A disposizione: Minicangeli, Stefanelli, Rocci, Ioannou, Ferizaj, Cichero, Aromatico,

Antoci
Allenatore: Angelo Adamo Gregucci
JUVENTUS U19 (3-4-2-1): Zelezny Radoslaw; Giorgi (56' Pagnucco), Bassino, Martinez Crous; Savio, Owosu, Ripani (56' Florea), Firman; Crapisto (56' Finocchiaro), Scienza (64' Grosso); Mancini (83' Pugno)
A disposizione: Vinarcik, Ngana, Biggi, Di Biase
Allenatore: Francesco Spano'
ARBITRO: Giuseppe Maria Manzo
AMMONITI: 53' Cichella (F); 56' Scienza (J); 58' Florea (J); 68' Cesari (F); 77' Amerighi (F); 90+4' Martinez Crous (J); 90+5' Petta (F)
ESPULSI: nessuno

19/05/2024 ore 11:00
GENOA U19 - SASSUOLO U19 2-4
Marcatori: 4' Ghirardello (G), 23' Russo (S), 29' Ravaioli (S), 39' Baldari (S), 63' Romano (Rig.) (G), 87' Baldari (Rig.) (S)
GENOA U19 (3-4-2-1): Calvani; Scaravilli, Barbini (58' Abdellaoui), Ahanor; Bosia (58' Venturino), Parravicini (83' Nurendini), Rossi, Meconi (69' Sarpa); Thorsteinsson (58' Ekhator), Romano; Ghirardello
A disposizione: Bertini, Con-

siglio, Tosi, Arata, Arboscello, Bornosuzov
Allenatore: Luca Chiappino
SASSUOLO U19 (4-3-1-2): Scacchetti; Parlato, Di Bitonto, Beconcini (85' Vezzosi), Piantedosi; Ravaioli (77' Mussini), Lopes, Leone (61' Pigati); Bruno (61' Minta); Baldari, Russo (46' Neophytou)
A disposizione: Zouaghi, Falasca, Ferrandino, Okojie, Rovatti, Cardascio
Allenatore: Emiliano Bigica
ARBITRO: Alessandro Silvestri
AMMONITI: 67' Baldari (S)
ESPULSI: nessuno

19/05/2024 ore 11:00
VERONA U19 - CAGLIARI U19 3-5
Marcatori: 5' Bolzan (Rig.) (C), 34' Ardau (C), 36' Conti (C), 47' Vinciguerra (C), 50' Agbonifo (V), 61' Cisse (Rig.) (V), 62' Idrissi (C), 69' Vermesan (V)
VERONA U19 (3-4-1-2): Ravasio; Fagoni (81' Silfver-Ramage), Nwanege, Calabrese (69' Popovic); Agbonifo, Dalla Riva (37' De Battisti), Riahi, Szimionas (46' Pavanati); Cisse; Cazzadori (46' Patane), Vermesan
A disposizione: Marchetti, Castagnini, Doucoure, Dentale, Valenti

Allenatore: Paolo Sammarco
CAGLIARI U19 (3-4-1-2): Auseklis; Marini, Pintus, Catena; Arba, Marcolini, Conti (76' Tronci), Idrissi; Ardau (71' Sulev Stoyanov); Bolzan (90+6' Caddeo), Vinciguerra (76' Achour)
A disposizione: Iliev, Franke, Costa, Saba
Allenatore: Fabio Pisacane
ARBITRO: Gianluca Catanzaro
AMMONITI: 20' Szimionas (V); 63' Agbonifo (V); 65' De Battisti (V); 75' Catena (C); 90+3' Achour (C); 90+2' Auseklis (C)
ESPULSI: nessuno

18/05/2024 ore 13:00
INTER U19 - ATALANTA U19 2-0
Marcatori: 17' Miconi (I), 54' Owusu (I)
INTER U19 (4-3-3): Raimondi; Aidoo, Stante (73' Stabile), Alexiou, Miconi (83' Mazzola); Berenbruch, Stankovic, Di Maggio (73' Zarate); Owusu (59' Spinacce'), Lavelli (59' Sarr), Quieto
A disposizione: Tommasi, Cocchi, Matjaz, De Pieri, Akinsanmiro, Diallo
Allenatore: Cristian Chivu
ATALANTA U19 (3-5-2): Torriani; Obric, Guerini, Tavanti; Ghezzi (84' Gobbo), Cassa, Ric-

cio (63' Orlando), Armstrong (84' Mensah), Simonetto; Fiogbe (74' Ragnoli Galli), Vavassori (64' Martinelli)
A disposizione: Pardel, Sala, Tornaghi, Ramaj, Camara, Capac
Allenatore: Marco Fioretto
ARBITRO: Gianluca Renzi
AMMONITI: 61' Stante (I); 68' Simonetto (A)
ESPULSI: nessuno

17/05/2024 ore 15:00
MONZA U19 - LECCE U19 1-5
Marcatori: 15' Daka (Rig.) (L), 18' Helm (L), 21' Helm (L), 39' Zoppi (M), 70' Casciano (L), 81' Addo (L)
MONZA U19 (3-5-2): Bifulco; Postiglione, Brugarello, Domanico; Marras, Berretta, Giubrone (46' Berretta), Colombo (79' Longhi), Zoppi (79' Troise); Maussi Martins (46' Goffi), Antunovic (46' Dell'Acqua)
A disposizione: Negri, Bagnaschi, Pedrazzini, Ravelli, Kassama, Nene', Popovic
Allenatore: Oscar Brevi
LECCE U19 (4-2-3-1): Leone; Minerva, Esposito, Davis (84' Zivanovic), Addo; Samek, Winkelmann (84' Dell'Acqua); Metaj (58' Agrimi), McJannet (58' Casciano), Daka; Helm (72' Jemo)

A disposizione: Verdosci, Cadar, Russo, Vescan-Kodor
Allenatore: Federico Coppitelli
ARBITRO: Fabrizio Ramondino
AMMONITI: 22' Zoppi (M)
ESPULSI: nessuno

18/05/2024 ore 13:00
ROMA U19 - BOLOGNA U19 4-1
Marcatori: 14' Byar (B), 34' Pagano (R), 43' Pisilli (R), 67' Pagano (Rig.) (R), 90+4' Graziani (R)
ROMA U19 (4-3-3): Razumejevs; D'Alessio, Keramitsis, Chesti, Ienco (61' Reale); Pagano (67' Graziani), Ivkovic, Pisilli (72' Vetkal); Marazzotti (62' Scacchi), Misitano, Cherubini (72' Alessio)
A disposizione: Kehayov, Mirra, Levak, Nardozi, Mlakar
Allenatore: Federico Guidi
BOLOGNA U19 (4-4-2): Happonen (46' Gasperini); Carretti, Diop, Amey, Baroncioni; Tonin (68' Idaro), Lai (84' Mangiameli), Hodzic, Byar (68' Zonta); Ebone (68' Tordiglione), Ravaglioli
A disposizione: Kongslev, Mercier, Nesi, De Luca
Allenatore: Paolo Magnani
ARBITRO: Giorgio Di Cicco
AMMONITI: 21' Ienco (R); 38' Misitano (R)

ESPULSI: nessuno

19/05/2024 ore 11:00
TORINO U19 - MILAN U19 3-3
Marcatori: 47' Sia (M), 57' Nsiala-Makengo (M), 58' Bonomi (M), 62' Gabellini (T), 85' Dell'Aquila (T), 90+4' Dellavalle (Rig.) (T)
TORINO U19 (4-3-3): Abati; Marchioro (75' Mendes), Bianay Balcot, Dellavalle, Antolini (69' Muntu Wa Mungu); Dalla Vecchia, Ruszel, Silva (46' Ciammaglichella); Savva, Gabellini (81' Perciun), Njie (70' Dell'Aquila)
A disposizione: Brezzo, Casali, Acar, Mullen, Longoni, Franzoni
Allenatore: Giuseppe Scurto
MILAN U19 (4-2-3-1): Raveyre; Magni, Simic, Nsiala-Makengo, Bartesaghi; Malaspina, Zeroli; Scotti (88' Bakoune), Sia (88' Cuenca Martinez), Bonomi (82' Liberali); Camarda (71' Jimenez)
A disposizione: Bartoccioni, Parmiggiani, Pereira, Stalmach, Paloschi, Ossola, Simmelhack
Allenatore: Ignazio Abate
ARBITRO: Samuele Andreano
AMMONITI: 54' Njie (T); 62' Zeroli (M); 69' Ruszel (T); 90+7' Abati (T)
ESPULSI: nessuno

Classifica

La sessantaduesima edizione del Campionato Primavera si chiude con l'affermazione del **Sassuolo**. Primo titolo per i neroverdi protagonisti di un'esaltante post-season al "Viola Park" di Bagno a Ripoli. La compagine diretta da Emiliano Bigica, dopo aver superato l'**Atalanta**, si sbarazza in semifinale dell'**Inter** vincitrice della regular season e in finale della **Roma** seconda classificata nella prima fase.

Ottima stagione per la neopromossa **Lazio** arrivata a un passo dal disputare l'atto conclusivo. Torneo di buon livello per Atalanta e **Milan** approdate alla fase finale.

Obiettivo playoff soltanto sfiorato da Cagliari e Torino. A destare una certa delusione, oltre alla Juventus, sono Lecce e Fiorentina, finaliste della scorsa edizione.

Dopo due stagioni il **Frosinone** retrocede il Primavera 2.

Squadra	Pt	G	V	N	P	GF	GS	PtC	GC
Inter U19	67	34	18	13	3	71	31	40	17
Roma U19	65	34	19	8	7	69	38	36	17
Lazio U19	59	34	16	11	7	45	38	37	17
Atalanta U19	55	34	16	7	11	58	46	26	17
Sassuolo U19	54	34	16	6	12	62	61	32	17
Milan U19	51	34	14	9	11	54	44	31	17
Cagliari U19	50	34	14	8	12	52	58	29	17
Torino U19	49	34	13	10	11	65	64	35	17
Genoa U19	47	34	14	5	15	54	51	34	17
Verona U19	46	34	11	13	10	60	59	24	17
Empoli U19	45	34	11	12	11	49	49	28	17
Juventus U19	41	34	11	8	15	45	53	27	17
Lecce U19	41	34	10	11	13	49	56	25	17
Fiorentina U19	37	34	9	10	15	52	54	16	17
Bologna U19	36	34	10	6	18	44	69	23	17
Monza U19	34	34	7	13	14	51	66	16	17
Sampdoria U19	32	34	8	8	18	41	58	23	17
Frosinone U19	26	34	6	8	20	41	67	21	17

20 **Flavio Russo**
Sassuolo U19

19 **Vanja Vlahovic**
Atalanta U19

19 **Giacomo Corona**
Empoli U19

Gol: i primi della classe

VC	NC	PC	GFC	GSC	PtT	GT	VT	NT	PT	GFT	GST	M.I.
12	4	1	44	12	27	17	6	9	2	27	19	-1
11	3	3	35	18	29	17	8	5	4	34	20	-3
11	4	2	28	17	22	17	5	7	5	17	21	-9
7	5	5	26	23	29	17	9	2	6	32	23	-13
10	2	5	39	30	22	17	6	4	7	23	31	-14
9	4	4	34	25	20	17	5	5	7	20	19	-17
8	5	4	24	20	21	17	6	3	8	28	38	-18
10	5	2	38	21	14	17	3	5	9	27	43	-19
11	1	5	31	19	13	17	3	4	10	23	32	-21
6	6	5	30	27	22	17	5	7	5	30	32	-22
7	7	3	31	19	17	17	4	5	8	18	30	-23
8	3	6	32	26	14	17	3	5	9	13	27	-27
6	7	4	23	22	16	17	4	4	9	26	34	-27
3	7	7	26	30	21	17	6	3	8	26	24	-31
7	2	8	27	28	13	17	3	4	10	17	41	-32
3	7	7	28	36	18	17	4	6	7	23	30	-34
6	5	6	26	23	9	17	2	3	12	15	35	-36
5	6	6	23	21	5	17	1	2	14	18	46	-42

Giornate e Tabellini

24/05/2024 ore 18:30

ATALANTA U19 - SASSUOLO U19 0-1

Marcatori: 34' Russo (S)

ATALANTA U19 (3-5-2): Pardel; Tornaghi, Comi, Guerini (84' Orlando); Palestra, Riccio (62' Bonanomi), Mendicino (46' Cassa), Colombo, Regonesi (62' Muhameti); Vavassori, Vlahovic

A disposizione: Torriani, Obric, Tavanti, Ghezzi, Armstrong, Fiogbe, Martinelli

Allenatore: Giovanni Bosi

SASSUOLO U19 (4-3-2-1): Theiner; Cinquegrano, Loeffen (83' Di Bitonto), Corradini, Falasca; Kumi (83' Ravaioli), Lopes, Leone; Bruno (89' Minta), Knezovic (80' Parlato); Russo

A disposizione: Scacchetti, Beconcini, Mussini, Pigati, Baldari, Rovatti, Neophytou

Allenatore: Emiliano Bigica

ARBITRO: Domenico Mirabella

AMMONITI: 29' Loeffen (S); 60' Riccio (A); 89' Leone (S)

ESPULSI: nessuno

25/05/2024 ore 18:30

LAZIO U19 - MILAN U19 1-1

Marcatori: 16' Bartesaghi (M), 37' Fernandes (L)

LAZIO U19 (4-3-3): Magro; Zazza (72' Bedini), Ruggeri, Dutu, Milani; Di Tommaso, Bordon, Sardo (87'); Kone, D'Agostini (77' Sulejmani), Fernandes (87' Cappelli)

A disposizione: Martinelli, Renzetti, Barone, Napolitano, Nazzarro, Bigotti, Di Gianni

Allenatore: Stefano Sanderra

MILAN U19 (4-2-3-1): Raveyre; Magni, Simic, Nsiala-Makengo, Bartesaghi; Malaspina, Stalmach (56' Jimenez); Bakoune (56' Cuenca Martinez), Scotti (90+4' Martinazzi), Bonomi (76' Simmelhack); Sia

A disposizione: Torriani, Bartoccioni, Parmiggiani, Pereira, Paloschi, Ossola, Skoczylas

Allenatore: Ignazio Abate

ARBITRO: Giuseppe Mucera

AMMONITI: 12' Bordon (L); 80' Dutu (L); 81' Simic (M)

27/05/2024 ore 20:30

INTER U19 - SASSUOLO U19 1-3

Marcatori: 6' Bruno (S), 25' Russo (S), 74' Leone (S), 90+4' Aidoo (I)

INTER U19 (4-3-3): Raimondi; Aidoo, Stante (63' Spinacce'), Alexiou, Cocchi (77' De Pieri); Berenbruch, Stankovic, Akinsanmiro (46' Di Maggio); Kamate, Sarr (46' Lavelli), Owusu (46' Quieto)

A disposizione: Tommasi, Stabile, Matjaz, Miconi, Zanchetta, Zarate

Allenatore: Cristian Chivu

SASSUOLO U19 (4-3-2-1): Theiner; Cinquegrano, Loeffen, Corradini, Falasca; Kumi (86' Ravaioli), Lopes (79' Neophytou), Leone; Bruno (70' Parlato), Knezovic (79' Pigati); Russo (86' Baldari)

A disposizione: Scacchetti, Di Bitonto, Beconcini, Mussini, Minta, Rovatti

Allenatore: Emiliano Bigica

ARBITRO: Dario Madonia

AMMONITI: 30' Knezovic (S); 31' Stante (I); 40' Kamate (I); 67' Aidoo (I); 76' Parlato (S)

ESPULSI: nessuno

28/05/2024 ore 20:30

ROMA U19 - LAZIO U19 3-2

Marcatori: 4' Kone (L), 34' Golic (R), 48' Sardo (L), 53' Pagano (R), 69' Alessio (R)

ROMA U19 (4-3-3): Bellucci Marin; Mannini (77' D'Alessio), Golic, Keramitsis, Oliveras; Pagano, Romano (90' Levak), Pisilli; Costa Cesco (66' Marazzotti; 90' Plaia), Alessio (77' Misitano), Cherubini

A disposizione: Razumejevs, Ienco, Chesti, Vetkal, Ivkovic, Graziani

Allenatore: Federico Guidi

LAZIO U19 (4-3-3): Magro; Zazza (80' Bedini), Ruggeri, Dutu, Milani; Di Tommaso (71' Napolitano), Bordon (88' Di Gianni), Sardo; Kone (71'), D'Agostini (71' Sulejmani), Fernandes

A disposizione: Martinelli, Renzetti, Barone, Nazzarro, Bigotti, Cappelli

Allenatore: Stefano Sanderra

ARBITRO: Andrea Calzavara

AMMONITI: 0' Balde (L); 9' Dutu (L); 23' Kone (L); 35' Pagano (R); 77' Keramitsis (R); 90+6' Misitano (R)

31/05/2024 ore 20:30

SASSUOLO U19 - ROMA U19 3-0

Marcatori: 47' Falasca (S), 58' Cinquegrano (S), 65' Russo (S)

SASSUOLO U19 (4-3-2-1): Theiner; Cinquegrano (87' Parlato), Loeffen, Corradini, Falasca; Kumi, Lopes (87' Di Bitonto), Leone; Bruno, Knezovic (80' Ravaioli); Russo

A disposizione: Scacchetti, Beconcini, Mussini, Pigati, Minta, Baldari, Rovatti, Neophytou

Allenatore: Emiliano Bigica

ROMA U19 (4-3-3): Bellucci Marin; Mannini (76' Levak), Plaia (80' Golic), Keramitsis, Oliveras; Pagano, Romano (66' Graziani), Pisilli; Costa Cesco (66' D'Alessio), Alessio (66' Misitano), Cherubini

A disposizione: Razumejevs, Ienco, Chesti, Vetkal, Ivkovic, Marazzotti

Allenatore: Federico Guidi

ARBITRO: Niccolo Turrini

AMMONITI: 25' Bruno (S); 30' Oliveras (R); 65' Scacchetti (S); 83' Pisilli (R); 87' Kumi (S)

ESPULSI: nessuno

i 24 record
della Primavera 1

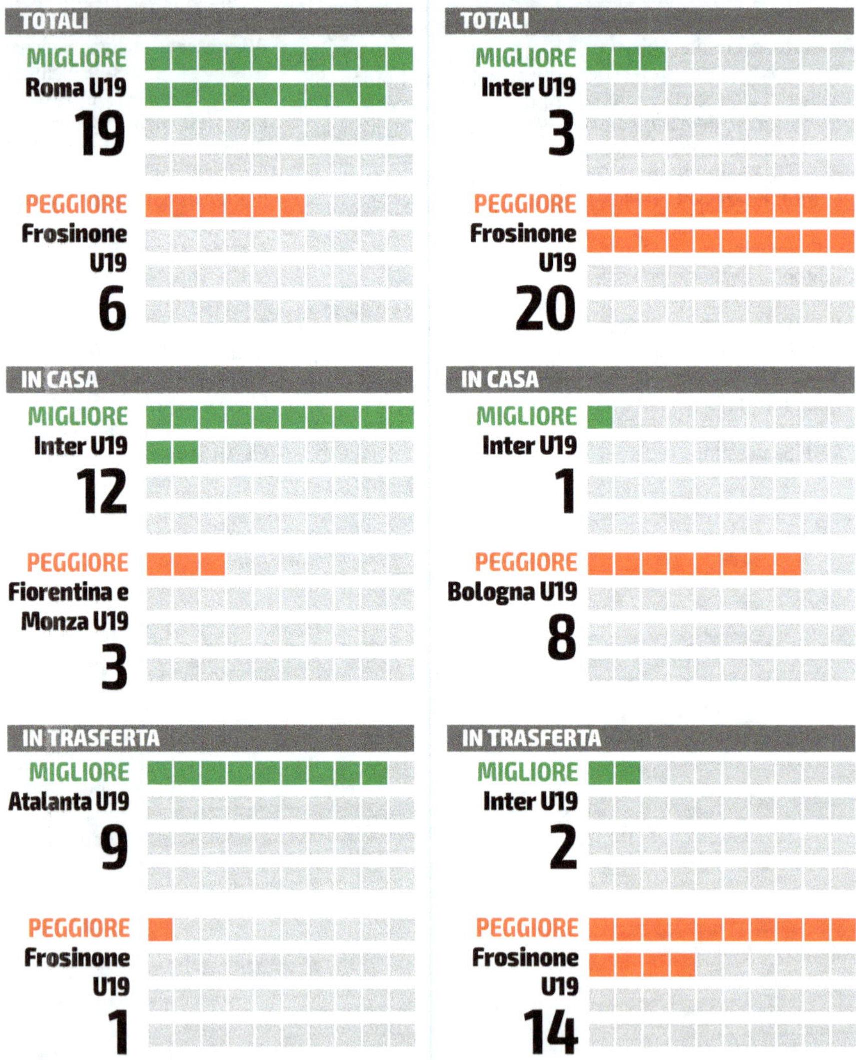

Gol fatti

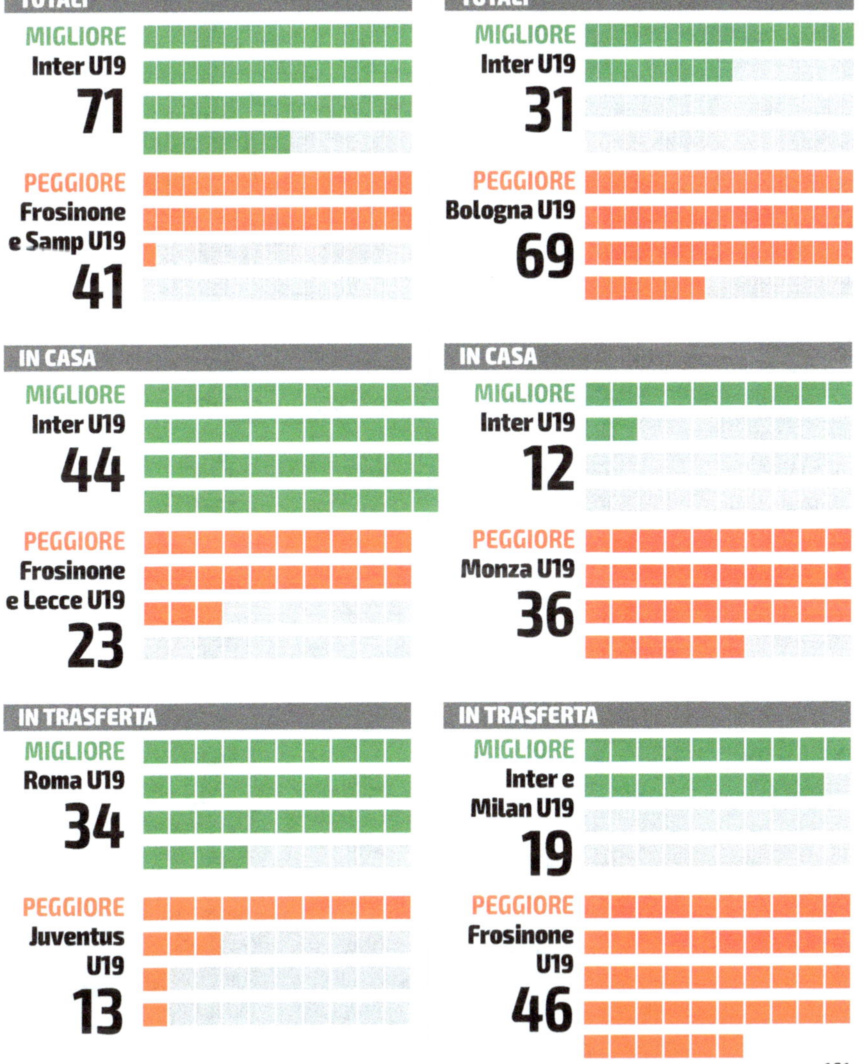

Gol subiti

Statistiche
Squadra e Singoli

Goal

GIOCATORI IN RETE

Squadra	
Torino U19	18
Juventus U19	17
Lecce U19	17
Roma U19	16
Cagliari U19	15
Genoa U19	15
Inter U19	15
Milan U19	15
Sassuolo U19	14
Atalanta U19	13
Fiorentina U19	13
Frosinone U19	13
Lazio U19	13
Sampdoria U19	13
Verona U19	13
Monza U19	12
Bologna U19	9
Empoli U19	9

CLASSIFICA CANNONIERI

	Nome	Cognome	Squadra	Goal	Rigori
1	Flavio	Russo	Sassuolo U19	20	6
2	Vanja	Vlahovic	Atalanta U19	19	3
3	Giacomo	Corona	Empoli U19	19	5
4	Alphadjo	Cisse	Verona U19	16	7
5	Andrea	Ferraris	Monza U19	13	3
6	Issiaka	Kamate	Inter U19	12	0
7	Dominic	Vavassori	Atalanta U19	11	0
8	Tommaso	Ebone	Bologna U19	11	2
9	Fallou	Sene	Fiorentina U19	11	6
10	Christos	Papado-poulos	Genoa U19	11	0
11	Luigi	Cherubini	Roma U19	11	0
12	Maat	Caprini	Fiorentina U19	10	0
13	Tommaso	Rubino	Fiorentina U19	10	0
14	Diego Luis	Gonzalez	Lazio U19	10	2
15	Rares	Burnete	Lecce U19	10	4
16	Diego	Sia	Milan U19	10	0
17	Mate	Antunovic	Monza U19	10	2
18	Siren	Diao	Verona U19	10	1
19	Alberto	Manzoni	Atalanta U19	9	0
20	Tommaso	Ravaglioli	Bologna U19	9	0
21	Alessandro	Selvini	Frosinone U19	9	3
22	Thomas	Berenbruch	Inter U19	9	0
23	Tommaso	Marras	Monza U19	9	0
24	Riccardo	Pagano	Roma U19	9	2
25	Aaron	Ciamma-glichella	Torino U19	9	0
26	Alessandro	Dellavalle	Torino U19	9	6
27	Naim	Byar	Bologna U19	8	1
28	Sofiane	Achour	Cagliari U19	8	2
29	Michele	Carboni	Cagliari U19	8	3
30	Luca	Di Maggio	Inter U19	8	1
31	Niccolo	Pisilli	Roma U19	8	0
32	Cristian	Padula	Torino U19	8	1

	Nome	Cognome	Squadra	Minuti Giocati	Goal	Minuti/ Goal
1	Vanja	Vlahovic	Atalanta U19	1724	19	**91**
2	Giacomo	Corona	Empoli U19	2355	19	**124**
3	Siren	Diao	Verona U19	1325	10	**133**
4	Flavio	Russo	Sassuolo U19	2735	20	**137**
5	Cristian	Padula	Torino U19	1121	8	**140**
6	Sofiane	Achour	Cagliari U19	1170	8	**146**
7	Francesco	Dell'Aquila	Torino U19	1030	7	**147**
8	Tommaso	Ravaglioli	Bologna U19	1371	9	**152**
9	Alphadjo	Cisse¨	Verona U19	2549	16	**159**
10	Andrea	Ferraris	Monza U19	2098	13	**161**
11	Tommaso	Ebone	Bologna U19	1826	11	**166**
12	Borna	Knezovic	Sassuolo U19	1231	7	**176**
13	Riccardo	Pagano	Roma U19	1622	9	**180**
14	Dominic	Vavassori	Atalanta U19	2015	11	**183**
15	Kristian	Mezsargs	Frosinone U19	1291	7	**184**
16	Diego Luis	Gonzalez	Lazio U19	1859	10	**186**
17	Alessandro	Selvini	Frosinone U19	1700	9	**189**
18	Simone	Leonardi	Sampdoria U19	1359	7	**194**
19	Christos	Papadopoulos	Genoa U19	2144	11	**195**
20	Luigi	Cherubini	Roma U19	2149	11	**195**
21	Rares	Burnete	Lecce U19	1980	10	**198**
22	Fallou	Sene	Fiorentina U19	2181	11	**198**
23	Mate	Antunovic	Monza U19	2003	10	**200**
24	Issiaka	Kamate	Inter U19	2412	12	**201**
25	Alessandro	Bonomi	Milan U19	1413	7	**202**
26	Thomas	Berenbruch	Inter U19	1857	9	**206**
27	Maat	Caprini	Fiorentina U19	2059	10	**206**
28	Shakur	Omar	Genoa U19	1473	7	**210**
29	Aaron	Ciammaglichella	Torino U19	1949	9	**217**
30	Tommaso	Rubino	Fiorentina U19	2263	10	**226**
31	Diego	Sia	Milan U19	2364	10	**236**
32	Niccolo	Pisilli	Roma U19	1925	8	**241**
33	Michele	Carboni	Cagliari U19	1962	8	**245**
34	Jacopo	Sardo	Lazio U19	1753	7	**250**
35	Amadou	Sarr	Inter U19	1791	7	**256**
36	Luca	Di Maggio	Inter U19	2080	8	**260**
37	Francesco	Camarda	Milan U19	1832	7	**262**
38	Tommaso	Marras	Monza U19	2442	9	**271**
39	Alessandro	Dellavalle	Torino U19	2514	9	**279**
40	Alberto	Manzoni	Atalanta U19	2555	9	**284**
41	Herculano	Nabian	Empoli U19	2114	7	**302**
42	Aleksandar	Stankovic	Inter U19	2189	7	**313**
43	Alessandro	Vinciguerra	Cagliari U19	2257	7	**322**
44	Naim	Byar	Bologna U19	3021	8	**378**
45	Alessandro	Boccia	Frosinone U19	2750	7	**393**

Gialli

SQUADRE CON PIÙ AMMONITI

Squadra	
Monza U19	94
Juventus U19	83
Genoa U19	82
Fiorentina U19	79
Bologna U19	77
Verona U19	77
Sampdoria U19	73
Sassuolo U19	72
Cagliari U19	70
Lazio U19	70
Lecce U19	70
Roma U19	70
Frosinone U19	69
Inter U19	66
Torino U19	66
Atalanta U19	64
Empoli U19	63
Milan U19	57

Rossi

SQUADRE CON PIÙ ESPULSI

Squadra	
Juventus U19	9
Frosinone U19	7
Genoa U19	7
Lecce U19	7
Roma U19	7
Bologna U19	6
Monza U19	5
Sampdoria U19	5
Sassuolo U19	5
Cagliari U19	4
Empoli U19	4
Fiorentina U19	4
Inter U19	4
Milan U19	4
Torino U19	4
Verona U19	4
Atalanta U19	3
Lazio U19	3

I GIOCATORI PIÙ AMMONITI

	Nome	Cognome	Ruolo	Squadra
14	Davide	Baroncioni	DIF	Bologna U19
12	Riccardo	Arboscello	CEN	Genoa U19
12	Leonardo	Di Tommaso	CEN	Lazio U19
11	Christos	Papadopoulos	CEN	Genoa U19
11	Valdes	Ngana	CEN	Juventus U19
11	Daniel	Zoppi	CEN	Monza U19
10	Manuel	Rosetti	CEN	Bologna U19
10	Christian	Biagetti	DIF	Fiorentina U19
10	Sheriff	Kassama	DIF	Monza U19
9	Wisdom	Amey	DIF	Bologna U19
9	Alessandro	Boccia	CEN	Frosinone U19
9	Alessio	Sarpa	CEN	Genoa U19
9	Andrea	Florea	CEN	Juventus U19
9	Rares	Burnete	ATT	Lecce U19
9	Francesco	D'Alessio	DIF	Roma U19
9	Seb	Loeffen	DIF	Sassuolo U19
9	Eybi	Njie	ATT	Torino U19
9	Aiman	Riahi	CEN	Verona U19
8	Diego	Marcolini	CEN	Cagliari U19
8	Francesco	Stante	DIF	Inter U19
8	Federico	Savio	DIF	Juventus U19
8	Fabio	Ruggeri	DIF	Lazio U19
8	Tommaso	Lupinetti	CEN	Monza U19
8	Lovro	Golic	DIF	Roma U19
8	Dimitrios	Keramitsis	DIF	Roma U19
8	Marcel	Ruszel	CEN	Torino U19
8	Nicolo	Calabrese	DIF	Verona U19
8	Karlson	Nwanege	DIF	Verona U19

I GIOCATORI PIÙ ESPULSI

	Nome	Cognome	Ruolo	Squadra
2	Saer	Diop	DIF	Bologna U19
2	Francesco	Stefanelli	DIF	Frosinone U19
2	Tommaso	Ghirardello	ATT	Genoa U19
2	Antonio	Scaravilli	DIF	Genoa U19
2	Simone	Ienco	DIF	Roma U19
2	Dimitrios	Keramitsis	DIF	Roma U19

Cambi fatti

CHI HA FATTO PIÙ CAMBI

Inter U19	**165**
Fiorentina U19	**161**
Milan U19	**154**
Sampdoria U19	**152**
Empoli U19	**150**
Juventus U19	**150**
Sassuolo U19	**148**
Torino U19	**147**
Roma U19	**146**
Cagliari U19	**144**
Atalanta U19	**143**
Monza U19	**142**
Verona U19	**142**
Lazio U19	**141**
Genoa U19	**136**
Bologna U19	**135**
Frosinone U19	**133**
Lecce U19	**120**

Cambi subiti

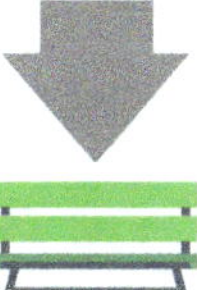

I GIOCATORI ENTRATI PIÙ VOLTE A PARTITA INIZIATA

	Nome	Cognome	Ruolo	Squadra
24	Tommaso	Cappelli	ATT	Lazio U19
23	Marco	Longoni	CEN	Torino U19
22	Michele	Scienza	ATT	Juventus U19
19	Herbert	Ansah	ATT	Empoli U19
19	Ioan	Vermesan	ATT	Verona U19
18	Alexandru	Capac	ATT	Atalanta U19
18	Federico	Mangiameli	ATT	Bologna U19
18	Sofiane	Achour	ATT	Cagliari U19
18	Simone	Milazzo	CEN	Frosinone U19
18	Nicolo	Franzoni	ATT	Torino U19
18	Luca	Szimionas	CEN	Verona U19
17	Tommaso	Gabellini	ATT	Torino U19
16	Alexander	Simmelhack	ATT	Milan U19
16	Simone	Ienco	DIF	Roma U19
16	Adrian	Caragea	ATT	Sassuolo U19
16	Richi	Agbonifo	CEN	Verona U19
15	Alejandro	Cichero	ATT	Frosinone U19
15	Lorenzo	Venturino	ATT	Genoa U19
15	Matteo	Agrimi	ATT	Lecce U19
15	Giulio	Misitano	ATT	Roma U19

I GIOCATORI USCITI PIÙ VOLTE DURANTE LA PARTITA

	Nome	Cognome	Ruolo	Squadra
23	Ivan	Sulev	CEN	Cagliari U19
22	Andrea	Bonanomi	CEN	Atalanta U19
21	Daniele	Quieto	CEN	Inter U19
21	Sana	Fernandes	ATT	Lazio U19
21	Jonathan	Silva	CEN	Torino U19
20	Tommaso	Ebone	ATT	Bologna U19
20	Diego	Sia	ATT	Milan U19
19	Herculano	Nabian	ATT	Empoli U19
19	Diego	Pugno	ATT	Juventus U19
18	Issiaka	Kamate	CEN	Inter U19
18	Filippo	Scotti	ATT	Milan U19
17	Dominic	Vavassori	ATT	Atalanta U19
17	Luca	Di Maggio	CEN	Inter U19
16	Amadou	Sarr	ATT	Inter U19
16	Stefano	Dalla Riva	CEN	Verona U19
16	Nicola	Patane	CEN	Verona U19
15	Demirel	Hodzic	CEN	Bologna U19
15	Michele	Carboni	CEN	Cagliari U19
15	Adam	Bakoune	DIF	Milan U19
15	Tommaso	Lupinetti	CEN	Monza U19
15	Eybi	Njie	ATT	Torino U19

Primavera 1

L'organigramma della Lega

Lorenzo Casini Presidente
Luca Percassi Vicepresidente del consiglio
Luigi De Siervo Amministratore Delegato
Gaetano Blandini Consigliere di Lega indipendente
Tommaso Giulini, Maurizio Setti, Luca Percassi, Paolo Scaroni Consiglieri
Claudio Lotito, Giuseppe Marotta Consiglieri Federali

COLLEGIO DEI REVISORI
Maurizio Dallocchio Presidente
Enrico Calabretta, Mario Tardini Componenti effettivi
Luigi Capitani Supplente

Formula del Campionato

Il Campionato Primavera 1 TIM si articola in due fasi. **Nella Prima Fase** – Girone Unico "all'italiana" – le diciotto squadre partecipanti si incontrano fra loro in gare di andata e ritorno. Vengono assegnati tre punti per ogni vittoria ed uno per il pareggio. Le posizioni all'interno del Girone Unico, in caso di parità di punti in classifica tra due o più squadre al termine della regular season, sono determinate tenendo conto nell'ordine: a) dei punti ottenuti negli incontri diretti; b) della differenza reti negli incontri diretti; c) del maggiore numero di reti segnate negli incontri diretti; d) della differenza reti generale; e) del maggiore numero di reti segnate in generale; f) del maggiore numero di reti segnate in trasferta; g) del sorteggio.

La Fase Finale ha luogo con il sistema dell'eliminazione diretta in gara unica ed è suddivisa in 1° turno, semifinali e finale. Le sei società qualificate sono concentrate nella/e località ove si disputano tutte le gare della Fase Finale. Le due squadre classificatesi al 1° e 2° posto al termine della Prima Fase sono considerate "teste di serie" e accedono direttamente alle semifinali, con l'avvertenza che non si possono incontrare tra loro. Le altre quattro (classificatesi al 3°, 4°, 5° e 6° posto) disputano le due gare del 1° turno accoppiate fra loro secondo il seguente schema: 4ª classificata vs 5ª classificata (Gara 1) e 3ª classificata vs 6ª classificata (Gara 2). In caso di parità al termine di ogni singola gara del 1° turno, si qualifica alla semifinale la squadra meglio classificata al termine della Prima Fase. Le "teste di serie" e le vincenti del 1° turno sono accoppiate fra loro per le semifinali secondo il seguente schema: 1ª classificata vs vincente Gara 1 e 2ª classificata vs vincente Gara 2. Le vincitrici delle semifinali si contendono nella finale il titolo di Campione d'Italia Primavera 1 TIM 2023/2024 Trofeo Giacinto Facchetti. In caso di parità, al termine dei 90 minuti regolamentari di ogni singola gara di semifinale e della finale, si procederà direttamente all'esecuzione dei calci di rigore.

In vista della riforma dei campionati primavera è prevista la **retrocessione in Primavera 2** soltanto della squadra classificatasi al 18° posto.

L'Albo d'oro

1962-1963	**Juventus (A)** **e Como (B)**		1966-1967	**Torino (A)** **e Verona (B)**
1963-1964	**Inter (A)** **e Udinese (B)**		1967-1968	**Torino (A)** **e Verona (B)**
1964-1965	**Milan (A)** **e Spal (B)**		1968-1969	**Brescia (A)** **e Inter (B)**
196519-66	**Inter (A)** **e Padova (B)**		1969-1970	**Torino**
			1970-1971	**Fiorentina**
			1971-1972	**Juventus**
			1972-1973	**Roma**
			1973-1974	**Roma**
			1974-1975	**Brescia**
			1975-1976	**Lazio**
			1976-1977	**Torino**
			1977-1978	**Roma**
			1978-1979	**Napoli**
			1979-1980	**Fiorentina**
			1980-1981	**Udinese**
			1981-1982	**Cesena**
			1982-1983	**Fiorentina**
			1983-1984	**Roma**

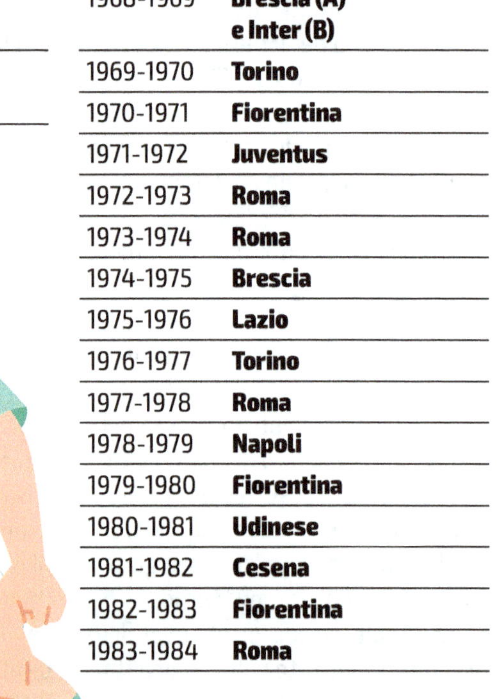

1984-1985	**Torino**		2004-2005	**Roma**
1985-1986	**Cesena**		2005-2006	**Juventus**
1986-1987	**Lazio**		2006-2007	**Inter**
1987-1988	**Torino**		2007-2008	**Sampdoria**
1988-1989	**Inter**		2008-2009	**Palermo**
1989-1990	**Roma**		2009-2010	**Genoa**
1990-1991	**Torino**		2010-2011	**Roma**
1991-1992	**Torino**		2011-2012	**Inter**
1992-1993	**Atalanta**		2012-2013	**Lazio**
1993-1994	**Juventus**		2013-2014	**Chievo**
1994-1995	**Lazio**		2014-2015	**Torino**
1995-1996	**Perugia**		2015-2016	**Roma**
1996-1997	**Perugia**		2016-2017	**Inter**
1997-1998	**Atalanta**		2017-2018	**Inter**
1998-1999	**Empoli**		2018-2019	**Atalanta**
1999-2000	**Bari**		2019-2020	**Atalanta**
2000-2001	**Lazio**		2020-2021	**Empoli**
2001-2002	**Inter**		2021-2022	**Inter**
2002-2003	**Lecce**		2022-2023	**Lecce**
2003-2004	**Lecce**		2023-2024	**Sassuolo**

Gli arbitri

I numeri   94 Arbitri   173 Assistenti arbitrali

nome	cognome	distretto
Commissione Arbitri Nazionale Serie C		
Responsabile		
Maurizio	**Ciampi**	Roma 1
Componenti		
Nicola G.	**Ayroldi**	Molfetta
Luca	**Banti**	Livorno
Gianluca	**Cariolato**	Legnago
Fabio	**Comito**	Torino
Pasquale	**Rodomonti**	Teramo
Arbitri		
Claudio G.	**Allegretta**	Molfetta
Andrea	**Ancora**	Roma 1
Jules Roland	**Andeng Tona Mbei**	Cuneo
Samuele	**Andreano**	Prato
Lucio Felice	**Angelillo**	Nola
Albert Ruben	**Arena**	Torre del Greco
Adolfo	**Baratta**	Rossano
Andrea	**Bordin**	Bassano del Grappa
Giorgio	**Bozzetto**	Bergamo
Francesco	**Burlando**	Genova
Mattia	**Caldera**	Como
Andrea	**Calzavara**	Varese
Matteo	**Canci**	Carrara
Enrico	**Cappai**	Cagliari
Domenico	**Castellone**	Napoli
Luigi	**Catanoso**	R. Calabria

nome	cognome	distretto
Gianluca	**Catanzaro**	Catanzaro
Ermes F.	**Cavaliere**	Paola
Matteo	**Centi**	Terni
Erminio	**Cerbasi**	Arezzo
Emanuele	**Ceriello**	Chiari
Luca	**Cherchi**	Carbonia
Filippo	**Colaninno**	Nola
Antonino	**Costanza**	Agrigento
Valerio	**Crezzini**	Siena
Luca	**De Angeli**	Milano
Michele	**Delrio**	Reggio Emilia
Francesco	**D'Eusanio**	Faenza
Giorgio	**Di Cicco**	Lanciano
Dario	**Di Francesco**	Ostia Lido
Marco	**Di Loreto**	Terni
Antonio	**Di Reda**	Molfetta
Abdoulaye	**Diop**	Treviglio
Aleksandar	**Djurdjevic**	Trieste
Mattia	**Drigo**	Portogruaro
Marco	**Emmanuele**	Pisa
Emanuele	**Frascaro**	Firenze
Simone	**Galipo**	Firenze
Davide	**Gandino**	Alessandria
Mauro	**Gangi**	Enna
Silvia	**Gasperotti**	Rovereto
Simone	**Gauzolino**	Torino
Simone	**Gavini**	Aprilia
Enrico	**Gemelli**	Messina

nome	cognome	distretto
Filippo	**Giaccaglia**	Jesi
Edoardo	**Gianquinto**	Parma
Enrico	**Gigliotti**	Cosenza
Gianluca	**Grasso**	Ariano Irpino
Gioele	**Iacobellis**	Pisa
Alfredo	**Iannello**	Messina
Domenico	**Leone**	Barletta
Ettore	**Longo***	Cuneo
Roberto	**Lovison**	Padova
Fabio Rosario	**Luongo**	Napoli
Lorenzo	**Maccarini**	Arezzo
Dario	**Madonia**	Palermo
Giuseppe Maria	**Manzo**	Torre Annunziata
Maria	**Marotta**	Sapri
Leonardo	**Mastro-domenico**	Matera
Edoardo M.	**Mazzoni**	Prato
Stefano	**Milone**	Taurianova
Domenico	**Mirabella**	Napoli
Katerina	**Monzul***	Torino
Giuseppe	**Mucera**	Palermo
Stefano	**Nicolini**	Brescia
Mattia	**Nigro**	Prato
Fabrizio	**Pacella***	Roma 2
Marco	**Peletti**	Crema
Mario	**Perri**	Roma 1

nome	cognome	distretto
Valerio	**Pezzopane**	L'Aquila
Alberto	**Poli**	Verona
Fabrizio	**Ramondino**	Palermo
Gianluca	**Renzi**	Pesaro
Gabriele	**Restaldo**	Ivrea
Carlo	**Rinaldi**	Bassano del Grappa
Giuseppe	**Rispoli**	Locri
Gabriele	**Sacchi**	Macerata
Eugenio	**Scarpa**	Collegno
Gabriele	**Scatena**	Avezzano
Bogdan N.	**Sfira**	Pordenone
Alessandro	**Silvestri**	Roma 1
Simone	**Taricone***	Perugia
Gabriele	**Totaro**	Lecce
Niccolò	**Turrini**	Firenze
Mattia	**Ubaldi**	Roma 1
Cristiano	**Ursini**	Pescara
Giorgio	**Vergaro**	Bari
Felipe Salvatore	**Viapiana**	Catanzaro
Giuseppe	**Vingo**	Pisa
Daniele	**Virgilio**	Trapani
Valerio	**Vogliacco**	Bari
Francesco	**Zago**	Conegliano
Andrea	**Zanotti**	Rimini
Andrea	**Zoppi**	Firenze

* Nessuna designazione per gare del Campionato Primavera 1 2023-2024

Datasport
a tappe

La Storia di un miglioramento costante nella gestione della comunicazione sportiva

2023/2024 Si esplorano nuovi media, nuove organizzazioni, nuovi prodotti sempre più periferici e locali partendo da una base dati globale sempre più grande.
Obiettivo di periodo: l'adozione del Tempo Effettivo nel Calcio nei pro e negli amatori.

2022 novembre Inizia l'era della Intelligenza Artificiale. Le competenze si amplificano e coinvolgono grandi gruppi di persone ognuno competente nel suo ruolo e diventa difficile competere con il video sempre più dedicato e frammentato.

2021/2023 Ricerca di nuovi approcci di un settore editoriale allo sbando.

2019/2020 Introduzione di un nuovo concetto di comunicazione del calcio in modo trasversale nei mezzi, nel tempo e nei media. Soddisfazione di tutti i bisogni informativi per tutte le classi di età, per tutti i diversi interessi, per qualunque mezzo utilizzato per la consultazione.

2018/2019 Datasport nuova versione e progetto "Una persona in ogni Stadio".

2017 Parte su www.datasport.it la pubblicazione, modello YearBook americano, dei dati di tutte le partite dalla Serie A ai Dilettanti e alle Giovanili, Live con i dati statistici, progetto che vanta numerosi tentativi di imitazione.

2016/2024 Pubblicazione di 20 almanacchi Yearbook con i dati di tutta la stagione, dalla Serie A maschile e femminile alla Primavera passando Serie C e Serie D, sia in carta sia in ebook. Importante la dedizione al Progetto di Matteo Pifferi, di Alberto Rossi e delle competenze grafiche di Antonella Colucci.

2016 Partecipazione alle Olimpiadi di Rio de Janeiro con innovazioni e approfondimenti tecnici non presenti sino ad allora con uso di computer di ultima generazione che hanno piantato in asso tutti e tre gli inviati.

2012 Partecipazione alle Olimpiadi di Londra con innovazioni e approfondimenti tecnici, video ed internet, non presenti sino ad allora. Storie umane e di colore dalle Olimpiadi. Storie degli atleti italiani raccontate dal campo di gara a cura di Guido Di Santo.

2006 Campionato Mondiale di Calcio di Germania: interviste audio in diretta sul sito internet con uso di un telefonino per la connessione e di un apparato tecnico appositamente predisposto per la registrazione. Prime parole di Andrea Pirlo, capitano della squadra italiana campione del Mondo, in diretta in italiano su un sito internet.

2004 Partecipazione alle Olimpiadi di Atene con innovazioni e approfondimenti tecnici non presenti sino ad allora.

2000 Presa in carico come 1°Editore del

manuale di Fantacalcio di Riccardo Albini, Alberto Rossetti e Benedetta. Prima uscita assoluta del concetto Fantasy Football già presente negli Stati Uniti.

2000 RAI Televideo, introduzione del concetto notiziario aggiornato sulle attività delle squadre con il resoconto dalle sedi di allenamento.
Partecipazione alle Olimpiadi di Sydney con innovazioni e approfondimenti tecnici. Intervista a Mohamed Ali.

1996 Analisi tecnica per la modifica del regolamento del calcio FIFA (passaggio al portiere, 10 raccattapalle, recupero, barella in campo, Tabellone per comunicare il tempo da recuperare, ecc.). Presentatore del Progetto: Paolo Casarin.

1995 1° luglio Pubblicazione del primo numero di Datasport.it, sito e notiziario internet su tutto lo sport italiano Sei mesi prima del leader della comunicazione sportiva italiana.

1994 Primo sito di notizie di calcio Datasport.it - Internet World Wide Web con server a Rende (CS) collegato con il mondo attraverso una T-Bone Motorola. Promotore attività informatiche Francesco Marrara. Primo esempio di clouds collegati con il mondo senza rendercene conto.

1992/1998 Collaborazione con AIA e FIGC con l'analisi tecnica delle partite e delle prestazioni degli arbitri. Presidente Gianni Petrucci e designatore degli arbitri Paolo Casarin.

1990 Rilevazione Statistica in diretta di tutte le partite del Campionato Mondiale di Calcio Italia '90 - Prima assoluta mondiale. Abbiamo insegnato al mondo che anche il gioco del calcio poteva essere registrato, analizzato e valutato.

1990 Banca Dati FIFA di tutti i giocatori, squadre e partite giocate nei gironi eliminatori e nei gironi finali durante i campionati Mondiali di Calcio dal 1930 al 1986.

1988 Coppa dei Sogni Gazzetta dello Sport a cura di Alessandro De Calò, Paolo Condò, Stefano Bizzotto e Fabio Bianchi, Da un'idea di Enrico Maida e la realizzazione tecnica di Luciano Menghi Responsabile del primo database di dati e notizie (Tesaurus) della RCS e Giacomo Zordan, prezioso e antesignano informatico di Datasport.

1988 Inizio della trasmissione 'Tutto Basket' condotta da Giorgio Micheletti - gestione in tempo reale di tutti i dati del campionato italiano di Serie A.

1987/1989 Redattore insieme a Bruno Talamonti di 'Tutto il Calcio Minuto per Minuto' con conduttori Roberto Bortoluzzi e Massimo De Luca. Incremento delle informazioni sulle partite di Serie C e valorizzazione dei campionati non di Serie A sulla schedina del Totocalcio, detta la Sisal ideata da Massimo Della Pergola successivamente collaboratore di Datasport per i Sistemi da giocare dai tabaccai.

1987 Inizio della trasmissione 'Qui Studio a Voi Stadio' ideata da Ruggero Muttarini e Paolo Romani - gestione informatica e editoriale dei dati sportivi con incremento esponenziale del ricavo pubblicitario televisivo per una trasmissione della domenica pomeriggio.

1986 Raccolta delle statistiche sulla Serie B, ndividuali e di squadra.

1986/2008 Gestione domenicale della pagina 201 di RaiTelevideo con l'introduzione del concetto di risultato in tempo reale dalla Serie A alla D, gestione di 14 campionati in contemporanea. Direttore Giorgio Cingoli, redattori Donatella Scarnati, Paolo Petruccioli, Mauro Mosconi, Guido Fumarola.

1985 1° settembre. Raccolta delle Statistiche individuali e di squadra della Serie A. Gestione del paginone centrale della Gazzetta dello Sport con tutti i dati del Campionato Riferimento preziosissimo per tutti gli appassionati.

Autografi

Colleziona in questa pagina gli autografi dei beniamini della tua squadra

Yearbook dei Campionati di Calcio 2023/24

Disponibili su Amazon.it